ŒUVRES POÉTIQUES
DE
ANDRÉ CHÉNIER

PRÉCÉDÉES

DE LA VIE D'ANDRÉ CHÉNIER

MISES EN ORDRE ET ANNOTÉES

PAR

M. LOUIS MOLAND

AVEC

LES ÉTUDES DE SAINTE-BEUVE SUR ANDRÉ CHÉNIER
LES MÉLANGES LITTÉRAIRES
LA CORRESPONDANCE ET UNE NOTICE BIBLIOGRAPHIQUE

Ornées de Gravures sur acier

D'APRÈS LES DESSINS DE STAAL

TOME SECOND

PARIS
GARNIER FRÈRES, LIBRAIRES-ÉDITEURS
6, RUE DES SAINTS-PÈRES

CHEFS-D'ŒUVRE

DE LA

LITTÉRATURE

FRANÇAISE

53

ŒUVRES POÉTIQUES

DE

ANDRÉ CHÉNIER

TOME SECOND

ODE XV — LA JEUNE CAPTIVE

*Qu'un stoïque aux yeux secs vole embrasser la mort,
Moi je pleure et j'espère; au noir souffle du nord
   Je plie et relève ma tête.*

Garnier frères Éditeurs

ŒUVRES POÉTIQUES
DE
ANDRÉ CHÉNIER

PRÉCÉDÉES

DE LA VIE D'ANDRÉ CHÉNIER

MISES EN ORDRE ET ANNOTÉES

PAR

M. LOUIS MOLAND

AVEC

LES ÉTUDES DE SAINTE-BEUVE SUR ANDRÉ CHÉNIER
LES MÉLANGES LITTÉRAIRES
LA CORRESPONDANCE ET UNE NOTICE BIBLIOGRAPHIQUE

Ornées de Gravures sur acier

D'APRÈS LES DESSINS DE STAAL

TOME SECOND

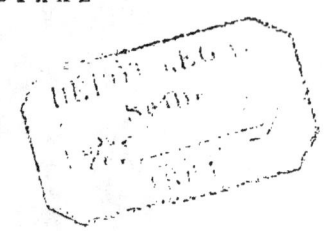

PARIS
GARNIER FRÈRES, LIBRAIRES-ÉDITEURS
6, RUE DES SAINTS-PÈRES
1884

ANDRÉ CHÉNIER

HOMME POLITIQUE

PAR

SAINTE-BEUVE

ANDRÉ CHÉNIER

HOMME POLITIQUE

En parlant l'autre jour de Montaigne, et en le présentant au milieu des dissensions civiles avec toute sa philosophie, tout son bon sens et toute sa grâce, je n'ai pas prétendu offrir un modèle, mais seulement un portrait. Ici, c'est un autre portrait que je voudrais montrer en regard, et d'une nature toute différente, d'un caractère non moins enviable et cher aux gens de bien. André Chénier va nous personnifier en lui une autre manière d'être et de se comporter en temps de révolution, une manière de sentir plus active, plus passionnée, plus dévouée et plus prodigue d'elle-même, une manière moins philosophique sans doute, mais plus héroïque. Supposez non plus du tout un Montaigne, mais un Étienne de La Boëtie vivant en 89 et en 93, ou encore un Vauvenargues à cette double date, et vous aurez André Chénier.

Par nature, par instinct et par vocation, il n'était nullement un homme politique : il aimait avant tout la retraite, l'étude, la méditation, une société d'amis intimes, une tendre et amoureuse rêverie. Ses mâles pensées elles-mêmes se tournaient volontiers en considérations solitaires, et s'enfermaient, pour mûrir, en de lents écrits. Que si quelque événement public venait à éclater et à faire vibrer les âmes, il y prenait part avec ardeur, avec élévation ; mais il aimait à rentrer aussitôt après dans ses studieux sentiers, du côté où était sa *ruche*, toute remplie, comme il dit, d'un *poétique miel*. Tel il fut pendant des années, avant que le grand orage vînt l'arracher à ses pensées habituelles et le lancer dans l'arène politique.

Isolé par goût, sans autre ambition que celle des Lettres, des — *saintes Lettres* — comme il les appelle, n'aspirant à rien tant qu'à les voir se retremper aux grandes sources et se régénérer, ne désespérant point d'y aider pour sa part en un siècle dont il appréciait les germes de vie et aussi la corruption et la décadence, il n'entra jamais dans la politique qu'à la façon d'un particulier généreux qui vient remplir son devoir envers la cause commune, dire tout haut ce qu'il pense, applaudir ou s'indigner énergiquement. Ne lui demandez point de jugement approfondi ni de révélations directes sur les hommes et les personnages en scène : il pourra porter quelques-uns de ces jugements sur les personnes tout à la fin et après l'expérience faite; mais d'abord il ne les juge que d'après l'ensemble de leur rôle et de leur action, et comme on peut le faire au premier rang du parterre. Ou plutôt, et pour prendre une comparaison plus noble et plus d'accord avec son caractère, André Chénier, par ses vœux, par ses souhaits, par ses chagrins d'honnête homme, par ses conseils et ses colères même, représente assez bien le chef du chœur dans les anciennes tragédies.

Sans entrer dans les secrets de l'action, il la juge sur

sa portée visible et sur son développement; il l'applaudit, il la gourmande, il essaye de la contenir dans les voies de la morale et de la raison; il se donne du moins à lui-même et à tous les honnêtes gens la satisfaction d'exprimer tout haut ses sentiments sincères, et, à certains moments plus vifs, il est entraîné, il s'avance et se compromet auprès des principaux personnages, jusqu'à mériter pour un temps prochain leur désignation et leur vengeance. C'est comme si, dans l'*Antigone* de Sophocle, un jeune homme du chœur sortait tout à coup des rangs, transporté de pitié pour la noble vierge, invectivait le tyran au nom de la victime, et méritait que Créon l'envoyât mourir avec elle. Antigone, pour André Chénier, c'était la Justice, c'était la Patrie.

Né en 1762 à Constantinople, d'une mère grecque, nourri d'abord en France sous le beau ciel du Languedoc, après ses études faites à Paris au collège de Navarre, il essaya quelque temps de la vie militaire; mais, dégoûté bientôt des exemples et des mœurs oisives de garnison, il chercha l'indépendance. La jeunesse croit aisément se la procurer. Il eut quelques-unes de ces années consacrées à l'étude, à l'amitié, aux voyages, à la poésie. *La dure nécessité* pourtant, comme il l'appelle, le rengagea dans une carrière; il fut attaché à la diplomatie et passa jusqu'à trois ans à Londres, trois années d'ennui, de souffrance et de contrainte. La Révolution de 89 le trouva dans cette position, et il ne tarda pas à s'en affranchir. André Chénier partageait à beaucoup d'égards les idées de son siècle, ses espérances, ses illusions même. Ce n'est pas qu'il ne l'eût jugé au moral et littérairement : « Pour moi, dit-il, ouvrant les yeux autour de moi au sortir de l'enfance, je vis que l'argent et l'intrigue sont presque la seule voie pour aller à tout ; je résolus donc dès lors, sans examiner si les circonstances me le permettaient, de vivre toujours loin de toute affaire, avec mes amis, dans la retraite et dans la plus entière liberté. » Comme tous ceux qui portent en eux l'idéal, il était très vite capable de dégoût et de dédain. Pourtant cette misanthropie première ne tint pas devant les grands événements et les promesses de 89. Le serment du Jeu de Paume le transporta. Il n'avait que vingt-sept ans, et, pendant deux années encore, jusqu'en 1792, nous le voyons prendre part au mouvement dans une certaine mesure, donner en quelques occasions des conseils par la presse, ne pas être persuadé à l'avance de leur inefficacité ; en un mot, il est plus citoyen que philosophe, et il se définit lui-même à ce moment « un homme pour qui il ne sera point de bonheur, s'il ne voit point la France libre et sage ; qui soupire après l'instant où tous les hommes connaîtront toute l'étendue de leurs droits et de leurs devoirs ; qui gémit de voir la vérité soutenue comme une faction, les droits les plus légitimes défendus par des moyens injustes et violents, et qui voudrait enfin qu'*on eût raison d'une manière raisonnable* ».

Ce premier moment qui nous laisse voir André Chénier dans la modération toujours, mais pas encore dans la résistance, se distingue par quelques écrits, dont le plus remarqué fut celui qui a pour titre : *Avis aux Français sur leurs véritables Ennemis*, et qui parut d'abord dans le numéro XIII du *Journal de la Société de 89*. Il est signé du nom de l'auteur et porte la date de Passy, 24 août 1790. La ligne honorable d'André Chénier s'y dessine déjà tout entière :

Lorsqu'une grande nation, dit-il en commençant, après avoir vieilli dans l'erreur et l'insouciance, lasse enfin de malheurs et d'oppression, se réveille de cette longue léthargie, et, par une insurrection juste et légitime, rentre dans tous ses droits et renverse l'ordre de choses qui les violait tous, elle ne peut en un instant se trouver établie et calme dans le nouvel état qui doit succéder à l'ancien. La forte impulsion donnée à une si pesante masse la fait vaciller quelque temps avant de pouvoir prendre son assiette.

Et il va chercher quels sont les moyens de lui faire reprendre cette assiette le plus tôt possible, et quelles sont les causes ennemies qui s'opposent à l'établissement le plus prompt d'un ordre nouveau.

Mais d'abord, à la manière dont il présente les choses et dont il attaque son sujet, nous voyons bien que nous ne sommes ici ni avec Mirabeau ni avec Montaigne. A cette date de 1790, et dès le mois de février, Mirabeau, jugeant de son coup d'œil d'homme d'État le fond de la situation et les troubles de toute sorte prêts à éclater dans vingt endroits du royaume, disait énergiquement : « Il a encore l'aplomb des grandes masses, mais il n'a que celui-là, et il est impossible de deviner quel sera le résultat de la crise qui commence ». En fait, six mois et dix mois auparavant, Mirabeau jugeait les choses bien autrement aventurées et compromises. — Et le philosophe Montaigne, en son temps, embrassant d'un coup d'œil ces grandes révolutions radicales qui ont la prétention de faire table rase et de tout rebâtir à neuf, disait :

Rien ne presse un État que l'innovation ; le changement donne leur forme à l'injustice et à la tyrannie. Quand quelque pièce se démanche, on peut l'étayer ; on peut s'opposer à ce que l'altération et corruption naturelle à toutes choses ne nous éloigne trop de nos commencements et principes ; mais d'entreprendre de refondre une si grande masse et de changer les fondements d'un si grand bâtiment, c'est à faire à ceux qui, pour décrasser, effacent, qui veulent amender les défauts particuliers par une confusion universelle, et guérir les maladies par la mort.

André Chénier, dans sa vue plus limitée et tout appliquée aux choses présentes, va dénoncer quelques-uns des plus sérieux dangers, sans les prévoir peut-être aussi grands qu'ils sont, et sans désespérer encore de l'ensemble. Dans la comparaison qu'on serait tenté d'établir entre lui et les deux grands esprits précédemment cités, il reprendra ses avantages, du moins par la précision de son attaque et par son courage.

Il fait voir d'abord, au lendemain d'une révolution et d'un changement si universel, la politique s'emparant de tous les esprits, chacun prétendant concourir à la chose publique autrement que par une *docilité raisonnée,* chacun voulant à son tour *porter le drapeau,* et une foule de nouveaux venus taxant de tiédeur ceux qui, depuis de longues années, imbus et nourris d'idées de liberté, se sont trouvés prêts d'avance à ce qui arrive, et qui demeurent modérés et fermes. Il montre une foule de gens irréfléchis, passionnés, obéissant à leur fougue, à leurs intérêts de parti, au mot d'ordre des habiles ; semant des rumeurs vagues ou des imputations atroces ; inquiétant l'opinion, la fatiguant dans une *stagnante anarchie,* et troublant les législateurs eux-mêmes dans l'œuvre des *nouveaux Établissements politiques.* De tous côtés on s'accuse de conspirations, de complots, sans voir qu'à la fin il y a danger « que notre inquiétude errante et nos soupçons indéterminés, dit-il, ne nous jettent dans un de ces combats de nuit où l'on frappe amis et ennemis ». C'est cette confusion de rumeurs et ce nuage gros d'alarmes qu'André Chénier a surtout à cœur d'éclaircir et de démêler. Les vrais, les principaux ennemis de la Révolution, il se le demande, où sont-ils?

Les ennemis du dehors, il les réduit à ce qu'ils sont, il ne les méconnaît pas, mais il ne se les exagère pas; les émigrés de même. Dans tous les cas, si l'on a des ennemis au dehors, si l'on en a aussi au dedans, il faut de l'union pour les combattre et en triompher, et ce qui s'oppose le plus à cette union, c'est ce malheureux penchant aux soupçons, au tumulte, aux insurrections, qui est fomenté en France, et qui l'est surtout par une foule d'orateurs et d'écrivains : « Tout ce qui s'est fait de bien et de mal dans cette Révolution est dû à des écrits », dit André Chénier; et il s'en prend hardiment à ceux qui sont les auteurs du mal, à « ces hommes qui fatiguent sans cesse l'esprit public, qui le font flotter d'opinions vagues en opinions vagues, d'excès en excès, sans lui donner le temps de s'affermir, qui usent et épuisent l'enthousiasme national contre des fantômes, au point qu'il n'aura peut-être plus de force s'il se présente un véritable combat ». Il se fait leur dénonciateur déclaré et commence contre eux sa guerre à mort :

Comme la plupart des hommes, dit-il, *ont des passions fortes et un jugement faible,* dans ce moment tumultueux, toutes les passions étant en mouvement, ils veulent tous agir et ne savent point ce qu'il faut faire, ce qui les met bientôt à la merci des scélérats habiles : alors, l'homme sage les suit des yeux ; il regarde où ils tendent ; il observe leurs démarches et leurs préceptes ; il finit peut-être par démêler quels intérêts les animent, et il les déclare ennemis publics, s'il est vrai qu'ils prêchent une doctrine propre à égarer, reculer, détériorer l'esprit public.

Et il s'attache à définir ce que c'est que *l'esprit public* dans un pays libre et véritablement digne de ce nom :

> N'est-ce pas *une certaine raison générale, une certaine sagesse pratique et comme de routine,* à peu près également départie entre tous les citoyens, et toujours d'accord et de niveau avec toutes les institutions publiques ; par laquelle chaque citoyen connaît bien ce qui lui appartient, et par conséquent ce qui appartient aux autres ; par laquelle chaque citoyen connaît bien ce qui est dû à la société entière et s'y prête de tout son pouvoir ; par laquelle chaque citoyen respecte sa propre personne dans autrui, et ses droits dans ceux d'autrui ?... Et quand la société dure depuis assez longtemps pour que tout cela soit dans tous *une habitude innée* et soit devenu *une sorte de religion, je dirais presque de superstition,* certes alors un pays a le meilleur esprit public qu'il puisse avoir.

On était loin de là en 90 : en est-on beaucoup plus près aujourd'hui ? André Chénier, dans cet *Avis aux Français,* s'efforce de susciter les sentiments capables de créer un tel esprit. Il tâche d'élever les âmes, de les animer au bien par la grandeur des circonstances : « La France n'est point dans ce moment chargée de ses seuls intérêts ; la cause de l'Europe entière est déposée dans ses mains... On peut dire que la *race humaine est maintenant occupée à faire sur nos têtes une grande expérience* ». A côté de l'honneur insigne de la réussite, il déroule les suites incalculables d'un revers. Par tous les moyens, par toutes les raisons, il provoque une *ligue active et vigilante* de tous les citoyens probes et sages, *une concorde courageuse* et presque *un vertueux complot* de leur part pour conjurer les efforts contraires de la sottise et de la perversité. Il montre ces efforts subversifs toujours renaissants et infatigables, et les oppose, pour la stimuler, à la tiédeur des honnêtes gens, qui, « ennemis de tout ce qui peut avoir l'air de violence, se reposant sur la bonté de leur cause, espérant trop des hommes, parce qu'ils savent que, tôt ou tard, ils reviennent à la raison ; espérant trop du temps, parce qu'ils savent que, tôt ou tard, il leur fait justice; perdent les moments favorables, laissent dégénérer leur prudence en timidité, se découragent, composent avec l'avenir, et, enveloppés de leur conscience, finissent par s'endormir dans une bonne volonté immobile et dans une sorte d'innocence léthargique ». Pour lui, il ne fera point ainsi : tout résolu qu'il était d'abord à ne point sortir de son obscurité, à ne point faire entendre sa voix inconnue au milieu de cette confusion de clameurs, il a pensé qu'il fallait triompher de ces réserves d'amour-propre plutôt encore que de modestie, et payer, coûte que coûte, son tribut pour le salut commun :

> J'ai de plus, ajoute-t-il, goûté quelque joie à mériter l'estime des gens de bien en m'offrant à la haine et aux injures de cet amas de brouillons corrupteurs que j'ai démasqués. J'ai cru servir la liberté en la vengeant de leurs louanges. Si, comme je l'espère encore, ils succombent sous le poids de la raison, il sera honorable d'avoir, ne fût-ce qu'un peu, contribué à leur chute. S'ils triomphent, ce sont gens par qui il vaut mieux être pendu que regardé comme ami.

Et ici, nous retrouvons le sentiment fondamental de

l'inspiration d'André Chénier pendant toute la Révolution. Il le dira et le redira sans cesse : « Il est beau, il est même doux d'être opprimé pour la vertu ».

Environ deux ans après son *Avis aux Français*, dénonçant dans le *Journal de Paris* (n° du 29 mars 1792) la pompe factieuse et l'espèce de triomphe indigne décerné aux soldats suisses du régiment de Châteauvieux, il terminera en s'adressant à ceux qui demandent à quoi bon écrire si souvent contre des partis puissants et audacieux, car on s'y brise et on s'expose soi-même à leurs représailles, à leurs invectives :

> Je réponds, dit-il, qu'en effet une immense multitude d'hommes parlent et décident d'après des passions aveugles, et croient juger, mais que ceux qui le savent ne mettent aucun prix à leurs louanges, et ne sont point blessés de leurs injures.
> J'ajoute qu'il est bon, qu'il est honorable, qu'il est *doux*, de se présenter, par des vérités sévères, à la haine des despotes insolents qui tyrannisent la liberté au nom de la liberté même.
> Quand des brouillons tout-puissants, ivres d'avarice et d'orgueil, tombent détruits par leurs propres excès, alors leurs complices, leurs amis, leurs pareils, les foulent aux pieds ; et l'homme de bien, en applaudissant à leur chute, ne se mêle point à la foule qui les outrage. Mais jusque-là, même en supposant que l'exemple d'une courageuse franchise ne soit d'aucune utilité, *démasquer sans aucun ménagement des factieux avides et injustes est un plaisir qui n'est pas indigne d'un honnête homme.*

Enfin, c'est le même sentiment qu'il prête à Charlotte Corday, dans l'Ode éloquente où il l'a célébrée :

> Oh ! quel noble dédain fit sourire ta bouche,
> Quand un brigand, vengeur de ce brigand farouche,
> Crut te faire pâlir aux menaces de mort !

Tel se dessine à nous André Chénier, dans sa courte et

vaillante carrière politique. Ce qui l'anime et le dirige, ce n'est pas la pensée d'un politique supérieur, ambitieux et généreux, qui veut arriver au pouvoir et l'arracher des mains d'indignes adversaires. Le sentiment qui le jette hors de lui et le porte en avant est surtout moral : c'est la haine de l'homme intelligent contre les brouillons, de l'homme d'esprit contre la sottise, de l'homme de cœur contre les lâches manœuvres et les infamies ; c'est le dédain d'un stoïcien passionné et méprisant contre la tourbe de ceux qui suivent le torrent populaire et qui flagornent aujourd'hui la multitude comme ils auraient hier adulé les rois ; c'est l'expression irrésistible d'une noble satire qui lui échappe, qui se profère avec indignation et bonheur, qui se satisfait *quand même*, dût-elle ne produire d'autre effet en s'exhalant que de soulager une bile généreuse. Son inspiration en ceci est encore antique ; elle relève de celle de Tacite et de l'*homme juste* d'Horace : elle rappelle de vertueux accents de Juvénal ou de Perse, quelque chose comme un Caton poète, un Alceste lyrique, et qui sait, au besoin, s'armer de l'ïambe.

Orgueil et courage, orgueil et plaisir à se trouver à part, seul debout, exposé à la rage des méchants, quand les lâches et les hébétés se taisent, il entre beaucoup de cela dans l'inspiration politique d'André Chénier.

Ce mot de *brouillons* revient perpétuellement dans sa bouche pour flétrir ses adversaires : c'est le stigmate imprimé par un esprit juste et ferme au genre de défaut qui lui est le plus antipathique et qui le fait le plus souffrir.

André Chénier entra décidément dans la polémique au

Journal de Paris, par un article du 12 février 1792 contre la ridicule et indécente Préface que Manuel avait mise en tête des *Lettres de Mirabeau et de Sophie*.

C'est l'écrivain homme de goût qui s'irrite d'abord et qui s'indigne de cette violation inouïe de la raison et de la pudeur dans la langue. Lui, amateur des sources antiques, toujours en quête des saines et *bonnes disciplines*, qui voudrait produire dans son style *la tranquillité modeste et hardie* de ses pensées ; lui qui, dans les belles pages de prose où il ébauche des projets d'ouvrages sévères, aspire et atteint à la concision latine, *à la nerveuse et succulente brièveté* d'un Salluste honnête homme et vertueux, on conçoit la colère à la Despréaux, et plus qu'à la Despréaux, qui dut le saisir en voyant un tel débordement de déclamations soi-disant philosophiques, de facéties galantes et de gentillesses libertines, découlant de la plume d'un bel esprit formé à l'école de Danton. Se séparant, pour le mieux flétrir, du faux *bon ton* qui n'avait jamais été le sien, et revendiquant le vrai *bon ton* éternel et naturel, celui qui est tel pour toute âme bien née, et qu'aucune révolution n'est en droit d'abolir : « Tout homme qui a une âme bonne et franche, s'écriait-il, n'a-t-il pas en soi une justesse de sentiment et de pensées, une dignité d'expressions, une gaieté facile et décente, un respect pour les vraies bienséances, qui est en effet le *bon ton*, puisque l'honnêteté n'en aura jamais d'autre ? »

Une autre de ses indignations et de ses colères, qui causa finalement sa perte par l'offense mortelle qu'il fit à Collot d'Herbois, est celle que lui causa la fête triomphale décernée (ou tolérée) par la Ville de Paris en l'honneur des Suisses de Châteauvieux. Il faut se rappeler que ces soldats, après s'être révoltés à Nancy deux années auparavant et avoir pillé la caisse du régiment, avaient été, au nombre de quarante ou cinquante, condamnés aux galères d'après les lois de la justice fédérale en vigueur parmi les troupes suisses. Non content de les amnistier en mars 1792, on voulut encore les célébrer, et Collot d'Herbois fit la motion factieuse de leur décerner un honneur public. Tout à l'heure, c'était l'écrivain et l'homme de goût, dans Chénier, qui se révoltait contre Manuel; ici, c'est le militaire qui prend feu contre Collot d'Herbois, c'est le gentilhomme qui a porté l'épée et qui sait ce que c'est que la religion du drapeau. Lui, qui eût été un digne soldat de Xénophon, il sent toute sa conscience héroïque se soulever à l'idée de cette violation de la discipline et de l'honneur érigée en exploit. Il faut l'entendre qualifier cette *scandaleuse bacchanale*, cette *bambochade ignominieuse*, que favorisaient la lâcheté des corps constitués et l'immortelle badauderie parisienne, et s'écrier, par un mouvement digne d'un Ancien :

On dit que, dans toutes les places publiques où passera cette pompe, les statues seront voilées. Et, sans m'arrêter à demander de quel droit des particuliers qui donnent une fête à leurs amis s'avisent de voiler les monuments publics, je dirai que si, en effet, cette misérable orgie a lieu, ce ne sont point les images des despotes qui doivent être couvertes d'un crêpe funèbre, c'est le visage de tous les hommes de bien, de tous les Français soumis aux lois, insultés par les succès de soldats qui s'arment contre les décrets et pillent leur caisse militaire. C'est à toute la jeunesse du royaume, à toutes les gardes nationales, de prendre les couleurs du deuil, lorsque l'assassinat de leurs frères est parmi nous un titre de gloire pour des étrangers. C'est l'armée dont il faut voiler les yeux pour qu'elle ne voie point quel prix obtiennent l'indiscipline et la révolte. C'est à l'Assemblée nationale, c'est au Roi, c'est à tous les administrateurs, c'est à la Patrie entière à s'envelopper la tête pour n'être pas de complaisants ou de silencieux témoins d'un outrage fait à toutes les autorités et à la Patrie entière. C'est le livre de la Loi qu'il faut couvrir, lorsque ceux qui en ont déchiré les pages à coups de fusil reçoivent des honneurs civiques.

Et se retournant contre le maire Pétion qui, dans une Lettre à ses concitoyens, avait répondu avec *une astuce niaise et une bénignité captieuse* que cette fête, si on n'y avait vu que ce qui était, n'avait qu'un caractère privé, *innocent et fraternel*, et que l'esprit public s'élève et se fortifie au milieu des *amusements civiques,* André Chénier l'enferme dans ce dilemme : « Dans un pays qui est témoin d'une telle fête, de deux choses l'une : ou c'est l'autorité qui la donne, ou il n'y a point d'autorité dans ce pays-là. »

Le même sentiment militaire d'André Chénier, déjà si noblement irrité dans l'affaire des Suisses, s'anime de nouveau et éclate par les plus beaux accents, à l'occasion de l'assassinat du général Dillon, massacré après un échec de ses propres soldats près de Lille, en 1792. André Chénier en tire sujet d'adjurations éloquentes et véritablement patriotiques : « O vous tous, dont l'âme sait sentir ce qui est honnête et bon ; vous tous qui avez une patrie, et qui savez ce que c'est qu'une patrie !... élevez donc la voix, montrez-vous... Ce moment est le seul qui nous reste : c'est le moment précis où nous allons décider de notre avenir... La perte d'un poste est peu de chose, mais l'honneur de la France a été plus compromis par de détestables actions qu'il ne l'avait été depuis des siècles. »

Il réclame la punition énergique, exemplaire des coupables; il fait entendre de grandes vérités : « Souvenez-vous que rien n'est plus humain, plus indulgent, plus doux, que la sévère inflexibilité des lois justes; que rien n'est plus cruel, plus impitoyable, que la clémence pour le crime; qu'il n'est point d'autre liberté que l'asservissement aux lois. »

Un caractère essentiel à noter dans ces articles de prose d'André Chénier, c'est que si le poète s'y marque par l'élévation et la chaleur du sentiment, par le désintéressement de la pensée et presque le détachement du succès, par une certaine ardeur enfin d'héroïsme et de sacrifice, il ne donne pourtant au style aucune couleur particulière. La métaphore s'y montre rarement. La langue est noble, pure, ferme, pas très éclatante : elle pourrait même, par moments, l'être plus, sans le paraître trop. Ce qui me frappe, c'est la raison et l'énergie : l'idée du talent ne vient qu'après. On y sentirait par endroits le souffle éloquent et véhément de l'orateur, plus encore que la veine du poète. André Chénier, fidèle en ceci au goût antique, ne mêle point les genres.

Un des points les plus importants de la polémique d'André Chénier est la dénonciation qu'il fit de la Société des Jacobins, dans l'article intitulé : *De la Cause des Désordres qui troublent la France et arrêtent l'Établissement de la Liberté*, et inséré dans le *Supplément au Journal de Paris*, du 26 février 1792. Il montre que cette Société, et toutes celles qui en dépendent, ces *Confréries usurpatrices*, « se tenant toutes par la main, forment une sorte de chaîne électrique autour de la France »; qu'elles forment *un État dans l'État;* que « l'organisation de ces Sociétés est le système le plus complet de désorganisation sociale qu'il y ait jamais eu sur la terre ». C'est à cette Société des Jacobins qu'il pensait encore, quand il disait : « Aux talents et à la capacité près, ils ressemblent à la Société des Jésuites. » Il fait sentir la distinction profonde qu'il y a entre le vrai peuple, dont, suivant lui, la bourgeoisie laborieuse est le noyau, et ces Sociétés, *où un infiniment petit nombre de Français paraissent un grand nombre, parce qu'ils sont réunis et qu'ils crient :*

> Quelques centaines d'oisifs réunis dans un jardin ou dans un spectacle, ou quelques troupes de bandits qui pillent des boutiques, sont effrontément appelés *le Peuple;* et les plus insolents despotes n'ont jamais reçu des courtisans les plus avides un encens plus vil et plus fastidieux que l'adulation impure dont deux ou trois mille usurpateurs de la souveraineté nationale sont enivrés chaque jour par les écrivains et les orateurs de ces Sociétés qui agitent la France.

Aristote et Burke avaient déjà remarqué que le caractère moral du démagogue flatteur du peuple, et celui du courtisan flatteur des rois, se ressemblent identiquement au fond. La forme seule de la majesté qu'ils flattent a changé : l'un de ces rois n'a qu'une tête, l'autre en a cinq cent mille.

Le procédé, d'ailleurs, de bassesse est le même. André Chénier a remarqué spirituellement qu'au théâtre on flagorne le peuple, depuis qu'il est souverain, aussi platement qu'on flagornait le roi, du temps que le roi était tout, et que le parterre, qui représente le peuple en personne, applaudit et fait répéter toutes les maximes adulatrices en son honneur aussi naïvement que Louis XIV fredonnait les prologues de Quinault à sa louange, pendant qu'on lui mettait ses souliers et sa perruque.

Je me borne à indiquer cette polémique d'André Chénier contre les Jacobins, d'où résulta une discussion publique et par écrit avec son frère Marie-Joseph, membre et alors défenseur de cette dangereuse Société. Les témoins et les gens de parti firent de leur mieux pour envenimer cette dissidence des deux frères, laquelle, du reste, n'eut jamais le caractère qu'on a voulu lui prêter. Leur brouille ne fut que de quelques mois. Lorsque, après le 10 Août, André Chénier, souffrant et retiré de la polémique, voulut aller à Versailles pour s'y reposer et y refaire sa santé, ce fut Marie-Joseph lui-même qui lui loua cette petite maison où il a écrit ses dernières odes si élevées et si touchantes[1].

André Chénier, d'ailleurs, ne jugeait point Marie-Joseph et ses tragédies révolutionnaires avec la sévérité qu'on pourrait supposer d'après l'esprit modéré de l'ensemble de ses doctrines. Il se retrouvait frère et un peu partial à cet endroit. Dans un écrit daté de 91 et intitulé *Réflexions sur l'Esprit de parti*, il se montre injuste et vraiment injurieux pour Burke, et le désir de venger son frère de ce que Burke avait dit sur la tragédie de *Charles IX* dans son fameux pamphlet y entre pour quelque chose.

En général, la politique d'André Chénier doit être envisagée comme une politique de droiture et de cœur, émanée d'une simple et haute inspiration personnelle. Attaché à la Constitution de 91, la jugeant praticable malgré ses défauts,

---

1. Je tiens ce fait de M. Gabriel de Chénier, neveu des deux poètes.

croyant que la question serait résolue si tous les honnêtes gens s'unissaient pour prêter main-forte à cette loi une fois promulguée, seul d'ailleurs, ne tenant à aucun parti, à aucune secte, ne connaissant pas même les rédacteurs du *Journal de Paris*, dans lequel il publie ses articles, se bornant à user de cette méthode commode des *Suppléments*, qui permettait alors à chacun de publier ses réflexions *à ses frais*, il répondait hardiment à ceux qui voulaient établir une solidarité entre lui et les personnes à côté de qui il écrivait : « Il n'existe entre nous d'association que du genre de celles qui arment vingt villages contre une bande de voleurs. »

Sa politique, en quelque sorte isolée et solitaire, se dessine nettement à l'occasion de la hideuse journée du 20 Juin. Par un mouvement généreux et tout chevaleresque, il se déclare plus à découvert que jamais pour le roi entre le 20 Juin et le 10 Août ; il félicite le pauvre Louis XVI, si humilié et si insulté, de son attitude honorable dans cette première journée. Par un sentiment délicat, il voudrait faire arriver une parole de consolation à son cœur : « Puisse-t-il lire avec quelque plaisir, écrit-il, ces expressions d'une respectueuse estime de la part d'un homme sans intérêts comme sans désirs, qui n'a jamais écrit que sous la dictée de sa conscience ; à qui le langage des courtisans sera toujours inconnu ; aussi passionné que personne pour la véritable égalité, mais qui rougirait de lui-même s'il refusait un éclatant hommage à des actions vertueuses par lesquelles un roi s'efforce d'expier les maux que tant d'autres rois ont faits aux hommes ! » Il suppose, il rédige une Adresse de ce même roi à l'Assemblée, datée de juin 1792, et où il le fait parler avec autant de bon sens que de dignité. Il lui prête un rôle impossible après le 20 Juin et quand la partie est déjà perdue : ce jour, en effet, qui est déjà celui de la chute du trône, lui paraît pouvoir être le point de départ d'une Restauration idéale dont il trace un tableau chimérique et embelli.

Le poète se retrouve ici avec son illusion. Mais non, c'est encore l'homme de cœur et le valeureux citoyen qui, sans se soucier du succès et bravant le péril, ne peut étouffer le cri de ses entrailles. Il suppose à tous ceux qui pensent comme lui autant de courage qu'à lui : « Que tous les citoyens dont les sentiments sont conformes à ceux que contient cet écrit (et il n'est pas douteux que ce ne soit la France presque entière) rompent enfin le silence. Ce n'est pas le temps de se taire... Élevons tous ensemble une forte clameur d'indignation et de vérité. »

C'est cette *forte clameur* qui manqua, et qui manquera toujours en pareille circonstance, quand les choses en seront venues à ces extrémités ; car, ainsi que lui-même le remarque tout à côté, « le nombre des personnes qui réfléchissent et qui jugent est infiniment petit ». L'*indolence parisienne* est de tout temps connue ; et si des peuples anciens élevèrent des temples et des autels *à la Peur*, on peut dire (c'est Chénier qui parle à la date de 92) que jamais cette divinité « n'eut de plus véritables autels qu'elle n'en a dans Paris ; que jamais elle ne fut honorée d'un culte plus universel ».

La politique d'André Chénier dans son ensemble se définirait donc pour nous très nettement en ces termes :

Ce n'est point une action concertée et suivie, c'est une protestation individuelle, logique de forme, lyrique de source et de jet, la protestation d'un honnête homme qui brave à la fois ceux qu'il réfute, et ne craint pas d'appeler sur lui le glaive.

La journée du 10 Août vint mettre fin à la discussion libre. André Chénier, retiré de la polémique, se réfugia dans l'indignation solitaire et dans le mépris silencieux. Une lettre de lui, écrite à la date du 28 octobre 1792, nous le montre désormais « bien déterminé à se tenir toujours à l'écart, ne prenant aucune part active aux affaires publiques, et s'attachant plus que jamais, dans la retraite, à une étude approfondie des langues antiques ». Sa santé s'était altérée; il allait de temps en temps passer à Versailles des semaines vouées à la méditation, à la rêverie, à la poésie. Un amour délicat l'avait repris et le consolait des autres tristesses par sa blessure même. Il en a célébré l'objet dans des pièces adorables, sous le nom de *Fanny*[1]. Mais, suivant moi, la plus belle (s'il fallait choisir), la plus complète des pièces d'André Chénier, est celle qu'il composa vers ce temps, et qui commence par cette strophe :

> O Versaille, ô bois, ô portiques !
> Marbres vivants, berceaux antiques,
> Par les dieux et les rois Élysée embelli,
> A ton aspect dans ma pensée,
> Comme sur l'herbe aride une fraîche rosée,
> Coule un peu de calme et d'oubli.

Qu'on veuille la relire tout entière. On y voit, dans un

---

1. C'était (car le temps permet aujourd'hui de soulever le voile), c'était Mme Laurent Le Coulteux, née Pourrat, sœur de Mme Hocquard, et qui habitait alors à Luciennes.

rythme aussi neuf qu'harmonieux, le sentiment de la nature et de la solitude, d'une nature grande, cultivée et même pompeuse, toute peuplée de souvenirs de grandeur auguste et de deuil, et comme ennoblie ou attristée d'un majestueux abandon. Il y a là l'Élégie royale dans toute sa gloire, puis, tout à côté, le mystère d'un réduit riant et studieux *couronné de rameaux*, et propice au rêve du poète, au rêve de l'amant. Car il aime, il revit, il espère ; il va chanter comme autrefois, et la source d'harmonie va de nouveau abonder dans son cœur et sur ses lèvres. Mais, tout à coup, devant les yeux lui repasse l'image des horreurs publiques, et alors le sentiment vertueux et stoïque revient dominer le sentiment poétique et tendre. L'homme *juste et magnanime* se réveille, et la vue des innocents égorgés corrompt son bonheur. Tel est, dans cette admirable pièce, l'ordre et la suite des idées, dont chacune revêt tour à tour son expression la plus propre, l'expression hardie à la fois, savante et naïve.

Enfin, pour achever de dessiner cette noble figure d'un poète honnête homme et homme de cœur qui, dans la plus horrible révolution moderne, comprit et pratiqua le courage et la vertu au sens antique des Thucydide et des Aristote, des Tacite et des Thraséas, il ne faut que transcrire cette page testamentaire trouvée dans ses papiers, et où il s'est peint lui-même à nu devant sa conscience et devant l'avenir :

Il est las de partager la honte de cette foule immense, qui en secret abhorre autant que lui, mais qui approuve et encourage, au moins par son silence, des hommes atroces et des actions abominables. La vie ne vaut pas tant d'opprobre. Quand les tréteaux, les tavernes et les lieux de débauche vomissent par milliers des législateurs, des magistrats et des généraux d'armée qui sortent de la boue pour le bien de la patrie, il a, lui, une autre ambition, et il ne croit pas démériter de sa patrie en faisant dire un jour : Ce pays, qui produisit alors tant de prodiges d'imbécillité et de bassesse, produisit aussi un petit nombre d'hommes qui ne renoncèrent ni à leur raison ni à leur conscience ; témoins des triomphes du vice, ils restèrent amis de la vertu et ne rougirent point d'être gens de bien. Dans ces temps de violence, ils osèrent parler de justice ; dans ces temps de démence, ils osèrent examiner ; dans ces temps de la plus abjecte hypocrisie, ils ne feignirent point d'être des scélérats pour acheter leur repos aux dépens de l'innocence opprimée ; ils ne cachèrent point leur haine à des bourreaux qui, pour payer leurs amis et punir leurs ennemis, n'épargnaient rien, car il ne leur en coûtait que des crimes ; et un nommé A. C. (*André Chénier*) fut un des cinq ou six que ni la frénésie générale, ni l'avidité, ni la crainte, ne purent engager à ployer le genou devant des assassins couronnés, à toucher des mains souillées de meurtres, et à s'asseoir à la table où l'on boit le sang des hommes.

Quelle que soit la ligne politique qu'on suive (et je ne prétends point que celle d'André Chénier soit strictement la seule et la vraie), cette manière d'être et de sentir en temps de révolution, surtout quand elle est finalement confirmée et consacrée par la mort, sera toujours réputée *moralement* la plus héroïque et la plus belle, la plus digne de toutes d'être proposée aux respects des hommes.

A ceux qui lui demandaient ce qu'il avait fait pendant la Terreur à la Convention, Sieyès se contentait de répondre : *J'ai vécu*. Il sera toujours plus digne et plus beau de répondre à cette question, avec l'âme d'André Chénier : *Et moi, j'ai mérité de mourir!*

Lundi, 19 mai 1851.

ÉPITRES

ÉPITRES

I[1]

A LE BRUN

ET AU MARQUIS DE BRAZAIS

Le Brun, qui nous attends aux rives de la Seine[2],
Quand un destin jaloux loin de toi nous enchaîne ;
Toi, Brazais, comme moi sur ces bords appelé ;
Sans qui de l'univers je vivrais exilé ;
Depuis que de Pandore un regard téméraire
Versa sur les humains un trésor de misère[3],
Pensez-vous que du ciel l'indulgente pitié
Leur ait fait un présent plus beau que l'amitié ?

---

1. Édition de 1819.
2. André Chénier était alors (1782) en garnison à Strasbourg, sous-lieutenant dans le régiment d'Angoumois. Il avait à peine vingt ans.
3. Jupiter, voulant punir Prométhée d'avoir dérobé le feu du ciel, lui envoya pour femme Pandore, après avoir remis à celle-ci une boîte où tous les maux étaient renfermés. L'imprudent Épiméthée, frère de Prométhée, ouvrit la boîte : tous les maux se répandirent sur la terre, et il ne resta au fond de la boîte que l'espérance.

Trésor de misère mérite d'être noté. Trésor ici a le sens d'amas, de provision abondante.

Ah! si quelque mortel est né pour la connaître,
C'est nous, âmes de feu, dont l'Amour est le maître.
Le cruel trop souvent empoisonne ses coups;
Elle garde à nos cœurs ses baumes les plus doux.
Malheur au jeune enfant seul, sans ami, sans guide,
Qui près de la beauté rougit et s'intimide,
Et d'un pouvoir nouveau lentement dominé,
Par l'appât du plaisir doucement entraîné,
Crédule, et sur la foi d'un sourire volage,
A cette mer trompeuse et se livre et s'engage!
Combien de fois, tremblant et les larmes aux yeux,
Ses cris accuseront l'inconstance des dieux!
Combien il frémira d'entendre sur sa tête
Gronder les aquilons et la noire tempête,
Et d'écueils en écueils portera ses douleurs
Sans trouver une main pour essuyer ses pleurs!
Mais heureux dont le zèle, au milieu du naufrage,
Viendra le recueillir, le pousser au rivage;
Endormir dans ses flancs le poison endormi,
Réchauffer dans son sein le sein de son ami,
Et de son fol amour étouffer la semence,
Ou du moins dans son cœur ranimer l'espérance!
Qu'il est beau de savoir, digne d'un tel lien,
Au repos d'un ami sacrifier le sien!
Plaindre de s'immoler l'occasion ravie,
Être heureux de sa joie et vivre de sa vie!

Si le ciel a daigné d'un regard amoureux
Accueillir ma prière et sourire à mes vœux,
Je ne demande point que mes sillons avides
Boivent l'or du Pactole et ses trésors liquides,
Ni que le diamant, sur la pourpre enchaîné,

Pare mon cœur esclave au Louvre prosterné ;
Ni même, vœu plus doux ! que la main d'Uranie
Embellisse mon front des palmes du génie ;
Mais que beaucoup d'amis, accueillis dans mes bras,
Se partagent ma vie et pleurent mon trépas ;
Que ces doctes héros, dont la main de la Gloire
A consacré les noms au temple de mémoire
Plutôt que leurs talents, inspirent à mon cœur
Les aimables vertus qui firent leur bonheur ;
Et que de l'amitié les antiques modèles
Reconnaissent mes pas sur leurs traces fidèles.
Si le feu qui respire en leurs divins écrits
D'une vive étincelle échauffa nos esprits ;
Si leur gloire en nos cœurs souffle une noble envie,
Oh ! suivons donc aussi l'exemple de leur vie :
Gardons d'en négliger la plus belle moitié ;
Soyons heureux comme eux au sein de l'amitié.
Horace, loin des flots qui tourmentent Cythère,
Y retrouvait d'un port l'asile salutaire ;
Lui-même au doux Tibulle, à ses tristes amours,
Prêta de l'amitié les utiles secours.
L'amitié rendit vains tous les traits de Lesbie[1] ;
Elle essuya les yeux que fit pleurer Cynthie[2].
Virgile n'a-t-il pas, d'un vers doux et flatteur,
De Gallus expirant consolé le malheur ?
Voilà l'exemple saint que mon cœur leur demande.
Ovide, ah ! qu'à mes yeux ton infortune est grande !
Non pour n'avoir pu faire aux tyrans irrités
Agréer de tes vers les lâches faussetés ;

---

1. Aimée de Catulle.
2. Aimée de Properce.

Je plains ton abandon, ta douleur solitaire.
Pas un cœur qui, du tien zélé dépositaire,
Vienne adoucir ta plaie, apaiser ton effroi,
Et consoler tes pleurs, et pleurer avec toi!
Ce n'est pas nous, amis, qu'un tel foudre menace;
Que des dieux et des rois l'éclatante disgrâce
Nous frappe, leur tonnerre aura trompé leurs mains;
Nous resterons unis en dépit des destins.
Qu'ils excitent sur nous la fortune cruelle;
Qu'elle arme tous ses traits : nous sommes trois contre elle;
Nos cœurs peuvent l'attendre, et dans tous ses combats,
L'un sur l'autre appuyés, ne chancelleront pas.

Oui, mes amis, voilà le bonheur, la sagesse.
Que nous importe alors si le dieu du Permesse
Dédaigne de nous voir, entre ses favoris,
Charmer de l'Hélicon les bocages fleuris?
Aux sentiers où leur vie offre un plus doux exemple,
Où la félicité les reçut dans son temple,
Nous les aurons suivis, et, jusques au tombeau,
De leur double laurier su ravir le plus beau.
Mais nous pouvons, comme eux, les cueillir l'un et l'autre.
Ils reçurent du ciel un cœur tel que le nôtre;
Ce cœur fut leur génie, il fut leur Apollon,
Et leur docte fontaine, et leur sacré vallon.
Castor charme les dieux, et son frère l'inspire[1].
Loin de Patrocle, Achille aurait brisé sa lyre.
C'est près de Pollion, dans les bras de Varus,
Que Virgile envia le destin de Nisus.

---

1. Après la mort de Castor tué par Lyncée, Pollux, immortel parce qu'il était fils de Jupiter, obtint de partager son immortalité avec son frère Castor.

Que dis-je? Ils t'ont transmis ce feu qui les domine.
N'ai-je pas vu ta muse au tombeau de Racine[1],
Le Brun, faire gémir la lyre de douleurs
Que jadis Simonide anima de ses pleurs?
Et toi, dont le génie, amant de la retraite,
Et des leçons d'Ascra[2] studieux interprète,
Accompagnant l'année en ses douze palais,
Étale sa richesse et ses vastes bienfaits[3];
Brazais, que de tes chants mon âme est pénétrée,
Quand ils vont couronner cette vierge adorée
Dont par la main du temps l'empire est respecté,
Et de qui la vieillesse augmente la beauté[4]!
L'homme insensible et froid en vain s'attache à peindre
Ces sentiments du cœur que l'esprit ne peut feindre;
De ses tableaux fardés les frivoles appas
N'iront jamais au cœur dont ils ne viennent pas.
Eh! comment me tracer une image fidèle
Des traits dont votre main ignore le modèle?
Mais celui qui, dans soi descendant en secret,
Le contemple vivant, ce modèle parfait,
C'est lui qui nous enflamme au feu qui le dévore;

---

1. Fils de l'auteur du poème de *la Religion*, et petit-fils du grand Racine; il mourut à Cadix, lors du désastre qui détruisit Lisbonne et qui ébranla toute la côte du Portugal et d'Espagne. (*Note de l'auteur.*)

2. Ascra, en Béotie, était la patrie d'Hésiode.

3. Le marquis de Brazais avait composé un poème de l'*Année*, qui est resté manuscrit.

4. Le premier chant du poème de l'*Année*, comme nous l'apprend M. Becq de Fouquières dans ses *Documents nouveaux*, se termine sur cette pensée: L'amitié seule, de repentir et de remords exempte, peut nous consoler des illusions perdues; seule elle peut fermer les blessures d'amour.

> Salut, des malheureux, ô compagne fidèle,
> . . . .
> Vierge, qui t'embellis par les rides du temps.

C'est presque l'expression d'André Chénier.

Lui qui fait adorer la vertu qu'il adore ;
Lui qui trace, en un vers des Muses agréé,
Un sentiment profond que son cœur a créé.
Aimer, sentir, c'est là cette ivresse vantée
Qu'aux célestes foyers déroba Prométhée.
Calliope jamais daigna-t-elle enflammer
Un cœur inaccessible à la douceur d'aimer?
Non : l'amour, l'amitié, la sublime harmonie,
Tous ces dons précieux n'ont qu'un même génie ;
Même souffle anima le poète charmant,
L'ami religieux et le parfait amant.
Ce sont toutes vertus d'une âme grande et fière.
Bavius et Zoïle, et Gacon et Linière[1],
Aux concerts d'Apollon ne furent point admis,
Vécurent sans maîtresse, et n'eurent point d'amis.

Et ceux qui, par leurs mœurs dignes de plus d'estime,
Ne sont point nés pourtant sous cet astre sublime,
Voyez-les, dans des vers divins, délicieux,
Vous habiller l'amour d'un clinquant précieux ;
Badinage insipide où leur ennui se joue,
Et qu'autant que l'amour le bon sens désavoue.
Voyez si d'une belle un jeune amant épris
A tressailli jamais en lisant leurs écrits ;
Si leurs lyres jamais, froides comme leurs âmes,
De la sainte amitié respirèrent les flammes.
O peuples de héros, exemples des mortels !

---

1. Ce sont des noms de mauvais poètes. *Zoïle*, détracteur d'Homère, — *Bavius*, dont parle Virgile, égl. III, v. 90.

        Qui Bavium non odit, amet tua carmina, Mœvi.

Linière et Gacon sont des rimailleurs français de la fin du XVIIe siècle et du commencement du XVIIIe.

C'est chez vous que l'encens fuma sur ses autels;
C'est aux temps glorieux des triomphes d'Athène,
Aux temps sanctifiés par la vertu romaine;
Quand l'âme de Lélie animait Scipion,
Quand Nicoclès mourait au sein de Phocion[1];
C'est aux murs où Lycurgue a consacré sa vie,
Où les vertus étaient les lois de la patrie.
O demi-dieux amis! Atticus, Cicéron,
Caton, Brutus, Pompée, et Sulpice, et Varron!
Ces héros, dans le sein de leur ville perdue,
S'assemblaient pour pleurer la liberté vaincue.
Unis par la vertu, la gloire, le malheur,
Les arts et l'amitié consolaient leur douleur.
Sans l'amitié, quel antre ou quel sable infertile
N'eût été pour le sage un désirable asile,
Quand du Tibre avili le sceptre ensanglanté
Armait la main du vice et la férocité;
Quand d'un vrai citoyen l'éclat et le courage
Réveillaient du tyran la soupçonneuse rage;
Quand l'exil, la prison, le vol, l'assassinat,
Étaient pour l'apaiser l'offrande du sénat!
Thraséas, Soranus, Sénécion, Rustique,
Vous tous, dignes enfants de la patrie antique,
Je vous vois tous, amis entourés de bourreaux,
Braver du scélérat les indignes faisceaux,
Du lâche délateur l'impudente richesse,
Et du vil affranchi l'orgueilleuse bassesse.
Je vous vois, au milieu des crimes, des noirceurs.
Garder une patrie, et des lois, et des mœurs;
Traverser d'un pied sûr, sans tache, sans souillure,

---

1. Plutarque, *Phocion*, xxxvi.

Les flots contagieux de cette mer impure ;
Vous créer, au flambeau de vos mâles aïeux,
Sur ce monde profane un monde vertueux.

Oh ! viens rendre à leurs noms nos âmes attentives,
Amitié ! de leur gloire ennoblis nos archives.
Viens, viens : que nos climats, par son souffle épurés,
Enfantent des rivaux à ces hommes sacrés.
Rends-nous hommes comme eux. Fais sur la France heureuse
Descendre des Vertus la troupe radieuse,
De ces filles du ciel qui naissent dans ton sein,
Et toutes sur tes pas se tiennent par la main.
Ranime les beaux-arts, éveille leur génie,
Chasse de leur empire et la haine et l'envie :
Loin de toi dans l'opprobre ils meurent avilis ;
Pour conserver leur trône ils doivent être unis.
Alors de l'univers ils forcent les hommages :
Tout, jusqu'à Plutus même, encense leurs images ;
Tout devient juste alors ; et le peuple et les grands,
Quand l'homme est respectable, honorent les talents.

Ainsi l'on vit les Grecs prôner d'un même zèle
La gloire d'Alexandre et la gloire d'Apelle ;
La main de Phidias créa des immortels,
Et Smyrne à son Homère éleva des autels.
Nous, amis, cependant, de qui la noble audace
Veut atteindre aux lauriers de l'antique Parnasse,
Au rang de ces grands noms nous pouvons être admis ;
Soyons cités comme eux entre les vrais amis.
Qu'au delà du trépas notre âme mutuelle
Vive et respire encor sur la lyre immortelle.
Que nos noms soient sacrés, que nos chants glorieux

Soient pour tous les amis un code précieux.
Qu'ils trouvent dans nos vers leur âme et leurs pensées ;
Qu'ils raniment encor nos muses éclipsées,
Et qu'en nous imitant ils s'attendent un jour
D'être chez leurs neveux imités à leur tour.

11

A LE BRUN

Laisse gronder le Rhin et ses flots destructeurs,
Muse; va de Le Brun gourmander les lenteurs.
Vole aux bords fortunés où les champs d'Élysée
De la ville des lis ont couronné l'entrée;
Aux lieux où sur l'airain Louis, ressuscité
Contemple de Henri le séjour respecté,
Et des jardins royaux l'enceinte spacieuse
Abandonne la rive où la Seine amoureuse,
Lente, et comme à regret quittant ces bords chéris,
Du vieux palais des rois baigne les murs flétris[2],
Et des fils de Condé les superbes portiques[3].
Suis ces fameux remparts et ces berceaux antiques
Où, tant qu'un beau soleil éclaire de beaux jours,
Mille chars élégants promènent les amours.
Un Paris tout nouveau sur les plaines voisines
S'étend et porte au loin, jusqu'au pied des collines,
Un long et riche amas de temples, de palais,
D'ombrages où l'été ne pénètre jamais[4] :
C'est là son Hélicon. Là, ta course fidèle

---

1. Édition 1819.
2. Le Brun était alors logé au Louvre. (Voir ses *Odes*, l. IV, ode II.)
3. Le Brun était né à l'hôtel de Conti.
4. Passy, où Le Brun allait sans doute habiter pendant l'été.

Le trouvera peut-être aux genoux d'une belle.
S'il est ainsi, respecte un moment précieux;
Sinon, tu peux entrer; tu verras dans ses yeux,
Dès qu'il aura connu que c'est moi qui t'envoie,
Sourire l'indulgence et peut-être la joie.
Souhaite-lui d'abord la paix, la liberté,
Les plaisirs, l'abondance et surtout la santé.
Puis apprends si, toujours ami de la nature,
Il s'en tient comme nous aux bosquets d'Épicure,
S'il a de ses amis gardé le souvenir,
Quelle muse à présent occupe son loisir,
Si Tibulle et Vénus le couronnent de rose,
Ou si dans les déserts que le Permesse arrose,
Du vulgaire troupeau prompt à se séparer,
Aux sources de Pindare ardent à s'enivrer,
Sa lyre fait entendre aux nymphes de la Seine
Les sons audacieux de la lyre thébaine;
Que toujours à m'écrire[1] il est lent à mon gré;
Que, de mon cher Brazais pour un temps séparé,
Les ruisseaux et les bois, et Vénus, et l'étude,
Adoucissent un peu ma triste solitude.
Oui! les cieux avec joie ont embelli ces champs.
Mais, Le Brun, dans l'effroi que respirent les camps,
Où les foudres guerriers étonnent mon oreille,
Où loin avant Phébus Bellone me réveille,
Puis-je adorer encore et Vertumne et Palès?
Il faut un cœur paisible à ces dieux de la paix.

1. Sous-entendu : dis-lui *que*.

III[1]

Ami, chez nos Français ma muse voudrait plaire ;
Mais j'ai fui la satire à leurs regards si chère.
Le superbe lecteur, toujours content de lui,
Et toujours plus content s'il peut rire d'autrui,
Veut qu'un nom imprévu, dont l'aspect le déride,
Égaye au bout du vers une rime perfide ;
Il s'endort si quelqu'un ne pleure quand il rit.
Mais qu'Horace et sa troupe irascible d'esprit
Daignent me pardonner, si jamais ils pardonnent :
J'estime peu cet art, ces leçons qu'ils nous donnent
D'immoler bien un sot qui jure en son chagrin,
Au rire âcre et perçant d'un caprice malin.
Le malheureux déjà me semble assez à plaindre
D'avoir, même avant lui, vu sa gloire s'éteindre
Et son livre au tombeau lui montrer le chemin,
Sans aller, sous la terre au trop fertile sein,
Semant sa renommée et ses tristes merveilles,
Faire à tous les roseaux chanter quelles oreilles
Sur sa tête ont dressé leurs sommets et leurs poids[2].

1. Édition 1819.
2. Allusion aux vers de Boileau, *satire* IX :

> Et s'il ne m'est permis de le dire au papier,
> J'irai creuser la terre, et, comme ce barbier,
> Faire dire aux roseaux, par un nouvel organe :
> Midas, le roi Midas a des oreilles d'âne.

Autres sont mes plaisirs. Soit, comme je le crois,
Que d'une débonnaire et généreuse argile
On ait pétri mon âme innocente et facile;
Soit, comme ici, d'un œil caustique et médisant,
En secouant le front, dira quelque plaisant,
Que le ciel, moins propice, enviât à ma plume
D'un sel ingénieux la piquante amertume,
J'en profite à ma gloire, et je viens devant toi
Mépriser les raisins qui sont trop hauts pour moi[1].
Aux reproches sanglants d'un vers noble et sévère,
Ce pays toutefois offre une ample matière :
Soldats tyrans du peuple obscur et gémissant,
Et juges endormis aux cris de l'innocent;
Ministres oppresseurs, dont la main détestable
Plonge au fond des cachots la vertu redoutable.
Mais, loin qu'ils aient senti la fureur de nos vers,
Nos vers rampent en foule aux pieds de ces pervers,
Qui savent bien payer d'un mépris légitime
Le lâche qui pour eux feint d'avoir quelque estime.
Certe, un courage ardent qui s'armerait contre eux
Serait utile au moins s'il était dangereux;
Non d'aller, aiguisant une vaine satire,
Chercher sur quel poète on a droit de médire;
Si tel livre deux fois ne s'est pas imprimé,
Si tel est mal écrit, tel autre mal rimé.

Ainsi donc, sans coûter de larmes à personne,
A mes goûts innocents, ami, je m'abandonne.
Mes regards vont errant sur mille et mille objets.
Sans renoncer aux vieux, plein de nouveaux projets,

---

1. Allusion à la fable de La Fontaine, III, xi.

Je les tiens; dans mon camp partout je les rassemble,
Les enrôle, les suis, les pousse tous ensemble.
S'égarant à son gré, mon ciseau vagabond
Achève à ce poème ou les pieds ou le front,
Creuse à l'autre les flancs, puis l'abandonne et vole
Travailler à cet autre ou la jambe ou l'épaule.
Tous, boiteux, suspendus, traînent; mais je les vois
Tous bientôt sur leurs pieds se tenir à la fois.
Ensemble lentement tous couvés sous mes ailes,
Tous ensemble quittant leurs coques maternelles,
Sauront d'un beau plumage ensemble se couvrir,
Ensemble sous le bois voltiger et courir.
Peut-être il vaudrait mieux, plus constant et plus sage,
Commencer, travailler, finir un seul ouvrage.
Mais quoi! cette constance est un pénible ennui.
« Eh bien! nous lirez-vous quelque chose aujourd'hui? »
Me dit un curieux qui s'est toujours fait gloire
D'honorer les neuf Sœurs, et toujours, après boire,
Étendu dans sa chaise et se chauffant les pieds,
Aime à dormir au bruit des vers psalmodiés.
— Qui, moi? Non, je n'ai rien. D'ailleurs je ne lis guère.
— Certe, un tel nous lut hier une épître!... et son frère
Termina par une ode où j'ai trouvé des traits!...
— Ces messieurs plus féconds, dis-je, sont toujours prêts.
Mais moi, que le caprice et le hasard inspire,
Je n'ai jamais sur moi rien qu'on puisse vous lire.
— Bon! bon! Et cet HERMÈS, dont vous ne parlez pas,
Que devient-il? — Il marche, il arrive à grands pas.
— Oh! je m'en fie à vous. — Hélas! trop, je vous jure.
— Combien de chants de faits? — Pas un, je vous assure.
— Comment? — Vous avez vu sous la main d'un fondeur
Ensemble se former, diverses en grandeur,

Trente cloches d'airain, rivales du tonnerre?
Il achève leur moule enseveli sous terre;
Puis, par un long canal en rameaux divisé,
Y fait couler les flots de l'airain embrasé;
Si bien qu'au même instant, cloches, petite et grande,
Sont prêtes, et chacune attend et ne demande
Qu'à sonner quelque mort, et du haut d'une tour
Réveiller la paroisse à la pointe du jour.
Moi, je suis ce fondeur : de mes écrits en foule
Je prépare longtemps et la forme et le moule;
Puis, sur tous à la fois je fais couler l'airain :
Rien n'est fait aujourd'hui, tout sera fait demain. »

Ami, Phébus ainsi me verse ses largesses.
Souvent des vieux auteurs j'envahis les richesses.
Plus souvent leurs écrits, aiguillons généreux,
M'embrasent de leur flamme, et je crée avec eux.
Un juge sourcilleux, épiant mes ouvrages,
Tout à coup à grands cris dénonce vingt passages
Traduits de tel auteur qu'il nomme; et, les trouvant,
Il s'admire et se plaît de se voir si savant.
Que ne vient-il vers moi? je lui ferai connaître
Mille de mes larcins qu'il ignore peut-être.
Mon doigt sur mon manteau lui dévoile à l'instant
La couture invisible et qui va serpentant
Pour joindre à mon étoffe une pourpre étrangère.
Je lui montrerai l'art, ignoré du vulgaire,
De séparer aux yeux, en suivant leur lien,
Tous ces métaux unis dont j'ai formé le mien.
Tout ce que des Anglais la muse inculte et brave,
Tout ce que des Toscans la voix fière et suave,
Tout ce que les Romains, ces rois de l'univers,

M'offraient d'or et de soie, est passé dans mes vers.
Je m'abreuve surtout des flots que le Permesse
Plus féconds et plus purs fit couler dans la Grèce;
Là, Prométhée ardent, je dérobe les feux
Dont j'anime l'argile et dont je fais des dieux.
Tantôt chez un auteur j'adopte une pensée,
Mais qui revêt, chez moi, souvent entrelacée,
Mes images, mes tours, jeune et frais ornement;
Tantôt je ne retiens que les mots seulement :
J'en détourne le sens, et l'art sait les contraindre
Vers des objets nouveaux qu'ils s'étonnent de peindre.
La prose plus souvent vient subir d'autres lois,
Et se transforme, et fuit mes poétiques doigts;
De rimes couronnée, et légère et dansante,
En nombres mesurés elle s'agite et chante.
Des antiques vergers ces rameaux empruntés
Croissent sur mon terrain mollement transplantés;
Aux troncs de mon verger ma main avec adresse
Les attache, et bientôt même écorce les presse.
De ce mélange heureux l'insensible douceur
Donne à mes fruits nouveaux une antique saveur.
Dévot adorateur de ces maîtres antiques,
Je veux m'envelopper de leurs saintes reliques.
Dans leur triomphe admis, je veux le partager,
Ou bien de ma défense eux-mêmes les charger.
Le critique imprudent, qui se croit bien habile,
Donnera sur ma joue un soufflet à Virgile.
Et ceci (tu peux voir si j'observe ma loi),
Montaigne, il t'en souvient, l'avait dit avant moi[1].

---

1. « Je ne compte pas mes emprunts, je les poise; et si je les eusse voulu faire valoir par nombre, je m'en fusse chargé deux fois aultant : ils sont tous, ou peu s'en fault, de noms si fameux et anciens, qu'ils me sem-

blent se nommer assez sans moi. Ez raisons, comparaisons, arguments, si j'en transplante quelqu'un en mon solage, et confonds aux miens : à escient j'en cache l'auteur, pour tenir en bride la témérité de ces sentences hastives qui se jettent sur toute sorte d'escripts, notamment jeunes escripts, d'hommes encore vivants, et en vulgaire qui reçoit tout le monde à en parler et qui semble convaincre la conception et le desseing vulgaire de même: je veux qu'ils donnent une nazarde à Plutarque sur mon nez, et qu'ils s'eschauldent à injurier Sénèque en moi. » (Montaigne, *Essais*, liv. II, ch. x.)

IV.[1]

1789.

Heureux qui, se livrant aux sages disciplines,
Nourri du lait sacré des antiques doctrines,
Ainsi que de talents a jadis hérité
D'un bien modique et sûr qui fait la liberté !
Il a, dans sa paisible et sainte solitude,
Du loisir, du sommeil, et les bois et l'étude,
Le banquet des amis, et quelquefois, les soirs,
Le baiser jeune et frais d'une blanche aux yeux noirs.
Il ne faut point qu'il dompte un ascendant suprême,
Opprime son génie et s'éteigne lui-même,
Pour user sans honneur et sa plume et son temps
A des travaux obscurs tristement importants.
Il n'a point, pour pousser sa barque vagabonde,
A se précipiter dans les flots du grand monde;
Il n'a point à souffrir vingt discours odieux
De raisonneurs méchants encor plus qu'ennuyeux,
Tels qu'en de longs détours de disputes frivoles[2]
Hurlent de vingt partis les prétentions folles,

1. Édition 1819. Dans plusieurs éditions cette épître est adressée au chevalier de Pange.
2. M. Gabriel de Chénier a imprimé :

Lorsqu'en de longs détours de disputes frivoles.

C'est probablement une correction.

Prêtres et gens de cour, ambitieux tyrans,
Nobles et magistrats, superbes ignorants',
Tous vieux usurpateurs et voraces corsaires,
Et dignes héritiers de l'esprit de nos pères.
Il n'entend point tonner le chef-d'œuvre ampoulé
D'un sourcilleux rimeur au fauteuil installé.
Il ne doit point toujours déguiser ce qu'il pense,
Imposer à son âme un éternel silence,
Trahir la vérité pour avoir le repos,
Et feindre d'être un sot pour vivre avec les sots.

V[1]

ÉPITRE A M. BAILLY

Un mensonge vieillit ; il devient ennuyeux.
Il prend une autre forme et reparaît aux yeux.
Pensant le fuir, trompés à sa ruse infidèle,
Nous courons l'embrasser sous sa forme nouvelle.
Nous quittons un prestige, une vaine fureur
Non pour la vérité, mais pour une autre erreur.

. . . .
. . . .

J'aime à voir les humains, ces êtres glorieux
Nés pour lever la tête et regarder les cieux,
Dans la fange à plaisir courbant ce front superbe,
Marcher sur quatre pieds, et braire, et brouter l'herbe[2].

C'est pour l'épître à M. Bailly. Après avoir parlé très brièvement de l'Astrologie... Magnétisme... Somnambulisme...

Exposer dans ce petit poème[3], adressé à M. Bailly, que

1. Édition G. de Chénier.
2. L'auteur a barré ces dix vers de deux traits en croix et écrit en travers : « Il faut mettre ailleurs tout cela. » (G. DE CH.)
3. Ce mot a fait croire à M. G. de Chénier qu'il s'agissait, dans ce passage, d'un poème à part sur l'Astronomie : mais on peut penser, comme M. Becq de Fouquières, que le poète désigne ainsi l'épître qu'il voulait adresser à l'auteur de *l'Histoire de l'Astronomie*, des *Lettres sur l'Atlantide de Platon*, etc.

les poètes de nos jours n'ont aucunes teintures d'astronomie, d'histoire naturelle, de sciences ; que, dès qu'ils savent assembler quelques rimes, ils se croient poètes... que les anciens étaient plus savants... Puis faire en une vingtaine de vers l'histoire de la poésie... Les premiers poètes étaient francs, libres, généreux, ne vantaient que les belles actions ; et comme, dans cette égalité des hommes, il n'y avait personne à flatter, ils ne flattèrent personne...

La noble nudité d'une âme vraie et pure.

Ensuite, ils devinrent lâches, m......, flatteurs. Les délices des vers couvrirent les plus grandes infamies..., car il est très vrai que les arts ne s'accordent pas avec des mœurs austères.

Ensuite faire un petit précis de l'histoire de l'astronomie au moins moderne (car l'histoire de son invention sera faite *in* Δ[1]). Vanter l'étude de l'astronomie en disant : — Que voyons-nous autour de nous ? des bassesses, des atrocités. Nous jetons-nous dans l'histoire ? L'histoire est sanglante de crimes. A peine, dans un amas d'horreurs, trouve-t-on deux ou trois actions vertueuses. C'est ainsi que... (belle comparaison). Heureux donc mille fois le sage qui, s'élevant au-dessus de la fange des passions humaines, se loge au sommet des montagnes, vit avec sa femme, ses enfants, quelques amis, et avec ses livres et ses télescopes ; n'étudie que l'histoire du ciel, qui est si douce et si pure, jusqu'à ce que, accablé de vieillesse, assis sur son lit et regardant les cieux, il exhale et rejoigne à l'âme universelle cette portion qui lui en était échue en partage et que son corps emprisonnait.

Puis, finissant... après avoir parlé avec admiration des grands hommes de l'antiquité, dire : Eh bien donc, que je travaille aussi !... Allons !... Pendant que, pétrifié d'admiration pour ces grands hommes, je m'arrête à les considérer, le temps ne s'arrête point... Il chemine toujours... mes belles

---

1. C'est-à-dire dans le poème d'*Hermès*.

années s'échappent de mes bras; je ne les vois plus que bien loin; bientôt je ne les verrai plus... elles volent en se tenant par la main et me regardant loin derrière elles... elles vont frapper à la porte de mon tombeau, annoncer qu'on m'attende et que j'arriverai bientôt... Ne laissons point fuir inutilement avec elles ces palmes et l'âge de les cueillir, et, en admirant la moisson d'autrui, ne manquons point la nôtre.

Le poëte, enivré de ses jeunes fureurs,
Fuyant de l'envieux les bassesses obscures,
Se transporte en esprit dans les races futures
Et, promenant ses pas sous le bois égarés,
Des poètes divins relit les vers sacrés.
Leurs triomphes n'ont point abattu son courage.
Il mesure leur vol, qui plane d'âge en âge.
L'ardeur de suivre aussi cet illustre chemin
Soulève ses cheveux, aiguillonne sa main.
Il ferme le volume. Il erre, il se tourmente;
Des vers tumultueux de sa bouche éloquente
Roulent. Seul avec lui, superbe et satisfait,
Il s'écoute chanter, se récite, se plaît.
Et puis quand de la nuit les heures pacifiques
Ont calmé de ses sens ces vagues poétiques,
Il reprend son travail. Consterné, furieux,
Il n'y voit que défauts qui lui choquent les yeux.
Il jure d'oublier sa fatale manie,
Les muses, ses projets. Mais bientôt son génie,
Prompt à se rallumer, en de nouveaux transports
S'élance, et se raidit à de nouveaux efforts.

THÉATRE

THÉATRE

TRAGÉDIES[1]

Les tragédies doivent être dialoguées en vers alexandrins, et les chœurs, s'il y en a, en vers mixtes; les comédies entièrement écrites en vers de dix syllabes; et les satyres dialoguées en vers de dix syllabes, et les chœurs mixtes.

I

BATAILLE D'ARMINIUS[2]

Peindre Quintilius Varus comme il est représenté par Velleius Paterculus, doux, tranquille, épicurien, voulant sou-

---

1. André Chénier avait de nombreuses idées de compositions dramatiques, et tout ce qu'il jetait sur le papier pour servir à ces compositions, il le marquait d'un signe particulier. Ce signe particulier, c'est θεσπ., c'est-à-dire θεσπιακή ou θεσπιακαί, *Thespiaque* ou *Thespiaques*, l'art dramatique étant considéré comme l'invention de Thespis. Le poète voulait s'exercer à la fois dans la tragédie, dans la comédie, et dans un genre mixte qu'il désignait par le terme de *Satyres*.

Ce qui distinguait les comédies des satyres, c'était surtout que ces dernières avaient des chœurs en vers mixtes et que les comédies n'en avaient pas. D'autre part, les satyres différaient des tragédies par la forme des vers, alexandrins d'un côté, décasyllabiques de l'autre.

C'est un point fort bien éclairci par M. Becq de Fouquières.

2. Édition G. de Chénier.

Le manuscrit porte en tête θεσπιακ. αισχ. c'est-à-dire θεσπιακή αισχυλείη.

mettre les Germains par une administration civile plutôt que par les armes. Faire bien contraster le ton des Romains et celui des Germains, que les Romains appelleront toujours *les Barbares*. Arminius (c'est ainsi que les Romains l'appelleront, et les Germains Hermann) ouvrira[1] en entrant avec ses compagnons, et venant d'enlever la fille de *Segeste*, Germain ami des Romains. Il parlera de ce traître... Segeste découvrira à Varus qu'Arminius soulève les Germains... et lui conseillera de le faire enchaîner lui-même, ainsi qu'Arminius et tous les chefs Germains. Indolence de Varus..., qui lui dit que c'est l'enlèvement de sa fille qui le rend si ennemi d'Arminius..., mais qu'il lui fera justice...

Représenter ensuite les passe-temps des Romains au camp... Enfin la révolte des Germains est assurée. Les Romains s'arment et repoussent un parti de Germains... et reviennent triomphants au camp. C'est le soir. Les Germains enterrent leurs morts. Chant lugubre des bardes à imiter d'Ossian. Souper dans la tente de Varus. Ils sont fiers de leur victoire. (Les Germains se sont laissé battre et ont fui pour les attirer demain dans des endroits marécageux, etc.) Ils parlent de celle qu'ils remporteront demain... Leur joie est interrompue par les chants et les cris des barbares sur la montagne, qu'on doit entendre de loin (deux ou trois vers tout au plus... et plusieurs fois). Ils se félicitent de ce qu'ils retourneront bientôt en Italie, dont ils font des descriptions qu'il faut tirer des poètes romains de ce temps-là... Puis l'un d'eux fait une peinture poétique de leur triomphe... Les chefs des barbares enchaînés... Le char... les bas-reliefs en bronze... où telle et telle montagne couverte de neige, de bois... tel et tel marais... tel ou tel fleuve, le Rhin, l'Elbe, la tête basse, rouleront leur onde captive... Ils finissent par se couronner de fleurs .. et un chœur de courtisanes romaines chante des vers traduits d'Horace, de Tibulle, etc. Au point du jour le signal du combat... Les chœurs de bardes descendent

---

Thespiaque eschyléenne, ou composition dramatique dans le genre d'Eschyle.

1. C'est-à-dire ouvrira la scène.

devant l'armée et chantent des chants guerriers... La bataille... Varus blessé et désespéré vient, accuse sa folie et se tue. Les barbares emportent les corps. Statue d'Odin. Ils lui offrent ces corps morts, lui consacrent les armures, les boucliers, les aigles, insultent les Romains... Les bardes (dont le chant, comme tous les autres, sera coupé soit par strophes et antistrophes, soit par demi-chœur ἡμιχορ., d'égales mesures) chantent le triomphe. Le dernier vers de chaque strophe ou demi-chœur doit être :

Bois, Odin, c'est du sang romain.

Cela doit être répété quatre fois dans ce dernier cantique. Il faut mettre ceci :

Les sept monts, tyrans de la terre,
Tressailleront d'épouvante et d'effroi ;

Le Tibre... leur Etna jettera des flammes...
... Le Capitole tremblera et Jupiter sera renversé.

Cet auguste invaincu, ce César fils des dieux,
    Ce monarque des sept collines,

il mettra ce jour parmi les néfastes... Chaque année à pareil jour il portera le deuil... Il laissera croître ses cheveux et sa barbe. Oh! quand il apprendra cette nouvelle à table, à son festin!... la coupe pleine de falerne lui tombera des mains... Il ne voudra plus baiser les joues des jeunes vierges que sa femme lui a amenées...

De son front pâlissant son insolent laurier
    Tombera réduit en poudre.

Seul, loin de ses amis, fuyant sous son toit, comme l'oiseau timide qui vient d'entendre la foudre, il ne voudra voir personne, ni sa femme ni son sénat en deuil et en pleurs qui frappera de sa tête le seuil de son palais. De son front chargé de cent couronnes, il frappera les murs de son palais dominateur du monde ;

. . . . .et d'une voix de sanglots étouffée
Il s'écriera : — Varus, rends-moi mes légions*!

Chaque nuit il verra l'ombre de Varus... le champ de bataille tout blanchi d'ossements... les marais roulant les cadavres... la statue d'Odin entourée d'aigles et de drapeaux romains... Alors il se réveillera en sursaut, tout trempé de sueur, tout tremblant d'effroi... car il aura entendu nos chants terribles comme la tempête :

A son esprit le songe aux ailes noires
Aura porté la voix du fier Germain
    Qui chantait au dieu des victoires :
    Bois, Odin, c'est du sang romain.

―――――

Allez dans ces forêts d'Allemagne, sous les ordres du grand Germanicus, venger vos pertes,

Et ravir aux affronts des féroces Germains
Les aigles que Varus a laissés dans leurs mains.

* VAR.: *Il s'écriera : — Varus, où sont mes légions ?*

II[1]

ALEXANDRE VI

Ses enfants! Les chrétiens ne sont plus sa famille!
Quoi! l'Église de Dieu n'est plus sa seule fille!
Leur naissance est un crime et pour eux et pour lui.
Et quels enfants encore il avoue aujourd'hui!
L'une à la fois, grand Dieu! sa fille et sa maîtresse
(O nom de la pudeur! ô saint nom de Lucrèce!),
Tous méchants comme lui, dignes de son amour.
Lui seul dans l'univers put leur donner le jour.
Ses fils, vraiment ses fils, lâche et coupable engeance,
A son école impie ont appris la vengeance,
L'imposture, la soif de l'or et des États,
L'art des poisons secrets et des assassinats.
Sa fille, à l'impudence en naissant élevée,
A ses époux mourants par son père enlevée!
A son frère, à son père indignement aimé,
Son sacrilège lit n'est pas même fermé!
Prêtre fornicateur, d'un inceste adultère
Le monstrueux mélange était fait pour lui plaire.
Des baisers de la fille et des crimes des fils,
Ou le sceptre, ou la pourpre, ou la mitre est le prix.

1. Cette tirade et le morceau suivant sont marqués du signe θεσπιακ. αἰσχ., c'est-à-dire destinés à figurer dans une composition tragique.

Non, certes, l'Esprit-Saint, ennemi du parjure,
Ne saurait habiter cette poitrine impure.
Non! les anges du ciel n'approchèrent jamais
Ces lèvres ni ces yeux affamés de forfaits.
O Christ, agneau sans tache, ô Dieu sauveur de l'homme!
Non! tu ne souris point sur les autels de Rome,
Lorsque parmi ses fils, ce pontife assassin
Que sa fille impudique a tenu sur son sein,
Couvrant des trois bandeaux sa tête diffamée,
Ouvre, pour te louer, sa bouche envenimée;
Quand ses mains, de poisons artisans odieux,
Touchent ton corps sacré, nourriture des cieux,
Quand. . . . .
Il tend sur les chrétiens sa droite incestueuse,
Et pour bénir le peuple ose de rang en rang
Lever des doigts souillés de crimes et de sang.

Rome n'a pas vu autant de crimes depuis Néron, Caligula, Commode; mais ces misérables n'étaient pas pontifes d'un Dieu de paix..., mais la sainteté n'était pas leur titre. Ils ne s'appelaient pas *saint-père;*

Mais ils n'osèrent point dans un auguste lieu
Se nommer *serviteur des serviteurs de Dieu.*

Hommes saints, hommes dieux, exemple des Romains,
Divin Caton, Brutus, les plus grands des humains,
Pensiez-vous que jamais, plein d'orgueil et de gloire,
Au milieu des respects d'un stupide auditoire,
Dans un poudreux gymnase au mensonge immolé
Un rhéteur imbécile et d'ignorance enflé,

Sur la foi d'un sophiste élève de Carthage,
Dût prouver que vos cœurs n'eurent qu'un vain courage,
Et qu'une vertu vaine, et que ce prix si doux
De s'immoler pour elle était vain comme vous?
Vous dévouer aux feux où le crime s'expie;
Vous prodiguer les noms et de lâche et d'impie,
Pour n'avoir pas voulu montrer à l'univers
Aux pieds du crime heureux la vertu dans les fers[1]?

FRAGMENTS[2]

Allez, fils de l'inceste, allez, fils parricides;
Retenez bien leur nom, sanglantes Euménides...

Afin qu'ils ne dorment plus et qu'ils sentent que... (des sentences).

J'avais fait pour le tableau de David[3] une épigraphe grecque dont ensuite il n'a pas fait usage... En telle olympiade

κλέος γ' ἀθηνῶν Σωκράτει ξυγκάτθανε.
σὺ δ' Ἀνύτου μέμνησαι, ὦ ῥαμνουσία.

O juste Némésis, souviens-toi d'Anytus!... serait un beau dernier vers.

Il serait bien dans les mœurs antiques de représenter en scène un homme insolent dans la prospérité qui se van-

---

1. Ce morceau et le précédent avaient paru dans l'édition de 1833.
2. Ces fragments ont paru pour la première fois dans l'édition de M. G. de Chénier.
3. La Mort de Socrate.

terait, menacerait et défierait la fortune de lui nuire (sa chute serait le sujet de la pièce) ; l'opprimé l'interromprait par :

.... O Némésis, entends-tu ce qu'il dit?

Une des scènes les plus grandes et les plus tragiques que je connaisse est celle de saint Ambroise avec Théodose après le massacre de Thessalonique[1].

Théodose arriverait avec ses courtisans, ses favoris.... des jeunes gens qui lui diraient qu'on parle de cet évêque Ambroise comme d'un homme éloquent..., mais que tous ces gens-là tremblent toujours devant les empereurs et viennent leur baiser la main... Lorsqu'ils montent les premiers degrés pour entrer, la porte s'ouvre, l'évêque paraît et lui défend l'entrée... Les jeunes gens témoignent, l'un son étonnement, l'autre son admiration, l'autre sa colère. Théodose lui demande pourquoi il lui défend l'entrée du temple... L'évêque parle...

Fuis du temple de paix, monarque sanguinaire, l'eau bénite n'est pas faite pour ton front, ni pour tes mains... nos prières...

Hosanna n'est point fait pour des lèvres sanglantes[2].

Antoine, Octave et Lépide dans l'île... commençant par se fouiller l'un l'autre... se partageant l'empire et écrivant les tables de proscription... Antoine finit par demander la tête de Cicéron... Octave oppose son respect, sa reconnaissance...

---

1. L'auteur a écrit Antioche, mais il a très certainement voulu parler de Thessalonique.
2. M. G. Guizot avait cité cette esquisse et ce vers dans son cours du 3 février 1869.

Antoine lui répond : « Je te connais, Octave..., je sais que toutes les vertus te sont très indifférentes... Je t'ai donné la tête de mon oncle... Lépide, celle de son frère... Tu peux bien m'accorder celle de ce bavard. »

Les proscriptions de Marius et de Sylla peuvent fournir de très belles scènes... un ancien ami de Marius déjà blessé, accourant vers lui et lui demandant sa main, qu'il refuse, est percé de coups à ses pieds.

Un des amis et compagnons de Marius lui demandant la grâce d'un de ses parents, se jetant à ses pieds. A chaque nouvelle instance, Marius répond : « Il faut qu'il meure ». Et à la fin, après le discours le plus pathétique, accompagné de larmes : « Il doit mourir... qu'on m'apporte sa tête ».

COMÉDIES[1]

Il n'y a guère eu que Molière chez les modernes qui eût un véritable génie comique et qui ait vu la comédie en grand. Plusieurs autres ont fait chacun une ou deux excellentes pièces ; mais lui seul était né poète comique.

Il faut refaire des comédies à la manière antique. Plusieurs personnes s'imagineraient que je veux dire par là qu'il faut y peindre les mœurs antiques : je veux dire précisément le contraire.

SATYRES

I

LES CHARLATANS[3]

PROLOGUE

Bonjour, salut. Paix ! je suis l'orateur,
Ou le prologue envoyé de l'auteur.

1. Aucune esquisse n'appartient formellement à ce genre. On doit y rattacher seulement la réflexion que nous reproduisons dans le texte et qui porte la mention grecque : θεσπ. μέναν., c'est-à-dire θεσπιακαί μενάνδρεῖαι, Thespiaques ou compositions dramatiques dans le goût de Ménandre.
2. C'est-à-dire comédies combinant une action dialoguée avec les évolutions et les chants d'un chœur, à la manière des anciens Grecs.
3. Édit. G. de Chénier. Cette pièce porte en tête la mention Κωμῳδ.

Si vous avez feuilleté quelques pages,
Tout ce cortège aux folâtres visages,
Ces chœurs dansants, et ces ris un peu fous,
Vous font juger assez que devant vous
Se vient montrer la gente comédie;
Non cette froide, insipide étourdie,
Qui ne dit rien, et se pare aujourd'hui
De mots fardés, de grimace, d'ennui,
De plats sermons; mais celle que l'Attique
Vit s'agiter sur son théâtre antique.
Le bon rimeur qui fait que nous voici
A d'autres dieux fut dévot jusqu'ici.
Ses vers, amants des forêts solitaires,
S'embellissaient d'études plus sévères.
Mais de sa route il faut quelques instants
Qu'il se détourne. Un tas de charlatans,
De vils escrocs, à qui chacun fait fête,
Ont de sa bile excité la tempête.
Or, comme il faut, pour flétrir ces pervers,
Les saupoudrer de caustiques amers,
Il veut contre eux, pour signaler sa haine,
Ressusciter la scène athénienne.
Et c'est par nous qu'étalant une voix
Neuve aujourd'hui, populaire autrefois,
Il les fustige, et sur leur dos profane
Fait pétiller le sel d'Aristophane.
Ce Grec railleur, une fois trop mordant,
Contre Socrate envenima sa dent.
Mais il eut tout, esprit, force, harmonie,
Invention, gaîté, grâce, génie.

ἀρισ. γόητ., c'est-à-dire Κωμῳδία ἀριστοφάνεια : Γόητες, comédie dans le goût d'Aristophane, *les Charlatans*.

De son vers fin les âcres aiguillons
Faisaient merveille à larder les félons.
Et suis marri que notre grand Voltaire,
Que l'on croit plus qu'à Rome le saint-père,
A tout propos nous le dénigre, au lieu
D'étudier pour le connaître un peu.
De ce rieur que chérissait la Grèce
Il eut l'esprit, la verve, la finesse;
Faut-il soi-même (et c'est ce qu'il fait, lui)
Se souffleter sur la face d'autrui?
Sus. Ouvrez donc de grands yeux. Notre scène
Va vous offrir toute la vie humaine :
Vous, vos amis; miracles et jongleurs,
Songes, esprits, prophètes, bateleurs,
Contes sacrés, sottises qu'il faut croire,
Dupes, fripons. Bref, toute votre histoire;
Si, qu'entre vous vous regardant au nez,
Vous rirez bien de vous voir bien bernés.
Mais quoi! j'entends une gent débonnaire
Qui vient me dire : — Hélas! comment se plaire
Aux petits vers qui fessent le prochain?
— Oui, mais que diable! on se lasse à la fin.
Je sais qu'il est permis d'être un peu bête.
Mais quand partout, prêt à courber la tête,
Le genre humain de boue enseveli,
Bien orgueilleux d'être bien avili,
Lèche en tremblant toute main qui l'assomme,
L'honneur s'en mêle. Alors en honnête homme
Ne peut-on pas, les verges à la main,
D'un vers aigu fesser le sot prochain,
Le démasquer, et lui faire connaître
Qu'on le connaît? — Il rougira, peut-être.

— Mes chers amis, rougissez, rougissez,
Je vous connais, et vous serez fessés.
Pour votre bien il faut qu'on vous étrille.
Confessez-moi votre humble peccadille.
Eh bien? partout mensonge respecté,
Fourbe adorée et bon sens insulté!
Sottise altière, et de soi-même enflée!
Raison proscrite et vérité sifflée!
Et vous absoudre après cela? non pas,
Non, je ne puis. Trop énorme est le cas.
Venez, venez. Sur votre large échine,
Je vous prépare un peu de discipline.
Aussi dit-on qu'il faut, en bon chrétien,
Bien châtier ceux-là qu'on aime bien.
Mes bien-aimés, le fouet qui va vous cuire
Vous instruira, si l'on peut vous instruire.
Si, par après, malgré mes soins pieux,
Bien corrigés, vous ne valez pas mieux,
A votre dam. Vôtre sera la honte,
Et devant Dieu je n'en rendrai point compte.
J'accuserai votre esprit corrompu,
Car j'aurai fait tout ce que j'aurai pu.

L'action doit durer du matin au soir.
La scène peut s'ouvrir par le richard avec deux des sycophantes qu'il a recueillis chez lui, qui arrangent toutes choses pour l'expérience (les diables dans le flacon)... Il a, lui, et il admire, deux énormes diamants que le charlatan lui dit avoir composés de dix à douze petits qu'il lui avait confiés... Il racontera cela à tous les messieurs et dames qui arriveront; comment il les lui a fait peser... que c'était le même poids... Alors tout le monde (quand il sera entré) lui confiera des diamants en le priant d'en faire de gros... Il les mettra tous dans

sa poche. (C'est avec cela qu'il s'en ira à la fin. Il dira à ses confidents, dans le cours de la pièce, qu'il a toujours tous ses diamants en poche; et qu'il en a maintenant pour une somme énorme, pour 200,000 écus.)

Le jeune homme et la jeune fille sont deux cousins... L'homme sage seulement ami ou peut-être tuteur du jeune amoureux.

Il séduira les hommes par l'espoir de faire de l'or, etc... les femmes, jeunesse éternelle, ne point mourir, etc... Parmi les gobe-mouches, deux fats, bien crédules, bien bêtes, bien raisonneurs.

Quand tout le monde arrive chez la dame, le petit cousin arrive aussi... et, en passant, à l'oreille : — Bonjour, belle cousine... Elle : Bonjour... Non, asseyez-vous plus loin... pas auprès de moi.

Les charlatans valets ont dit, dès la seconde scène, combien la jeune fille de la maison est aimable et jolie, et que leur chef pourra bien en avoir envie, et qu'il ferait fort bien, et qu'il en a déjà eu beaucoup, et qu'elle ne paraît se soucier de personne.

Après que, par la description de la jeune personne innocente qu'il lui faut, il l'aura désignée et fait nommer sans la nommer lui-même, il dira qu'il faut qu'il lui parle seul, sans que personne puisse entendre, ce que la mère trouve fort bon, et le cousin mauvais.

Et je dois seul ici l'interroger.

α

Oh!

γ

Pourquoi non?

---

1. Les lettres grecques désignent les personnages : α l'amoureux, β la jeune fille sa cousine, γ la mère de la jeune fille; δ, ϵ, ζ, η, θ cinq dupes ou naïfs, et ι le maître charlatan (γόης).

α

Madame, un étranger,
Un inconnu!

γ

Monsieur, dans ma famille
Il ne l'est point. De plus, monsieur, ma fille
Peut bien sur moi s'en reposer en paix,
Et vous aussi. Je sais ce que je fais.

α

Soit. Pardonnez, madame, et...

Puis, comme tout le monde se lève pour s'en aller et s'arrête, il s'approche d'elle.

α

Vous verrez donc le diable?

β

Oui.

α

Le beau sort

β

Vous voudriez être à ma place?

α

Fort.
Vous fatiguer ainsi de leur folie!

β

Oh! sans murmure un quart d'heure on s'ennuie.

α

Vous laisser seule avec cet impudent!

β

Maman le veut.

α

Oui, le trait est prudent.

β

Mais j'ai, je crois, assez de ma prudence.
Et voilà, certe, un ton de défiance...
J'ai donc besoin de vous pour m'éclairer,
Et loin de vous je pourrais m'égarer?

α

Non, mon Dieu, non. Mais qu'a-t-il donc affaire
De vous parler? Vous n'êtes point sorcière.
Que vous veut-il?

β

Nous le saurons. Adieu.
Ne boudez pas.

γ

Allons, quittons ce lieu.
Descendons tous chez moi.

δ

Croyez, vous dis-je,
Qu'il le fera.

ε

D'honneur, un tel prodige!
Voir des esprits! oh! madame!

ζ

Eh bien! quoi?

η

Sans doute.

θ

Après ce que j'ai vu, ma foi,
Moi, je crois tout.

γ

Allons donc, le temps presse.
Avec monsieur, ma fille, je vous laisse.

(Ils sortent tous, et l'amoureux tarde, faisant semblant de regarder des machines.)

ι

Monsieur, j'attends, car dans cet entretien,
Moi seul...

α

Eh oui, je sors, je le sais bien.

ι

Bon, bon, je vois.

(Suit la scène avec la jeune personne.)

Vous êtes nés pour manquer de bon sens.
Moi, je suis né pour rire à vos dépens.
. . . .

. . . .
Mais les humains ont besoin d'être sots.

FRAGMENT DU ROLE DU CHARLATAN[1]

Et non, non. Mais quel trembleur vous êtes!
Vous croyez donc à tant de fortes têtes!
Sachez de moi que ce tas de savants
Ne font jamais la guerre qu'au bon sens.
Les vrais savants, qui sont en petit nombre,
Cherchent la paix, la solitude et l'ombre.
Leur cabinet, leurs livres, leurs amis
Font tous leurs soins. Ils fuiraient d'être admis
Dans la cohue, en sottises féconde,
Des importants qu'on nomme le beau monde.
Sur ses travers si jamais, par hasard,
Sans y penser, ils jettent un regard,
Il leur suffit d'en gémir ou d'en rire.
Ils parlent peu, car ils ont trop à dire.
Ils ne vont point endoctriner sans fruit
Un monde vain qui n'entend que le bruit.
S'ils parlent même, aucun ne les écoute;
Car ils sont vrais, simples, amis du doute.
Or ces gens-là, pour l'avenir formés,
Sont peu compris, encore moins aimés.
N'ayant de foi qu'à la raison sévère,
Comme on les craint, on ne les aime guère.

---

1. Ce titre n'est pas de la main de l'auteur.

Pour les comprendre, il faut comme eux savoir,
Comme eux penser, méditer, lire, voir.
Qui les connaît? Sans orgueil, sans jactance,
Enveloppés d'un modeste silence,
Qui diable irait si loin les déceler?
Pour les connaître il faut leur ressembler.
Si vers ceux-là nous dirigions nos armes,
Je trouverais fort justes vos alarmes.
Interrogés par eux, nous serions pris,
Et nous n'aurions que honte et que mépris.
Mais songez-vous que tout Paris abonde
D'autres savants connus de tout le monde?
Gens qui sans choix, sans but, aveuglément,
Par ton, par air, et par désœuvrement,
Font à grands frais essais, expériences,
Savent le nom de toutes les sciences;
Sur tous sujets toujours parlant, citant,
Jugeant, tranchant, arguant, régentant,
Et savourant la douce conscience
De leur mérite et de leur importance.
Par vanité, chacun fait le semblant
D'apprécier leur prétendu talent,
Et les exalte, et veut avoir la gloire
D'être cité parmi leur auditoire.
De tout savoir ministres déclarés,
Penseurs en titre, ennuyeux, révérés,
Comme l'oracle on les écoute dire,
On vient en foule, on bâille et l'on admire.
Or ces savants qui, tous, en bonne foi,
Sont ignorants autant que vous et moi,
Nous les aurons pour nous fort à notre aise :
Nous bercerons leur vanité niaise;

Nous leur dirons qu'ils sont de grands esprits;
Qu'on ne pourrait sans eux vivre à Paris;
Que c'est sur eux que la sagesse, en France,
La vérité, fondent leur espérance.
Ils le croiront. De nous ils parleront.
Bien admirés, ils nous admireront;
Ils écriront. Car ils lassent la poste
A voiturer et missive et riposte,
Proposant plans, problèmes, questions,
A tous docteurs, à toutes nations.
De là, de là, nos hérauts, nos apôtres;
Ils prêcheront pour nous en gagner d'autres,
Et nous aurons, par leur soin diligent,
Beaucoup d'honneur et beaucoup plus d'argent.
Entendez-vous, ou quelque peur nouvelle
Obscurcit-elle encor votre cervelle?

II

LA LIBERTÉ[1]

Dans le premier acte ὁ δῆμ.[2] Garrotté, lié avec des liens qui s'appellent *tailles*, *corvée*, *gabelle*, etc... des collecteurs venant le surprendre comme il mange *jambon*, boit *du vin*, etc... toujours payant. Puis des nobles, des ecclésiastiques se faisant mutuellement des politesses, se cédant des droits, qu'il paye toujours; donnant sur lui, à leurs catins, des billets payables à vue; et, lui, payant; et les catins prenant son argent et le méprisant, etc... (scènes courtes et vives); nobles et prêtres, etc... lui disant : Eh bien! tu chantais, tu dansais toujours autrefois, et voulant s'amuser de ses gambades... — *Non, je ne chante plus*. S'en allant, lui disent l'un après l'autre à chaque plainte : *C'est pour ton bien*. Quand ils sont partis : *C'est pour mon bien!* Ah! et pour mon bien, garrotté; et pour mon bien, ruiné; et pour mon bien, etc... Hé! messieurs, si c'est mon bien que vous avez fait jusqu'ici, faites-moi donc de grâce un peu de mal. Puis des sages, des savants, avec un ou deux nobles, un ou deux prêtres, etc...

— Tu es le plus fort...

— Je n'en sais rien.

— Tu es le maître, tu as des droits.

— Je n'en sais rien.

— Essaye seulement...

1. Édition Gabriel de Chénier. L'esquisse est précédée de cette mention : θεσπιακ. κωμ. ἐλευθ., c'est-à-dire : θεσπιακη, κωμῳδία : Ἐλευθέρια, Thespiaque, comédie : la Liberté.

2. Ὁ δῆμος, le peuple; c'est le héros des *Chevaliers* d'Aristophane.

Quand ’Ελεύθέρ.¹ est sortie de dessous les ruines de la caverne, un noble s'indigne qu'on veuille donner une aussi belle fille à ce manant.

La belle enfant, née en mon vasselage,
J'ai, s'il te plaît, sur toi droit de jambage.

CHOEUR

ἀνδρῶν (chœur des hommes).

. . . . dompté.
. . . . La Liberté
Fut, comme Hercule, en naissant invincible²;
Ses yeux, ouverts d'un jour, dictaient sa volonté,
Et son vagissement était mâle et terrible.
   De rampants messagers des dieux
Espéraient, l'attaquant dans ses forces premières,
Étouffer en un jour son avenir fameux.
Ses enfantines mains, robustes, meurtrières,
   Teignirent de sang venimeux
Son berceau formidable et ses langes guerrières³.

νεανιῶν (chœur des jeunes gens).

. . . .
Viennent maintenant les ennemis . . . . .

---

1. ’Ελευθέρια, la liberté.
2. Ces dix derniers vers ont paru dans l'édition de 1833.
3. Le mot *lange* est du masculin, on trouverait, croyons-nous, peu exemples du féminin.

. . . .
. . . .

Les poitrines des forts guerriers
Sont les tours qui gardent les villes.

γυν. (*chœur des femmes*).

. . . .

παρθέν. (*chœur des jeunes filles*).

Le mauvais citoyen ne sera pas bien venu de nous... Pour lui point d'amour... point de mariage.
Qu'il vive et qu'il meure seul...
Le lâche...
Qui veut être esclave lui-même,

Et mettre au jour des fils esclaves comme lui.

γυν. (*chœur des femmes*).

Mais c'est vous, jeunesse citoyenne, que récompenseront les faveurs de ces vierges citoyennes. C'est aux grandes actions patriotiques d'animer leur joue d'une douce chaleur d'amour.
C'est pour vous que dans leurs bras, dans leurs seins délicats, la jeunesse, la santé nourrissent

Fleurs d'amour et fruits d'hyménée.

ἀνδρῶν (*chœur des hommes*).

Pour vous seuls de leurs lits
S'ouvrira, se soulèvera la barrière... etc.
Votre retour verra ces fronts chastes et doux,

Ces primeurs du jardin de la fière patrie,
    Comme une guirlande fleurie
      Briller en cercle autour de vous ;
De vos fronts en sueur la poussière honorée
    S'essuyer sur leur belle main ;
Le sourire entr'ouvrir leur bouche désirée
    Et palpiter leur jeune sein.

ἐπῳδ. (*épode*).

Salut ! déesse France, idole de nos âmes !
    Verse tes saintes flammes
. . . . ieux.
    Sur ton front radieux
Luit un noble avenir de gloire et d'opulence :
    Salut ! déesse France,
. . . . ieux.

III

LES INITIÉS

Un poète comique de cette nation[1] paya, dit-on, de sa tête le courage qu'il avait eu de traduire en plein théâtre les turpitudes que de nombreuses assemblées de frères et amis cachaient sous un appareil d'initiations et de cérémonies saintes[2]. L'auteur du poème qu'on va lire pourra bien subir le même sort pour avoir aussi, non pas dévoilé (qui les ignore?), mais peint de fidèles couleurs les sanglantes orgies d'initiés plus nombreux, plus puissants, plus odieux, et qui, jugeant de l'espèce humaine par eux, la méprisent au point de ne pas même daigner s'envelopper du mystère. Ainsi il fournira un nouveau trait au parallèle des deux républiques, lorsque sa tête en tombant amusera la férocité idiote d'un peuple, si avide de ces combats entre des bourreaux et un innocent, que sa curiosité est à peine satisfaite par le zèle d'un tribunal patriote qui le repaît au moins d'un assassinat par jour; et les antiquaires observeront avec plaisir que les anciens ont servi en tout de guides aux modernes et ne leur ont que bien rarement permis d'être inventeurs, même en atrocités et en violences[3].

1. Grecque.
2. Il désigne Eupolis et sa comédie des *Baptes*, dirigée contre Alcibiade et ses compagnons de débauche. Voyez O. Müller, *Histoire de la littérature grecque*, II, 437; Juvénal, II. (B. DE F.)
3. Ce fragment est extrait des *OEuvres en prose d'André Chénier*, publiées en 1840.

FRAGMENTS[1]

SYC.[2]

. . . . Le perfide a pleuré.

B

C'est faux : j'ai ri. Les voisins m'ont vu rire.
Je suis navré de voir comme on déchire
Les hommes purs. Appelez mon portier ;
Informez-vous de quartier en quartier ;
Comme Phœax[3] marmottant vos louanges,
Le nez en l'air j'allais riant aux anges.

EPIST.[4]

L'a-t-on vu rire? Est-il vrai qu'il ait ri[5]?

FRAGMENT DE CHOEUR[6]

A.

Qu'est-ce qu'un sans-culotte[7]? en deux mots?

. Édition G. de Chénier.
2. Le sycophante, le délateur.
3. Orateur du temps de Périclès « habile à rire, impuissant à parler »,
dont Eupolis se moque dans sa comédie.
4. Le président.
5. Ce fragment est précédé de la mention Τρυγ., que M. Becq de Fouquières interprète τρυγῳδία (parodie de tragédie). Il est suivi de celle-ci :
ἐκ τῶν τοῦ E. B., c'est-à-dire ἐκ τῶν τοῦ Εὐπόλιδος Βαπτῶν, pris des *Baptes*
d'Eupolis.
6. Édition G. de Chénier.
7. André Chénier écrit *gloutaneime*, traduction grecque du mot *sans-culotte*.

B.

C'est celui
Qui n'a rien, mais qui veut avoir le bien d'autrui.

A.

C'est ça, par Dieu !

KH.[1]

Le drôle est au fait du mystère.
Mais ce n'est pas là tout. Un bon initié
Ne doit rien savoir à moitié.
Tourne un peu la médaille au récipiendaire.

A.

L'aristocrate[2]...

B.

Ah fi !

A.

Quel est-il ?

B.

Celui-là
A quelque chose et veut conserver ce qu'il a.
C'est un abus criant qu'il faut que l'on réprime.

A.

Fort bien.

---

1. Le Chœur.
2. André Chénier écrit le *batrakhite,* par opposition au mot *gloutaneime.* Ce mot veut dire : qui a le derrière vêtu, l'autre : qui a le derrière non vêtu.

KH.

Cet homme est juste.

A.

Il abhorre le crime[1].

A.

Gynnis étant capitan de la horde[2],
Avec eux tous je fus danseur de corde.

B.

Quoi! sur la corde?

A.

Eh oui.

B.

Mais, mon garçon,
Tu sais qu'on l'est de plus d'une façon.

A.

Comment? dis-nous un peu l'autre manière.

B.

A tes pareils elle est très familière.
Toi, ton Gynnis, sous la corde à midi,

1. Ce fragment est suivi de la mention : « Trad. des *Baptes* d'Eup. » c'est-à-dire traduit des *Baptes* d'Eupolis.
2. Nom probablement tiré du grec γύννις, être efféminé.

Et tout ce monde avec vous applaudi,
A quinze pieds élevés sur la place,
Vous auriez tous eu la meilleure grâce ;
Et si j'en crois *mes vœux et mon amour*[1],
Danseurs de corde ainsi serez un jour[2].

1. André Chénier a souligné les mots : mes vœux et mon amour. Il y a là sans doute quelque allusion insaisissable. (B. DE F.)
2. Ce fragment est suivi de la mention : « Traduit de Crat. » c'est-à-dire traduit de Cratinus.

IV[1]

FRAGMENTS DE PIÈCES

DONT LE SUJET EST IGNORÉ

Savez-vous point ce qu'on dit dans les fables?
Vénus, et Mars, amants jeunes, aimables,
Étaient ensemble. Un benêt de Vulcain
Met autour d'eux une gaze d'airain,
Les prend tous deux. Puis il appelle, il crie.
On vient. On rit. Et chacun les envie,
Bernant l'époux qui, par ses cris, avait
Appris à tous ce que lui seul savait[2].

———

Maintenant la loi sacrée
Veut que j'appelle à nos chœurs
Pallas, amante des chœurs;
Vierge à l'hymen indocile
Qui règne sur notre ville,
Qui tient les clefs de nos murs.
Parais, ô vierge immortelle,

---

1. Édition G. de Chénier.
2. Ce fragment est précédé de la mention θεσπιακ. Κρατ., c'est-à-dire θεσπιακη, Κρατῖνος ou Κράτης, Thespiaque ou composition dramatique à la manière de Cratinus ou de Cratès.

O toi qui hais les tyrans ;
Le peuple des femmes t'appelle.
Mène avec toi dans ces lieux
La Paix amante des fêtes.
Venez aussi toutes deux,
Paisibles et favorables,
O déesses vénérables,
Dans vos bois mystérieux,
Où sur vos saintes orgies
Nul homme ne porte les yeux,
Lorsqu'aux lampes étincellent
Vos fronts immortels, radieux.
Venez, venez toutes deux,
Vénérables thesmophores [1],
Si jamais à notre voix
Vous avez daigné descendre,
Daignez, daignez nous entendre,
Venez, venez cette fois [2].

1. Ce nom, qu'on donnait à Cerès et à Proserpine, signifie : législatrices.
2. Ce fragment est la traduction littérale d'un chœur de la comédie d'Aristophane, les *Thesmophories* ou les *Fêtes de Cérès et de Proserpine*. M. Poyard le traduit ainsi en prose : « O Pallas, qui te plais aux danses, accours à ma voix. Je t'appelle suivant les rites sacrés, ô chaste vierge, protectrice d'Athènes, toi dont nous adorons la protection manifeste, et qui gardes en tes mains les clefs de notre cité. Apparais, ô toi dont la juste haine a renversé nos tyrans. Le peuple des femmes t'appelle, accours avec la paix qui ramène les fêtes. Et vous, augustes déesses, montrez à nos regards un visage riant et propice ; venez dans votre bois sacré, dont l'accès est interdit aux hommes ; c'est là qu'au milieu des orgies saintes nous contemplons vos traits divins. Venez, apparaissez, nous vous en supplions, ô vénérables Thesmophores, si jamais vous avez répondu à notre appel, oh, venez aujourd'hui, venez ici au milieu de nous ! »
Ce rapprochement a été indiqué par M. Becq de Fouquières, dans sa troisième lettre à M. Reinhold Dezeimeris. Le même critique a fait remarquer que, comme on s'en aperçoit aux rimes, beaucoup de ces vers n'étaient que des vers d'attente, destinés à être remplacés par d'autres.

POÈMES

POÈMES

I[1]

L'INVENTION

O fils du Mincius[2], je te salue, ô toi
Par qui le dieu des arts fut roi du peuple-roi!
Et vous[3], à qui jadis, pour créer l'harmonie,
L'Attique et l'onde Égée, et la belle Ionie,
Donnèrent un ciel pur, les plaisirs, la beauté,
Des mœurs simples, des lois, la paix, la liberté,
Un langage sonore, aux douceurs souveraines,
Le plus beau qui soit né sur des lèvres humaines.
Nul âge ne verra pâlir vos saints lauriers,
Car vos pas inventeurs ouvrirent les sentiers;
Et du temple des arts que la gloire environne
Vos mains ont élevé la première colonne.
A nous tous aujourd'hui, vos faibles nourrissons,

---

1. Édition 1819.
2. Virgile, né à Andes, village du territoire de Mantoue, situé sur les bords du Mincio.
3. Les anciens Grecs.

Votre exemple a dicté d'importantes leçons.
Il nous dit que nos mains, pour vous être fidèles,
Y doivent élever des colonnes nouvelles.
L'esclave imitateur naît et s'évanouit ;
La nuit vient, le corps reste, et son ombre s'enfuit[1].

Ce n'est qu'aux inventeurs que la vie est promise.
Nous voyons les enfants de la fière Tamise,
De toute servitude ennemis indomptés ;
Mieux qu'eux, par votre exemple, à vous vaincre excités,
Osons ; de votre gloire éclatante et durable
Essayons d'épuiser la source inépuisable.
Mais inventer n'est pas, en un brusque abandon,
Blesser la vérité, le bon sens, la raison ;
Ce n'est pas entasser, sans dessein et sans forme,
Des membres ennemis en un colosse énorme ;
Ce n'est pas, élevant des poissons dans les airs,
A l'aile des vautours ouvrir le sein des mers ;
Ce n'est pas sur le front d'une nymphe brillante
Hérisser d'un lion la crinière sanglante :
Délires insensés ! fantômes monstrueux !
Et d'un cerveau malsain rêves tumultueux !
Ces transports déréglés, vagabonde manie,
Sont l'accès de la fièvre et non pas du génie :
D'Ormus et d'Ariman[2] ce sont les noirs combats,
Où, partout confondus, la vie et le trépas,
Les ténèbres, le jour, la forme et la matière,

---

1. J.-B. Rousseau a dit dans son *Ode à la Fortune* :

> Mais au moindre revers funeste,
> Le masque tombe, l'homme reste
> Et le héros s'évanouit.

2. Principes de la lumière et des ténèbres dans la religion des anciens Persans.

Luttent sans être unis ; mais l'esprit de lumière
Fait naître en ce chaos la concorde et le jour :
D'éléments divisés il reconnaît l'amour,
Les rappelle ; et partout, en d'heureux intervalles,
Sépare et met en paix les semences rivales.
Ainsi donc, dans les arts, l'inventeur est celui
Qui peint ce que chacun put sentir comme lui ;
Qui, fouillant des objets les plus sombres retraites,
Étale et fait briller leurs richesses secrètes ;
Qui, par des nœuds certains, imprévus et nouveaux,
Unissant des objets qui paraissaient rivaux,
Montre et fait adopter à la nature mère
Ce qu'elle n'a point fait, mais ce qu'elle a pu faire ;
C'est le fécond pinceau qui, sûr dans ses regards,
Retrouve un seul visage en vingt belles épars,
Les fait renaître ensemble, et, par un art suprême,
Des traits de vingt beautés forme la beauté même.

La nature dicta vingt genres opposés
D'un fil léger entre eux chez les Grecs divisés.
Nul genre, s'échappant de ses bornes prescrites,
N'aurait osé d'un autre envahir les limites,
Et Pindare à sa lyre, en un couplet bouffon,
N'aurait point de Marot associé le ton.
De ces fleuves nombreux dont l'antique Permesse
Arrosa si longtemps les cités de la Grèce,
De nos jours même, hélas ! nos aveugles vaisseaux
Ont encore oublié mille vastes rameaux.
Quand Louis et Colbert, sous les murs de Versailles,
Réparaient des beaux-arts les longues funérailles,
De Sophocle et d'Eschyle ardents admirateurs,
De leur auguste exemple élèves inventeurs,

Des hommes immortels firent sur notre scène
Revivre aux yeux français les théâtres d'Athène.
Comme eux, instruit par eux, Voltaire offre à nos pleurs
Des grands infortunés les illustres douleurs;
D'autres esprits divins, fouillant d'autres ruines,
Sous l'amas des débris, des ronces, des épines,
Ont su, pleins des écrits des Grecs et des Romains,
Retrouver, parcourir leurs antiques chemins.
Mais, ô la belle palme et quel trésor de gloire
Pour celui qui, cherchant la plus noble victoire,
D'un si grand labyrinthe affrontant les hasards,
Saura guider sa muse aux immenses regards,
De mille longs détours à la fois occupée,
Dans les sentiers confus d'une vaste épopée!
Lui dire d'être libre, et qu'elle n'aille pas
De Virgile et d'Homère épier tous les pas,
Par leur secours à peine à leurs pieds élevée!
Mais, qu'auprès de leurs chars dans un char enlevée,
Sur leurs sentiers marqués de vestiges si beaux,
Sa roue ose imprimer des vestiges nouveaux.
Quoi! faut-il, ne s'armant que de timides voiles,
N'avoir que ces grands noms pour Nord et pour étoiles,
Les côtoyer sans cesse, et n'oser un instant,
Seul et loin de tout bord, intrépide et flottant,
Aller sonder les flancs du plus lointain Nérée,
Et du premier sillon fendre une onde ignorée?
Les coutumes d'alors, les sciences, les mœurs
Respirent dans les vers des antiques auteurs.
Leur siècle est en dépôt dans leurs nobles volumes.
Tout a changé pour nous, mœurs, sciences, coutumes,
Pourquoi donc nous faut-il, par un pénible soin,
Sans rien voir près de nous, voyant toujours bien loin,

Vivant dans le passé, laissant ceux qui commencent,
Sans penser, écrivant d'après d'autres qui pensent,
Retraçant un tableau que nos yeux n'ont point vu,
Dire et dire cent fois ce que nous avons lu?
De la Grèce héroïque et naissante et sauvage
Dans Homère à nos yeux vit la parfaite image.
Démocrite, Platon, Épicure, Thalès,
Ont de loin à Virgile indiqué les secrets
D'une nature encore à leurs yeux trop voilée.
Toricelli, Newton, Képler et Galilée,
Plus doctes, plus heureux dans leurs puissants efforts,
A tout nouveau Virgile ont ouvert des trésors.
Tous les arts sont unis : les sciences humaines
N'ont pu de leur empire étendre les domaines,
Sans agrandir aussi la carrière des vers.
Quel long travail pour eux a conquis l'univers!
Aux regards de Buffon, sans voile, sans obstacles,
La terre ouvrant son sein, ses ressorts, ses miracles,
Ses germes, ses coteaux, dépouille de Téthys;
Les nuages épais, sur elle appesantis,
De ses noires vapeurs nourrissant leur tonnerre;
Et l'hiver ennemi pour envahir la terre,
Roi des antres du Nord, et, de glaces armés,
Ses pas usurpateurs sur nos monts imprimés;
Et l'œil perçant du verre, en la vaste étendue,
Allant chercher ces feux qui fuyaient notre vue[1],
Aux changements prédits, immuables, fixés,
Que d'une plume d'or Bailly nous a tracés;
Aux lois de Cassini les comètes fidèles;
L'aimant, de nos vaisseaux seul dirigeant les ailes;

---

1. Le télescope.

Une Cybèle neuve et cent mondes divers
Aux yeux de nos Jasons sortis du sein des mers;
Quel amas de tableaux, de sublimes images,
Naît de ces grands objets réservés à nos âges!
Sous ces bois étrangers qui couronnent ces monts,
Aux vallons de Cusco, dans ces antres profonds,
Si chers à la fortune et plus chers au génie,
Germent des mines d'or, de gloire et d'harmonie.
Pensez-vous, si Virgile ou l'aveugle divin
Renaissaient aujourd'hui, que leur savante main
Négligeât de saisir ces fécondes richesses,
De notre Pinde auguste éclatantes largesses?
Nous en verrions briller leurs sublimes écrits;
Et ces mêmes objets, que vos doctes mépris
Accueillent aujourd'hui d'un front dur et sévère,
Alors à vos regards auraient seuls droit de plaire.
Alors, dans l'avenir, votre inflexible humeur
Aurait soin de défendre à tout jeune rimeur
D'oser sortir jamais de ce cercle d'images
Que vos yeux auraient vu tracé dans leurs ouvrages.
Mais qui jamais a su, dans des vers séduisants,
Sous des dehors plus vrais peindre l'esprit aux sens?
Mais quelle voix jamais d'une plus pure flamme
Et chatouilla l'oreille et pénétra dans l'âme?
Mais leurs mœurs et leurs lois, et mille autres hasards,
Rendaient leur siècle heureux plus propice aux beaux-arts.
Eh bien, l'âme est partout; la pensée a des ailes.
Volons, volons chez eux retrouver leurs modèles;
Voyageons dans leur âge, où, libre, sans détour,
Chaque homme ose être un homme et penser au grand jour.
Au tribunal de Mars, sur la pourpre romaine,
Là du grand Cicéron la vertueuse haine

Écrase Céthégus, Catilina, Verrès;
Là tonne Démosthène; ici de Périclès
La voix, l'ardente voix, de tous les cœurs maîtresse,
Frappe, foudroie, agite, épouvante la Grèce.
Allons voir la grandeur et l'éclat de leurs jeux.
Ciel! la mer appelée en un bassin pompeux!
Deux flottes parcourant cette enceinte profonde,
Combattant sous les yeux du conquérant du monde.
O terre de Pélops! avec le monde entier
Allons voir d'Épidaure un agile coursier,
Couronné dans les champs de Némée et d'Élide;
Allons voir au théâtre, aux accents d'Euripide,
D'une sainte folie un peuple furieux
Chanter : *Amour, tyran des hommes et des dieux*[1];
Puis, ivres des transports qui nous viennent surprendre,

---

1. « Les Abdéritains, sous le règne de Lysimaque, furent, dit-on, atteints, mon cher Philon, d'une singulière maladie. C'était une fièvre dont l'invasion fut générale et qui se manifestait dès le début avec une grande force d'intensité et de continuité; puis, au septième jour, il survenait chez les uns un fort saignement de nez; chez les autres, une sueur abondante, et les malades étaient guéris. Seulement, tant que la fièvre durait, elle jetait leur esprit dans une plaisante manie : ils faisaient tous des gestes tragiques, déclamaient des ïambes, criaient de toute leur force, débitant à eux seuls d'un ton lamentable l'*Andromède* d'Euripide, ou récitant à part la tirade de Persée. La ville était remplie de gens pâles et maigres, de tragédiens d'une semaine, qui s'en allaient criant :

> Amour, toi, le tyran des hommes et des dieux…
> Σύ δ' ὦ θεῶν τύραννε κ'ἀνθρώπων Ἔρως.

et autres exclamations lancées à pleine voix, et qui n'en finissaient plus, jusqu'à ce que l'hiver, amenant un grand froid, vînt faire cesser tout ce délire. Il avait été causé, selon moi, par Archélaüs, tragédien estimé, qui, au milieu de l'été, pendant la plus forte chaleur, leur avait joué *Andromède*, de telle sorte qu'au sortir du théâtre la plupart avaient été saisis de la fièvre; à leur lever, la tragédie s'était de nouveau emparée d'eux, Andromède s'étant agréablement installée dans leur mémoire, et Persée, avec Méduse, voltigeant dans leur imagination. » (Lucien, *Comment il faut écrire l'histoire*.)

Parmi nous, dans nos vers, revenons les répandre ;
Changeons en notre miel leurs plus antiques fleurs,
Pour peindre notre idée empruntons leurs couleurs ;
Allumons nos flambeaux à leurs feux poétiques ;
Sur des pensers nouveaux faisons des vers antiques.

Direz-vous qu'un objet né sur leur Hélicon
A seul de nous charmer pu recevoir le don ;
Que leurs fables, leurs dieux, ces mensonges futiles*,
Des muses noble ouvrage, aux Muses sont utiles ;
Que nos travaux savants, nos calculs studieux**,
Qui subjuguent l'esprit et répugnent aux yeux,
Que l'on croit malgré soi, sont pénibles, austères,
Et moins grands, moins pompeux que leurs belles chimères ?
Voilà ce que traités, préfaces, longs discours[1],
Prose, rime, partout nous disent tous les jours.
Mais enfin, dites-moi, si d'une œuvre immortelle
La nature est en nous la source et le modèle***
Pouvez-vous le penser que tout cet univers
Et cet ordre éternel, ces mouvements divers****,
L'immense vérité, la nature elle-même,
Soit moins grande en effet que ce brillant système
Qu'ils nommaient la nature, et dont d'heureux efforts*****

* Var. : *Eh bien, me direz-vous, ces mensonges futiles.*
** Var. : *Les doctes vérités, les calculs studieux,*
    Qui subjuguent l'esprit et combattent les yeux.
*** Var. : *La nature est toujours la source et le modèle.*
**** Var. : *Que de l'ordre éternel les mouvements divers.*
***** Var. : *Qu'on nomma la nature, et dont d'heureux efforts.*

1. Avant ce vers, qui présente une variante, le manuscrit porte :
    Ces objets, hérissés, dans leurs détours nombreux,
    Des ronces d'un langage obscur et ténébreux,
    Pour l'âme, pour les sens offrent-ils rien à peindre ?
    . . . . . . des vers y pourrait-il atteindre ?
    Oui, c'est ce que traités, préfaces, longs discours...

L'INVENTION.

Disposaient avec art les fragiles ressorts?
Mais quoi! ces vérités sont au loin reculées,
Dans un langage obscur saintement recélées :
Le peuple les ignore. O Muses, ô Phœbus!
C'est là, c'est là sans doute un aiguillon de plus.
L'auguste poésie, éclatante interprète,
Se couvrira de gloire en forçant leur retraite.
Cette reine des cœurs, à la touchante voix,
A le droit, en tous lieux, de nous dicter son choix.
Sûre de voir partout, introduite par elle,
Applaudir à grands cris une beauté nouvelle,
Et les objets nouveaux que sa voix a tentés
Partout, de bouche en bouche, après elle chantés.
Elle porte, à travers leurs nuages plus sombres,
Des rayons lumineux qui dissipent leurs ombres,
Et rit quand, dans son vide[1], un auteur oppressé
Se plaint qu'on a tout dit et que tout est pensé.
Seule, et la lyre en main, et de fleurs couronnée,
De doux ravissements partout accompagnée,
Aux lieux les plus déserts, ses pas, ses jeunes pas,
Trouvent mille trésors qu'on ne soupçonnait pas.
Sur l'aride buisson que son regard se pose,
Le buisson à ses yeux rit et jette une rose.
Elle sait ne point voir, dans son juste dédain,
Les fleurs qui trop souvent, courant de main en main,
Ont perdu tout l'éclat de leurs fraîcheurs vermeilles;
Elle sait même encore, ô charmantes merveilles!
Sous ses doigts délicats réparer et cueillir
Celles qu'une autre main n'avait su que flétrir;
Elle seule connaît ces extases choisies,

---

1. Dans le vide de son esprit.

D'un esprit tout de feu mobiles fantaisies,
Ces rêves d'un moment, belles illusions,
D'un monde imaginaire aimables visions,
Qui ne frappent jamais, trop subtile lumière,
Des terrestres esprits l'œil épais et vulgaire.
Seule, de mots heureux, faciles, transparents,
Elle sait revêtir ces fantômes errants :
Ainsi des hauts sapins de la Finlande humide,
De l'ambre, enfant du ciel, distille l'or fluide,
Et sa chute souvent rencontre dans les airs
Quelque insecte volant qu'il porte au fond des mers ;
De la Baltique enfin les vagues orageuses
Roulent et vont jeter ces larmes précieuses
Où la fière Vistule, en de nobles coteaux,
Et le froid Niémen expirent dans ses eaux.
Là les arts vont cueillir cette merveille utile,
Tombe odorante où vit l'insecte volatile ;
Dans cet or diaphane il est lui-même encor,
On dirait qu'il respire et va prendre l'essor.
Qui que tu sois enfin, ô toi, jeune poète,
Travaille, ose achever cette illustre conquête.
De preuves, de raisons, qu'est-il encor besoin !
Travaille. Un grand exemple est un puissant témoin.
Montre ce qu'on peut faire en le faisant toi-même.
Si pour toi la retraite est un bonheur suprême ;
Si chaque jour les vers de ces maîtres fameux
Font bouillonner ton sang et dressent tes cheveux[1] ;
Si tu sens chaque jour, animé de leur âme,
Ce besoin de créer, ces transports, cette flamme,
Travaille. A nos censeurs c'est à toi de montrer

---

1. Dresser tes cheveux, d'après M. G. de Chénier. Cf. page 239, vers 25.

L'INVENTION.

Tous ces trésors nouveaux qu'ils veulent ignorer.
Il faudra bien les voir, il faudra bien se taire
Quand ils verront enfin cette gloire étrangère
De rayons inconnus ceindre ton front brillant.
Aux antres de Paros le bloc étincelant
N'est aux vulgaires yeux qu'une pierre insensible.
Mais le docte ciseau, dans son sein invisible,
Voit, suit, trouve la vie, et l'âme, et tous ses traits*.
Tout l'Olympe respire en ses détours secrets.
Là vivent de Vénus les beautés souveraines ;
Là des muscles nerveux, là de sanglantes veines
Serpentent ; là des flancs invaincus aux travaux,
Pour soulager Atlas des célestes fardeaux.
Aux volontés du fer leur enveloppe énorme
Cède, s'amollit, tombe ; et de ce bloc informe
Jaillissent, éclatants, des dieux pour nos autels :
C'est Apollon lui-même, honneur des immortels ;
C'est Alcide vainqueur des monstres de Némée ;
C'est du vieillard troyen la mort envenimée[1] ;
C'est des Hébreux errants le chef, le défenseur[2] :
Dieu tout entier habite en ce marbre penseur.
Ciel ! n'entendez-vous pas de sa bouche profonde
Éclater cette voix créatrice du monde** ?
Oh ! qu'ainsi parmi nous des esprits inventeurs***

* VAR. : *Voit les traits de la vie et l'âme enfant des cieux ;*
  En secret, là, pour lui, respirent tous les dieux.
** VAR. : *Tonner la voix de Dieu, créatrice du monde ?*
*** VAR. : *Oh ! qu'ainsi, de la nuit des plus doctes secrets*
  Retirant la lumière, et des aimables traits
  D'une nature encor neuve et presque naissante
  Illustrant les tableaux de leur muse savante,
  Parmi nous, quelque jour, des esprits inventeurs
  De l'antique Parnasse égalent les honneurs !

1. Laocoon.
2. Le Moïse de Michel-Ange.

De Virgile et d'Homère atteignent les hauteurs!
Sachent dans la mémoire avoir comme eux un temple,
Et sans suivre leurs pas imiter leur exemple*;
Faire, en s'éloignant d'eux avec un soin jaloux,
Ce qu'eux-même ils feraient s'ils vivaient parmi nous**!
Que la nature seule, en ses vastes miracles,
Soit leur Fable et leurs dieux, et ses lois leurs oracles;
Que leurs vers, de Téthys respectant le sommeil,
N'aillent plus dans ses flots rallumer le soleil;
De la cour d'Apollon que l'erreur soit bannie***,
Et qu'enfin Calliope, élève d'Uranie,
Montant sa lyre d'or sur un plus noble ton,
En langage des dieux fasse parler Newton!
Oh! si je puis, un jour!... Mais quel est ce murmure?
Quelle nouvelle attaque et plus forte et plus dure****?
O langue des Français! est-il vrai que ton sort
Est de ramper toujours, et que toi seule as tort?
Ou si d'un faible esprit l'indolente paresse
Veut rejeter sur toi sa honte et sa faiblesse?
Il n'est sot traducteur, de sa richesse enflé*****,
Sot auteur d'un poëme ou d'un discours sifflé******,
Ou d'un recueil ambré de chansons à la glace,
Qui ne vous avertisse, en sa fière préface,
Que si son style épais vous fatigue d'abord,
Si sa prose vous pèse et bientôt vous endort,
Si son vers est gêné, sans feu, sans harmonie,
Il n'en est point coupable : il n'est pas sans génie;

---

* VAR. : *Et sans suivre leurs pas imitant leur exemple.*
** VAR. : *Ce qu'eux-même eussent fait s'ils vivaient parmi nous.*
*** VAR. : *Que du char de la nuit Diane soit bannie.*
**** VAR. : *Quelle attaque nouvelle et plus forte et plus dure?*
***** VAR. : *Il n'est sot traducteur, de sa trouvaille enflé,*
****** VAR. : *Sot auteur d'un poëme ou d'un drame sifflé.*

Il a tous les talents qui font les grands succès;
Mais enfin, malgré lui, ce langage français,
Si faible en ses couleurs, si froid et si timide,
L'a contraint d'être lourd, gauche, plat, insipide.
Mais serait-ce Le Brun, Racine, Despréaux
Qui l'accusent ainsi d'abuser leurs travaux?
Est-ce à Rousseau, Buffon, qu'il résiste infidèle[*]?
Est-ce pour Montesquieu, qu'impuissant et rebelle,
Il fuit? Ne sait-il pas, se reposant sur eux,
Doux, rapide, abondant, magnifique, nerveux,
Creusant dans les détours de ces âmes profondes,
S'y teindre, s'y tremper de leurs couleurs fécondes?
Un rimeur voit partout un nuage, et jamais
D'un coup d'œil ferme et grand n'a saisi les objets;
La langue se refuse à ses demi-pensées,
De sang-froid, pas à pas, avec peine amassées[**];
Il se dépite alors, et, restant en chemin,
Il se plaint qu'elle échappe et glisse de sa main.
Celui qu'un vrai démon presse, enflamme, domine,
Ignore un tel supplice : il pense, il imagine;
Un langage imprévu, dans son âme produit,
Naît avec sa pensée, et l'embrasse et la suit;
Les images, les mots que le génie inspire,
Où l'univers entier vit, se meut et respire,
Source vaste et sublime et qu'on ne peut tarir[***],
En foule en son cerveau se hâtent de courir.
D'eux-même ils vont chercher un nœud qui les rassemble;
Tout s'allie et se forme, et tout va naître ensemble.

Sous l'insecte vengeur envoyé par Junon,

[*] Var.: *Est-ce à Rousseau, Buffon, Montaigne qu'infidèle.*
[**] Var.: *Pas à pas, de sang-froid, avec peine amassées.*
[***] Var.: *La source des pensers que rien ne peut tarir.*

Telle Io tourmentée, en l'ardente saison,
Traverse en vain les bois et la longue campagne,
Et le fleuve bruyant qui presse la montagne[1];
Tel le bouillant poète, en ses transports brûlants,
Le front échevelé, les yeux étincelants,
S'agite, se débat, cherche en d'épais bocages[*]
S'il pourra de sa tête apaiser les orages
Et secouer le dieu qui fatigue son sein.
De sa bouche à grands flots ce dieu dont il est plein
Bientôt en vers nombreux s'exhale et se déchaîne;
Leur sublime torrent roule, saisit, entraîne.
Les tours impétueux, inattendus, nouveaux,
L'expression de flamme aux magiques tableaux
Qu'a trempés la nature en ses couleurs fertiles,
Les nombres tour à tour turbulents ou faciles;
Tout porte au fond des cœurs le tumulte ou la paix;
Dans la mémoire au loin tout s'imprime à jamais.
C'est ainsi que Minerve, en un instant formée,
Du front de Jupiter s'élance toute armée,
Secouant, et le glaive, et le casque guerrier,
Et l'horrible Gorgone à l'aspect meurtrier.

Des Toscans, je le sais, la langue est séduisante :
Cire molle, à tout peindre habile et complaisante[2],

[*] Var. : *Erre, tourne à grands pas, seul en d'épais bocages.*

1. Au sujet de cette comparaison d'Io, empruntée à Ovide, *Métamorph.*, liv. Ier, vers 725, l'auteur avait mis cette note sur son manuscrit : « Il ne faut pas oublier quelque part de placer cette comparaison : tel que le taon envoyé par Junon va tourmenter Io.., description... Ainsi le poète tourmenté par son génie tourne... description... Magnum si pectore possit... et secouant le dieu qui tourmente son sein... bientôt le dieu s'exhale de sa bouche en vers brûlants... »

2. Le premier éditeur a imprimé : à tout *feindre*, dans le sens de *fingere*, façonner, former, représenter.

Qui prend d'heureux contours sous les plus faibles mains.
Quand le Nord, s'épuisant de barbares essaims,
Vint, par une conquête en malheurs plus féconde,
Venger sur les Romains l'esclavage du monde,
De leurs affreux accents la farouche âpreté
Du latin en tous lieux souilla la pureté :
On vit de ce mélange étranger et sauvage
Naître des langues sœurs, que le temps et l'usage,
Par des sentiers divers guidant diversement,
D'une lime insensible ont poli lentement[1] ;
Sans pouvoir en entier, malgré tous leurs prodiges,
De la rouille barbare effacer les vestiges.
De là du castillan la pompe et la fierté,
Teint encor des couleurs du langage indompté
Qu'au Tage transplantaient les fureurs musulmanes.
La grâce et la douceur sur les lèvres toscanes
Fixèrent leur empire, et la Seine à la fois
De grâce et de fierté sut composer sa voix.
Mais ce langage, armé d'obstacles indociles,
Lutte et ne veut plier que sous des mains habiles.
Est-ce un mal? Eh! plutôt rendons grâces aux dieux;
Un faux éclat longtemps ne peut tromper nos yeux,
Et notre langue même, à tout esprit vulgaire
De nos vers dédaigneux fermant le sanctuaire,
Avertit dès l'abord quiconque y veut monter,
Qu'il faut savoir tout craindre et savoir tout tenter,
Et, recueillant affronts ou gloire sans mélange*,
S'élever jusqu'au faîte ou ramper dans la fange.

* Var.: *Et, recueillant ou honte ou gloire sans mélange.*

1. Ces trois vers ont été corrigés ainsi dans les éditions de 1826 et 1839 :
>Naître des langues sœurs, dont le temps et l'usage,
>Consacrant par degrés l'idiome naissant,
>Illustrèrent la source et polirent l'accent.

II

SUZANNE[1]

POÈME EN SIX CHANTS

CHANT I

Je dirai l'innocence en butte à l'imposture,
Et le pouvoir inique, et la vieillesse impure,
L'enfance auguste et sage, et Dieu, dans ses bienfaits,
Qui daigne la choisir pour venger les forfaits.
O fille du Très-Haut, organe du génie,
Voix sublime et touchante, immortelle Harmonie,
Toi qui fais retentir les saints échos du ciel
D'hymnes que vont chanter, près du trône éternel,
Les jeunes séraphins aux ailes enflammées;
Toi qui vins sur la terre aux vallons Idumées
Répéter la tendresse et les transports si doux
De la belle d'Égypte et du royal époux[2];
Et qui, plus fière, aux bords où la Tamise gronde,
As, depuis, fait entendre et l'enfance du monde,
Et le chaos antique, et les anges pervers,
Et les vagues de feu roulant dans les enfers,

1. Édition 1833.
2. Salomon et la fille du roi d'Égypte, en l'honneur de qui fut fait, dit-on, le *Cantique des Cantiques*.

Et des premiers humains les chastes hyménées,
Et les douceurs d'Éden sitôt abandonnées[1],
Viens; coule sur ma bouche, et descends dans mon cœur.
Mets sur ma langue un peu de ce miel séducteur
Qu'en des vers tout trempés d'une amoureuse ivresse
Versait du sage roi[2] la langue enchanteresse;
Un peu de ces discours grands, profonds comme toi,
Paroles de délice ou paroles d'effroi
Aux lèvres de Milton incessamment écloses,
Grand aveugle dont l'âme a su voir tant de choses[3]!

 Le soleil avait fait plus de la moitié de son cours, et le jeune Joachim se préparait à sortir de Babylone. Tous les enfants de Juda, ses frères, l'attendaient, répandus sur les chemins, pour le combler de bénédictions. Il allait au golfe Persique apprendre le sort d'un vaisseau chargé des trésors d'Ophir; non qu'avide d'entasser de nouvelles richesses...; mais il soulageait la captivité de ses frères..., et ses vertus leur faisaient espérer que le ciel les ferait retourner dans leur patrie, au bord du Jourdain. La fille d'Helcias, la belle Suzanne, son épouse, ne peut s'arracher de ses bras.
 Leurs adieux, leurs aimables discours. Il lui promet de revenir sous peu de jours. (Sans oublier de parler déjà de la fille du frère mort de Suzanne, qui la nommera sa sœur, enfant de dix ans qui doit faire un rôle charmant dans cet ouvrage.) Joachim part. Tous ses esclaves, tous les Hébreux lui souhaitent un heureux voyage et un prompt retour. Ils le voient partir avec peine. Deux seulement s'en réjouissent: ce sont deux vieillards pervers et méchants, juges du peuple et hypocrites de vertu. Leurs anges, qui sont du nombre des anges que le Fils de Dieu précipita dans les enfers, lorsque...

1. *Le Paradis perdu*, de Milton.
2. Salomon.
3. M. de Latouche a relevé (dans la *Vallée aux loups*, p. 242) cette note d'André Chénier sur Milton : « Homme sublime qui a des taches comme le soleil. » — Voyez page 221.

(imiter Milton), ont fait parvenir à Joachim de fausses alarmes, pour l'écarter et servir les desseins des impudiques vieillards. L'un est un tel, l'autre est un tel. La chaste et vertueuse beauté a allumé dans leurs cœurs une incestueuse flamme. Le bonheur d'un couple de gens de bien a produit sur eux l'effet qu'il produit toujours sur des méchants : l'envie et la rage de le troubler. Dès longtemps ils en cherchent les moyens. Jadis, à l'insu l'un de l'autre, ils enfantaient les mêmes projets. Depuis, les deux méchants se sont reconnus, et ils méditent ensemble leurs coupables desseins. Sous le voile de l'amitié, ils se sont insinués chez Joachim. Ils le louent, ils lui demandent ses conseils pour juger le peuple. Ainsi, chaque jour, ils repaissent leurs infâmes regards de la vue de sa belle épouse, dont l'âme, pure comme le ciel, leur savait gré de leur tendresse pour son époux. Elle les reçoit avec un sourire, et ne soupçonne pas que ses yeux puissent leur inspirer le crime.

Comparer Suzanne à cet animal couvert d'une fourrure blanche que les chasseurs poussent vers quelque marais fangeux... Alors il recule... et se laisse prendre et tuer plutôt que d'y entrer et de ternir sa robe blanche et pure.

. . . . . et quand la nuit tranquille
Commençait de s'asseoir sur les tours de la ville,
Tous les deux, se glissant par des chemins divers,
Retournent vers ce toit où leur âme est aux fers.
Au seuil de Joachim ils arrivent ensemble,
Se rencontrent. Chacun veut fuir, recule, tremble,
Craint les regards de l'autre, inquiet, incertain,
Confus de son silence. Et Manassès enfin :
« Mais, Séphar, je croyais qu'au sein de ta famille
Tu pressais dans tes bras et ta femme et ta fille.
J'attendais peu qu'ici, pour ne te rien celer...
— Toi-même, dit Séphar, qui peut t'y rappeler?
Joachim est absent, tu le sais... Dans ton âme,

Peut-être pensais-tu que l'amour de sa femme
L'a déjà, malgré lui... — Non, non, dit Manassès,
Pour un plus long séjour j'ai vu tous ses apprêts.
Je venais... Sur ce seuil c'est lui qui me rappelle.
Il se peut que déjà quelque esclave fidèle
Soit venu. » Mais Séphar sourit et l'interrompt,
Et d'un regard perçant, et secouant le front :
« Va, je sais quel projet t'amène et te tourmente ;
Joachim est absent, mais Suzanne est présente,
Suzanne !... Manassès, tu l'aimes, je le voi.
Mais j'ai des yeux aussi ; je l'aime comme toi.
— Oui, tu dis vrai, Séphar ; oui, je l'aime. Et je doute
Que pour toi contre moi... — Tiens, Manassès, écoute :
Nous régnons sur le peuple unis jusqu'aujourd'hui ;
C'est par là, tu le sais, que nous régnons sur lui.
Tu me hais, je te hais. Si tu veux me détruire,
Tu le peux. Si je veux, je puis aussi te nuire.
Mais, ennemis secrets ou sincères amis,
Toujours même intérêt nous force d'être unis.
Les attraits d'une femme ont fasciné ta vue :
A ses attraits aussi mon âme s'est émue.
Nous sommes vieux tous deux ; mais quel œil peut la voir
Sans pétiller d'amour, de jeunesse, d'espoir ?
Ne soyons point jaloux. Faut-il qu'un de nous pleure ?
Pour qu'elle soit à l'un, faut-il que l'autre meure ?
Quand j'aurai de ma soif dans ses embrassements
Rassasié les feux et les emportements,
Envîrai-je qu'un autre, altéré de ma proie,
Aille aussi dans ses bras chercher la même joie ?
Va, tu peux sur sa bouche éteindre tes ardeurs ;
J'y peux de mon amour épuiser les fureurs,
Sans qu'elle ait rien perdu de sa beauté suprême.

Nous la retrouverons tout entière la même.
Aidons-nous : ce trésor peut suffire à tous deux ;
Elle possède assez pour faire deux heureux. »

Il dit, et sur les plis de leurs sombres visages
Éclate un noir sourire. « Oui, Séphar, soyons sages,
Dit Manassès. Aimons, ne soyons point amis ;
Et, pour tromper toujours, soyons toujours unis.
Laissons à l'inquiète et vaine adolescence
De ses amours jaloux l'enfantine imprudence.
Viens ; au sortir du temple où ces temps malheureux
Attirent plus souvent les timides Hébreux,
Nous irons concerter chez moi, dans le mystère,
Les moyens de séduire et de nous satisfaire. »

Cependant on va au temple. Un jeune prophète éloquent, âgé de quatorze ans (Daniel), y explique la loi. Il s'est rendu déjà célèbre par sa liberté avec les rois et... Tout le peuple accourt... Suzanne avec toute sa maison et sa jeune sœur... Description de sa démarche et de sa contenance. Tout le peuple la respecte, l'admire en la regardant marcher, et ils se disent l'un à l'autre : « Certes, il n'y avait que Joachim qui méritât cette femme. Et sans cette femme, il n'y avait point d'épouse pour Joachim ; » et ils bénissent les cheveux blancs du bon Helcias, qui pleure de joie en regardant sa fille. Le jeune prophète chante ainsi : « sur la captivité des juifs..., description ; et sur ce que l'iniquité des hypocrites a été cause... » (Imiter Milton et les livres juifs.) Suzanne rentre chez elle...; elle se couche..., et, dans l'absence de son mari, on dresse à côté d'elle un lit pour sa jeune sœur... Son sommeil est troublé... Description... Elle se réveille...; elle s'écrie : « Dieu ! quelles agitations inquiètes ! pourtant je suis sans remords. Le crime, si le crime existe, est étranger à mon cœur... » Son discours réveille sa jeune sœur qui dormait à côté d'elle... Description de son doux et aimable sommeil... Son discours touchant et enfantin... « Si elle est malade... » (en tutoyant comme dans tout l'ouvrage). Suzanne répond... Elle ne peut se rendormir...; elle appelle son esclave chérie, qui se nomme... Elle lui fait part de ses insomnies; elle veut descendre dans ses jardins.

CHANT II

Description délicieuse des jardins, la nuit... Les anges bienfaisants y voltigent : c'est l'air frais... Les mauvais anges, sous de vilaines formes, serpents, autres... Là, Suzanne se promène avec ses esclaves. Elles s'asseyent et chantent alternativement (imiter le Cantique des Cantiques). Au matin, elle se recouche. Là, on peut mettre l'ange de Suzanne et les autres bons anges chantant un court cantique à l'aurore. Celui de Suzanne va trouver celui de la jeune sœur; et, l'appelant mon frère... Ils auront entendu les deux mauvais anges des vieillards se féliciter de ce que Suzanne va souffrir; ils s'avancent vers le trône de Dieu pour lire dans sa volonté; mais ils le voient toujours jeter des yeux de bonté sur elle... — Les vieillards viennent le matin; ils entrent sans être vus, en se glissant... Ils se promènent longtemps dans les jardins en rêvant à leurs projets, incertains, inquiets. Mais, disent-ils, elle sourit quand nous arrivons...; et puis, toutes les femmes sont séduites pourvu qu'on les flatte... Ils passent là tout le jour...

CHANT III

Le soir, comme dans l'Écriture, elle vient se baigner... Elle renvoie une esclave... « Va, laisse-moi ici chanter à Dieu... » L'esclave obéit...

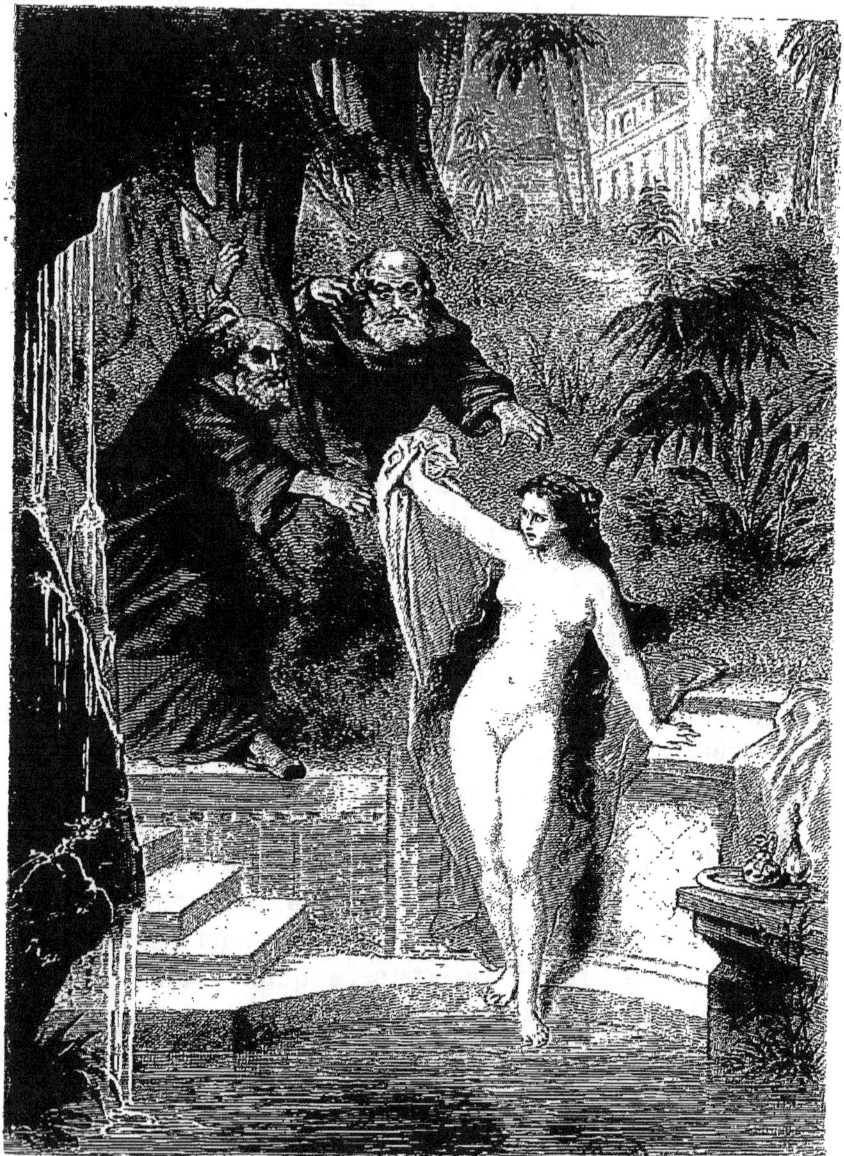

G Staal del. — Imp. Ch. Chardon Paris — F. Delannoy sc.

SUZANNE

Et sur elle avançant leur main vile et profane :
Livrez-vous à nous, ô belle, ô charmante Suzanne !

SUZANNE.

Et s'éloigne. — A loisir les infâmes vieillards
S'enivrent quelque temps d'impudiques regards.
Ils attendent qu'au ciel la belle vertueuse
Offre les doux transports de son âme pieuse;
Qu'elle rêve à l'époux cher à son souvenir,
Que son esclave enfin n'ait plus à revenir :
Puis, comme deux serpents à l'haleine empestée,
Quittant les noirs détours d'une rive infectée,
Fondent sur un enfant qui dort au fond d'un bois,
Ainsi de leur retraite ils sortent à la fois.
Et sur elle avançant leur main vile et profane :
« Viens, sois à nous, ô belle, ô charmante Suzanne !
Viens, nul mortel ne sait qu'en ce bois écarté
Nous avons... » A ce bruit, l'innocente beauté
Rougit, tremble, pâlit, se retourne, s'étonne,
Se courbe, au fond de l'eau se plonge, s'environne,
Et mourante, ses bras contre son sein pressés,
Et ses yeux, et ses cris vers le ciel élancés :
« Dieu, grand Dieu ! sauve-moi ; grand Dieu ! Dieu secourable !
Couvre-moi d'un rempart, d'un voile impénétrable;
Tonne, ouvre-moi la terre, ouvre-moi les enfers,
Cache-moi dans ton sein. Sur eux, sur ces pervers
Jette l'aveuglement, la nuit, la nuit subite
Dont tu frappas jadis une ville maudite.
Dieu ! grand Dieu !... » Les vieillards, inquiets, frémissants,
Lui murmurent tout bas vingt discours menaçants.
Ils iront; des jardins ils ouvriront la porte;
Ils sauront appeler une nombreuse escorte;
Ils diront qu'en ce lieu, conduits par des hasards,
Suzanne dans le crime a frappé leurs regards.
« Oui, crains notre vengeance; obéis, tais-toi, cède. »
Mais sans les écouter : « Grand Dieu, viens à mon aide,

Dieu juste, anges du ciel, criait-elle toujours,
Joachim! Joachim! oh! viens à mon secours! »

Son esclave fidèle vole...; mais un des vieillards avait déjà ouvert la porte, il était revenu, et tous deux... « Nous venions nous informer de Joachim...; nous t'avons trouvée dans les bras d'un jeune homme..... La loi! O malheureux Joachim! » Ils partent... La belle accusée baisse la tête et ne verse point de larmes... Son esclave, anéantie, sans voix, s'approche pour la soutenir... « Eh quoi! veux-tu encore me rendre ce service à moi, malheureuse accusée, surprise dans le crime?... » Ici les larmes, les sanglots... « Non, non! fille d'Helcias, dit l'esclave, non, tu n'es point coupable... » Elles marchent... La jeune sœur, qui les voit arriver, l'une laissant tomber quelques larmes, l'autre noyée de pleurs, pleure aussi et s'informe... Suzanne se renferme... Son esclave lui lit, dans le volume sacré, Joseph vendu et devenu grand, Moïse sauvé des eaux, et d'autres exemples qu'elle écoute en silence, les yeux au ciel...

CHANT V

Mais les vieillards ont parlé au peuple... « Peuple, un grand malheur est arrivé!... La fille d'Helcias, l'épouse de Joachim, Suzanne, est adultère!... Nous l'avons vue!... La loi... » Le peuple, toujours crédule, dupe de leur fausse vertu, d'ailleurs toujours prompt à haïr ce qu'il est forcé d'admirer, s'assemble en tumulte devant la maison... Les vieillards arrivent; les esclaves menacent; mais les vieillards disent qu'ils apportent des paroles de paix. Ils entrent et demandent à lui parler seuls. Sans répondre, elle fait signe à son esclave de la laisser. Ils commencent par la vile menace : « Ton supplice est prêt. Il dépend de toi... » Elle reste immobile, les yeux baissés et sans rien dire... Le second reprend :

« Tu seras la plus heureuse des femmes... » Elle ne dit rien et reste immobile... Il s'emporte... « Nous nous vengerons sur tout ce qui t'est cher. Joachim périra... » Elle tremble. « Oui, Joachim périra, » s'écrient-ils tous deux ensemble. Alors elle lève la tête. Ses yeux se fixent au ciel ; elle se lève, et, muette, passe dans un autre appartement... Ils sortent... « Ma sœur, je vais mourir... Dis à Joachim... O Joachim !... » Helcias arrive tout couvert de cendre et de lambeaux... Il embrasse sa fille... Il vient d'apprendre... Mais il sait qu'elle ne saurait être coupable... « Je ne veux que me traîner jusqu'à la porte de tes persécuteurs ; je veux y mourir en les maudissant...

Que ma dernière voix leur soit amère encore... ;
Qu'ils entendent ma mort... ; que la prochaine aurore
Présente mon cadavre à leurs yeux effrayés,
Et qu'ils ne sortent pas sans me fouler aux pieds... »

CHANT V

On vient la chercher... Elle marche au supplice..., la tête penchée sur son sein ; pâle, mais tranquille comme l'innocence. Ses esclaves, sa sœur, son père... Les vieillards lui lancent des regards de vile méchanceté satisfaite... Mais Joachim a trouvé ses richesses ; il revient avec des chameaux chargés de trésors... Les présents qu'il destine à sa femme... Il arrive... Il voit une grande foule... Le premier qu'il interroge voudrait pouvoir lui taire : « Joachim ! une épouse, une épouse adultère ! » Joachim l'éloigne. « Malheureuse, dit-il, sans doute, son époux ne l'aura pas aimée, ne lui aura pas été fidèle, comme Joachim à sa belle Suzanne... Peut-être un autre époux aurait eu en elle une autre Suzanne... » Il approche... Il voit la belle innocente... ; il tombe à terre demi-mort, en s'écriant : « Ah ! malheureux !... » On l'emporte. Elle le suit des yeux en disant : « Toi, Joachim, aussi, tu me juges coupable? — Non, dit sa jeune sœur, non, peuple; on vous abuse... Ce sont ces vieillards eux-mêmes qui ont voulu la séduire. » Ils l'interrompent : « Peuple, nous vous l'avons déjà dit... Nous sommes entrés dans la maison de Joachim... — Pour nous informer de lui, ajoute le second vieillard. — Nous avons trouvé son épouse avec un jeune homme, reprend le premier. — Dans ses bras, ajoute le second. — Il nous a échappé, malgré nos efforts, dit le premier. — Des vieillards, reprend le second, ne peuvent lutter contre un jeune homme, ni vouloir séduire une femme... Suzanne est adultère ! et la loi que le Seigneur a donnée à Moïse sur l'ardent sommet du Sinaï... O Joachim! tu méritais une autre épouse!... » A ces mots, l'innocente condamnée tourna la tête vers les vieillards et les regarda. Ils voulurent fixer leurs yeux sur elle, mais ils ne le purent; ils détournèrent la tête l'un vers l'autre, de peur que le regard divin de cette chaste accusée n'arrachât leur âme de ses ténèbres et ne la forçât à paraître sur leur visage... Le peuple environnait la jeune sœur... Les uns auraient voulu douter...; les autres admiraient le bon naturel de cette enfant...; d'autres, de la basse populace, disent que c'est signe qu'elle a un penchant à suivre l'exemple de Suzanne...; les autres s'indignaient qu'un si beau visage cachât un cœur vicieux...

CHANT VI

Mais les hommes se plaindraient si le crime opprimait toujours l'innocence. L'Éternel était content de l'épreuve. Il appela l'ange tout de feu qui anime les prophètes. « Va, lui dit-il, trouver le jeune Daniel, et révèle-lui la vérité. Qu'il parle et qu'il punisse. » Le jeune Daniel, mêlé dans la foule du peuple, s'était levé sur ses pieds pour voir la condamnée. « Non, s'était-il dit à lui-même, cette physionomie n'est point celle d'une femme coupable... » Il s'était élancé hors de la foule en criant : « Peuple! je suis innocent du meurtre que vous allez commettre. » Tout à coup l'esprit divin descendit sur lui, éclaira ses yeux, le fit lire dans les âmes à travers le voile de chair et d'os qui les couvre. Il vit avec ravissement l'état de pureté de l'âme de Suzanne. Il frémit en voyant celle des vieillards, noire d'imposture et de vices, semblable au lac Asphaltite. « Arrêtez, arrêtez ! s'écrie-t-il, insensés que vous êtes !... vous êtes dupes de scélérats !... Suzanne est innocente !... — Suzanne est innocente ! cria le peuple avec transport. Vive le jeune prophète qui venge la vertu opprimée !... » Ils s'assemblent... « Enfant prophète de Dieu, dit le peuple, interroge-les toi-même... » Il se lève... « Qu'on les sépare... Eh bien, toi !... race méchante et maudite, dis-nous sous quel arbre ?... — Sous un chêne... — Sous un chêne ! Va, fuis ! ton mensonge exécrable demeure suspendu sur ta tête coupable. Voilà comment vous jugiez le peuple ! Qu'on fasse entrer l'autre. — Eh bien, scélérat ! dis-nous sous quel arbre ?... — Jeune enfant, quel es-tu ? que veux-tu ? quel droit as-tu d'interroger les vieillards ?... — Parle, parle, imposteur ; ce n'est point moi qui t'interroge, c'est tout le peuple ; c'est Dieu qui tient le glaive tout prêt... Tremble, ton heure vient. Réponds : dis sous quel ombrage !... — Réponds, s'écrie le peuple... » Il se déconcerte un instant ; mais il se relève, essaye au calme son front dur et pervers ; il rassure sa voix ; il commence, il s'arrête : « Un sycomore épais... » Vengeance sur ta tête, vil imposteur ! voilà comment vous jugiez le peuple !... La beauté vous séduisait !... »

On les lapide, et le peuple en triomphe ramène à Joachim son épouse, qui, donnant la main à sa jeune sœur, l'aborde avec un sourire.

INDICATIONS DE L'AUTEUR

ÉCRITES A LA SUITE DU POÈME DE SUZANNE [1]

— Cela aura six chants, dont j'ai marqué les séparations. J'ai regret de ne pouvoir le faire plus court. Il faudra l'orner

---

1. Édition 1833.

de comparaisons, de détails asiatiques sur les vêtements, les aromates, les richesses, etc., pour en faire un ouvrage piquant.

— Les morceaux du Cantique à imiter au deuxième chant sont ceux où Elle court après Lui, et quand il répond, ce sera l'esclave. Puis Suzanne priera les jeunes filles de Jérusalem de le chercher avec elle, et l'esclave répondra : « Celui que tu cherches, ô la plus belle des femmes... »

— On peut terminer le récit poétique et très court de Joseph, à la fin du troisième chant, par ces touchantes paroles de la Genèse : Je suis votre Joseph, mon père est-il vivant?

— Au deuxième chant, il faut la peindre à table. Elle ne mange point. Elle n'écoute point ses femmes qui chantent sur le luth. Une rêverie profonde répand une expression mélancolique sur son céleste visage. Elle songe à son époux qui est loin d'elle. Ce soir la main de Joachim ne pressera point la sienne. La voix de Joachim ne lui dira point adieu... La bouche de Joachim ne lui donnera point le chaste baiser du sommeil. Elle s'égare dans ces tristes pensées, et sa belle main va sur ses yeux essuyer une larme... Elle se lève, etc.

Le peuple, à la fin, peut comparer Daniel aux anges qui visitaient Adam et qui demandaient l'hospitalité à Abraham, etc.

— Au lieu de ces anges gardiens qui me sont venus à l'esprit dans la première idée de cet ouvrage et qui composent un merveilleux déjà usé et rebattu par les poètes allemands, il vaut mieux en employer un autre. Il n'y a qu'à faire guider les infâmes vieillards par Bélial, le dieu de la débauche, que Milton peint dans cette énumération des anciens dieux de l'Orient... Admirable morceau! Parler des divinités babyloniennes et de leurs fêtes impudiques. — V. Hérodote et les poètes juifs, — et les bien décrire. L'ange de la pudeur sera celui de Suzanne..., cela vaut mieux... Un autre sera celui de la jeune sœur, etc... En personnifiant ainsi toutes les vertus humaines et leur donnant un visage expressif et allégorique..., cela sera d'ailleurs plus court et me laissera plus de place pour les détails historiques et géographiques sur tous ces pays, Phénicie, Judée, Damas, Mésopotamie.

La grâce mignarde et affectée des filles de Babylone, la mollesse et l'impudicité de leurs fêtes, feront un beau contraste avec les mœurs et la physionomie de Suzanne.

— Lorsque Suzanne voudra descendre, la nuit, dans ses jardins, deux de ses femmes lui mettront aux pieds une chaussure qu'il faudra peindre : ce sera comme des pantoufles.

Mais quand elle voudra se baigner, il faudra peindre la chaussure que ses femmes lui ôteront et qui ne sera point la même, et peindre aussi tous ses vêtements à mesure qu'elles l'en dépouilleront.

— Pendant que les infâmes vieillards délibèrent entre eux avant d'aller parler à Suzanne, le même ange qui écrivit les trois mots de Balthazar vient tout à coup leur graver sur la muraille le tableau de quelque scélérat calomniateur puni dans l'Écriture. Ils regardent, ils restent muets ; leurs cheveux se dressent sur leurs têtes, puis ils se regardent l'un l'autre, rougissent, chacun des deux tremblant que l'autre ne se soit douté de ce qui se passait en lui, et, sans se rien communiquer, ils continuent à ourdir la trame d'adultère ou de calomnie, et sortent pour aller parler à Suzanne.

On peut couvrir les murailles de Suzanne de tapisseries chargées de belles histoires juives.

Parler de ce fameux temple ou tour de Bel[1], et de cet escalier qui tournait huit fois, — V. Hérodote et Rollin, t. II, — et des jardins de Sémiramis et de tout ce qu'il y avait à Baby-

---

1. Hérodote, liv. Ier, dit qu'il y avait au milieu du temple de Bel une tour composée de huit tours superposées.

lone. La statue échevelée de Sémiramis. — Sardanapale et son épitaphe.

Sur la tour de Babel ajouter : FAMA EST, les fables racontent que...

Mettre dans la bouche d'un prophète que le lieu où ils sont captifs et maltraités était autrefois l'Éden...

Quand le Seigneur créa le monde... quand il créa la lumière... (peindre les effets de la lumière naissante). Là nuit, qui avait espéré posséder l'univers à jamais, s'enveloppa dans ses voiles et fuit dans son antre, d'où elle n'est point sortie. Ce que nous appelons la nuit n'est que l'ombre. Ce n'est qu'à la fin du monde...

III

HERMÈS[1]

FRAGMENT PRÉSUMÉ DU PROLOGUE

Dans nos vastes cités, par le sort partagés,
Sous deux injustes lois les hommes sont rangés :
Les uns, princes et grands, d'une avide opulence
Étalent sans pudeur la barbare insolence ;
Les autres, sans pudeur, vils clients de ces grands,
Vont ramper sous les murs qui cachent leurs tyrans,
Admirer ces palais aux colonnes hautaines
Dont eux-même ont payé les splendeurs inhumaines,
Qu'eux-même ont arrachés aux entrailles des monts,
Et tout trempés encor des sueurs de leurs fronts.

Moi, je me plus toujours, client de la nature,
A voir son opulence et bienfaisante et pure,
Cherchant loin de nos murs les temples, les palais
Où la Divinité me révèle ses traits,
Ces monts, vainqueurs sacrés des fureurs du tonnerre,

---

1. Le canevas de ce poème et les morceaux qui le composent ont reçu des développements successifs depuis l'édition de 1819 jusqu'à celle de M. de Chénier, plus complète que les précédentes.

Ces chênes, ces sapins, premiers-nés de la terre.
Les pleurs des malheureux n'ont point teint ces lambris.
D'un feu religieux le saint poète épris
Cherche leur pur éther et plane sur leur cime.
Mer bruyante, la voix du poète sublime
Lutte contre les vents, et tes flots agités
Sont moins forts, moins puissants que ses vers indomptés.
A l'aspect du volcan, aux astres élancée,
Luit, vole avec l'Etna, la bouillante pensée.
Heureux qui sait aimer ce trouble auguste et grand :
Seul, il rêve en silence à la voix du torrent
Qui le long des rochers se précipite et tonne ;
Son esprit en torrent et s'élance et bouillonne.
Là je vais, dans mon sein méditant à loisir
Des chants à faire entendre aux siècles à venir ;
Là, dans la nuit des cœurs qu'osa sonder Homère,
Cet aveugle divin et me guide et m'éclaire.
Souvent mon vol, armé des ailes de Buffon,
Franchit avec Lucrèce, au flambeau de Newton,
La ceinture d'azur sur le globe étendue.
Je vois l'être et la vie et leur source inconnue,
Dans les fleuves d'éther tous les mondes roulants.
Je poursuis la comète aux crins étincelants,
Les astres et leurs poids, leurs formes, leurs distances ;
Je voyage avec eux dans leurs cercles immenses.
Comme eux, astre, soudain je m'entoure de feux ;
Dans l'éternel concert je me place avec eux :
En moi leurs doubles lois agissent et respirent ;
Je sens tendre vers eux mon globe qu'ils attirent.
Sur moi qui les attire ils pèsent à leur tour.
Les éléments divers, leur haine, leur amour,
Les causes, l'infini s'ouvre à mon œil avide.

Bientôt redescendu sur notre fange humide,
J'y rapporte des vers de nature enflammés,
Aux purs rayons des dieux dans ma course allumés.
Écoutez donc ces chants d'Hermès dépositaires,
Où l'homme antique, errant dans ses routes premières,
Fait revivre à vos yeux l'empreinte de ses pas.
Mais dans peu, m'élançant aux armes, aux combats,
Je dirai l'Amérique à l'Europe montrée;
J'irai dans cette riche et sauvage contrée
Soumettre au Mançanar le vaste Maranon[1].
Plus loin dans l'avenir je porterai mon nom,
Celui de cette Europe en grands exploits féconde,
Que nos jours ne sont loin des premiers jours du monde.

PREMIER CHANT A.

Système de la terre et non du monde. Les saisons. Naissance des animaux. L'âme. Les animaux se partagent la terre. L'un de çà, l'autre de là. L'homme seul peut vivre partout. Mais n'anticipons point. Prenons-le au commencement, et tous ses miracles vont nous passer en revue.

DEUXIÈME CHANT B.

L'homme, depuis le commencement de son état de sauvage jusqu'à la naissance des sociétés.

TROISIÈME CHANT.

Les sociétés. Politique, morale. Invention des sciences... Système du monde [2].

---

1. Le Maranon ou Maragnon est le fleuve des Amazones. Le Mançanarès est le ruisseau qui passe à Madrid.
2. M. Becq de Fouquières croit à un quatrième chant, dont tous les éléments auraient été transportés dans le poème de l'*Amérique*.

PREMIER CHANT

Il faut magnifiquement représenter la terre sous l'emblème métaphorique d'un grand animal qui vit, se meut, est sujet à des changements, des révolutions, des fièvres, des dérangements dans la circulation de son sang.

La terre est éternellement en mouvement. Chaque chose naît, meurt, se dissout. Cette particule de terre a été du fumier; elle devient un trône, et qui plus est un roi. Le monde est une branloire perpétuelle, dit Montaigne [1] (à cette occasion, les conquérants, les bouleversements successifs des invasions et des conquêtes, d'ici, de là...).

Où sont ces grands tombeaux qui devaient à jamais
D'une épouse fidèle attester les regrets?
L'herbe couvre Corinthe, Argos, Sparte, Mycènes;
La faux coupe le chaume aux champs où fut Athènes.
Ilion, de ces dieux qui bâtirent tes tours,
Contre le fils d'Achille implore le secours.
Et toi qui, subjuguant l'un et l'autre Neptune,
De Rome si longtemps balanças la fortune,
De tes murs aujourd'hui, de tes fameux remparts
On cherche vainement les cadavres épars.
Et vous, fiers monuments des arts et du génie,
Que la main d'une femme éleva sur l'Asie,
Prodigieuse enceinte où l'Euphrate étonné
Vit de ses flots vaincus le cours emprisonné;

---

[1] « Le monde n'est qu'une bransloire perenne; toutes choses y branslent sans cesse, la terre, les rochiers du Caucase, les pyramides d'Égypte, et du bransle public et du leur; la constance même n'est aultre chose qu'un bransle plus languissant. » (*Essais*, liv. III, chap. II.)

Murs de bitume enduits, dont les vastes racines
Semblaient de l'univers attendre les ruines;
Jardins audacieux dans les airs soutenus,
Temples, marbres, métaux, qu'êtes-vous devenus?
Votre nom plus heureux, grâce aux chantres célèbres,
De la nuit envieuse a percé les ténèbres.

Les hommes ne font attention à ce roulis perpétuel que quand ils en sont les victimes. Il est pourtant toujours... L'homme ne juge les choses que dans le rapport qu'elles ont avec lui. Affecté d'une telle manière, il appelle un accident un bien; affecté de telle autre manière, il l'appellera un mal. La chose est pourtant la même, et rien n'a changé que lui.

Chaque chose a dans soi ses ressorts. Les autres choses la frappent au dehors. Ces qualités unies la font être, et, pour la bien connaître, il faut les connaître ensemble et voir ce qu'elle est et quel rang elle a dans l'univers.

Chaque effet d'une cause
D'un autre effet lui-même est la cause puissante.
Rien n'est fait pour soi seul...

— Toi, arbre ou fleuve, réponds, pourquoi fais-tu ceci et cela? — Je le fais pour... Et toi, telle autre chose, pourquoi? — Je le fais pour... Cette qualité que je prodigue, je la tiens de telle chose, je la dispense à telle autre, qui la communiquera à telle autre, etc.

Et si le bien existe il doit seul exister.

Ces atomes de vie, ces semences premières sont toujours en égale quantité sur la terre et toujours en mouvement. Ils passent de corps en corps, s'alambiquent, s'élaborent, se travaillent, fermentent, se subtilisent dans leur rapport avec le vase où ils sont actuellement contenus. Ils entrent dans un végétal, ils en sont la sève, la force, les sucs nourriciers. Ce végétal est mangé par quelque animal, alors ils se transforment en sang et en cette substance qui produira un autre animal et qui fait vivre les espèces, ou dans un chêne ce qu'il y a de plus subtil se rassemble dans le gland [1].

Ainsi, jeune et tendre nourrisson, ta mère même en prenant sa nourriture, ne mange que pour toi, ne consulte que toi,

Et des sucs d'une table innocente et choisie*,
Amasse dans son sein les dépôts de ta vie.

Quand la terre forma les espèces animales, plusieurs périrent par plusieurs causes à développer. Alors d'autres corps organisés (car les *organes vivants secrets* meuvent les végétaux, minéraux [2] et tout) héritèrent de la quantité d'atomes de vie qui avaient entré dans la composition de celles qui s'étaient détruites et se formèrent de leurs débris.

Ovide, livre XV : *Et vetus inventa est in montibus anchora summis* [3].

La ville d'Ancyre fut fondée sur une montagne où l'on trouva une ancre, ἄγκυρα.

Peindre les différents déluges qui détruisirent tout... La mer Caspienne, lac Aral et mer Noire réunis... L'éruption par l'Hellespont... Les hommes se sauvant au sommet des montagnes... Autels posés au bord de la mer qui sont aujour-

---

* Var. : *Et des mets d'une table innocente et choisie.*

1. Voyez Buffon, *Seconde vue de la nature.*
2. « J'entends par *matière vive*, non seulement tous les êtres qui vivent ou végètent, mais encore toutes les molécules organiques vivantes dispersées ou répandues dans les détriments ou résidus des corps organisés : je comprends encore dans la *matière vive* celle de la lumière, du feu, de la chaleur, en un mot, toute matière qui nous paraît être active par elle-même. » (Buffon, *Introduction à l'histoire des minéraux.*)
3. *Métamorph.*, liv. XV, v. 265.

d'hui bien élevés au-dessus d'elle... Les membres et corps des animaux et des hommes errants au gré des eaux... et leurs os existant encore en amas immenses sur les côtes des continents et des îles de la Méditerranée, etc...

Ces mers, allant remplir des vallées où paissaient les troupeaux et baigner des côtes nouvelles, y allument des volcans et les éteignent aux lieux d'où elles se retirent.

. . . .

Ce chaos, ces montagnes hérissées, ces torrents, ces énormes rochers épars, on croit voir là éparpillé le reste des matériaux avec lequel on a fait le monde :

C'est là qu'admis au fond d'un antique mystère,
L'œil pense avec effroi voir la nature mère
Dans les convulsions d'un douloureux tourment,
S'agiter sous l'effort d'un long enfantement.

Les montagnes enceintes de bitume.
Telle et telle cause agite la mer, secoue la terre, ouvre le cratère des volcans.
Les montagnes qui ne sont rien sur le globe..., puis les arbres, les animaux, l'homme (description des Centaures).
Il faut finir le chant Ier par une magnifique description de toutes les espèces animales et végétales naissant ; et les saisons ; et au printemps la terre *prægnans*, et dans les chaleurs de l'été toutes les espèces animales et végétales se livrant aux feux de l'amour et transmettant à leur postérité les semences de vie confiées à leurs entrailles.

Vois dans les champs de Thrace un coursier échappé ;
De quel frémissement tout son corps est frappé
Sitôt que dans les airs une trace semée
A porté jusqu'à lui l'odeur accoutumée.
Le fouet vengeur alors et la voix et le frein

. . . . . veulent s'armer en vain.

. . .. , ...
Au travers des écueils, des rocs, des précipices,
Rien ne l'arrête, il vole; au delà des vallons,
Et des vastes forêts, et des fleuves profonds,
Et des lacs tortueux qui pressent les montagnes,
Son cri fait tressaillir ses superbes compagnes.
Il arrive; il les voit; avec grâce à leurs yeux
Il déploie, en courant, ses pas harmonieux.

. . . .
. . . .
L'éclair part de ses yeux d'amour étincelants;
Une chaude vapeur s'exhale de ses flancs;
De ses naseaux ouverts il respire la flamme.

Toutes les espèces à qui la nature ou les plaisirs (*per Veneris res*) *ont ouvert les portes de la vie* [1].

Traduire quelque part le *magnum crescendi immissis certamen habenis* [2].

Au printemps

Que la terre est nubile et brûle d'être mère.

Tum pater omnipotens [3]...

---

1. Ipsaque deducit dux Vitæ dia voluptas,
    Ut res per Veneris blanditim sæcla propagent.
    (Lucrèce, *de Natura rerum*, II, v. 172.)

2. Lucrèce, *de Natura rerum*, liv. V, v. 785.
    Arboribusque datum'st variis exinde per auras
    Crescendi magnum immissis certamen habenis.

3. Virgile, *Géorg.* liv. II, v. 325.
    Tum pater omnipotens fecundis imbribus Œther
    Conjugis in gremium lœtæ descendit, et omnes
    Magnus alit, magno commixtus corpore, fœtus.

De sa puissante épouse emplit les vastes flancs.

Et les vents et la mer (tous les phénomènes physiques qui arrivent à cette époque) se réjouissent et prennent part à *cet auguste hyménée du ciel et de la terre*.

Il faut que le sage magicien qui sera un des héros de ce bizarre poème ait passé par plusieurs métempsycoses, propres à montrer allégoriquement l'histoire de l'espèce humaine, et qu'il la raconte comme Pythagore dans Ovide, Ennius et Empédocle (V. Hier. Colonne sur Ennius [1], au commencement).

DEUXIÈME CHANT

Ridés, le front blanchi, dans notre tête antique
S'éteindra cette flamme ardente et poétique,
Qui, féconde et rapide en un jeune cerveau,
Y peint de l'univers un mobile tableau;
Et par qui tout à coup le poète indomptable
Sort, quitte ses amis, et les jeux, et la table,
S'enferme, et, sous le dieu qui le vient oppresser,
Seul, chez lui, s'interroge, et s'écoute penser.

(Dans la préface du deuxième chant.)

Après avoir fait connaître les armes défensives et offensives extérieurement de tous les animaux, l'homme seul nu... O homme! est-ce toi qui dissèqueras la lumière... Son arme offensive et intérieure, c'est son génie.. Les animaux ont un point où ils restent... L'homme seul est perfectible...

1. Édition d'Ennius, in-4°, 1707, commentée par Colonne. (G. DE CH.)

Chaque individu dans l'état sauvage est un tout indépendant. Dans l'état de société il est partie du tout, il vit de la vie commune. Ainsi, dans le chaos des poètes, chaque germe, chaque élément est seul et n'obéit qu'à son poids. Mais quand tout cela est arrangé, chacun est un tout à part et en même temps une partie du grand tout. Chaque monde roule sur lui-même et roule aussi autour du centre. Tous ont leurs lois à part, et toutes ces lois diverses tendent à une loi commune et forment l'univers. Montrer que rien n'est fait pour soi seul; que tout, soit activement, soit passivement, dépend d'une fin commune. Que les métaux nés dans cette terre et non pas dans une autre... Enfin que toutes les choses... que l'état de chaque chose n'est que le résultat de ses qualités intérieures et de ses rapports avec les autres choses.

DES SENS

A l'article des sens, en expliquant leur mécanisme et leur connexion mutuelle et les services qu'ils se rendent entre eux, surtout le tact et la vue, qui se redressent et se rectifient l'un l'autre à l'aide de raisonnements fondés sur la mémoire. . . . .

Les yeux. . . . .
. . . . auraient-ils oublié
Les délices des pleurs donnés à la pitié?

A la fin du morceau des sens... si quelques individus, quelques générations, quelques peuples donnent dans un vice ou dans une erreur, cela n'empêche pas que l'âme et le jugement du genre humain entier ne soit porté à la vertu et à la vérité, comme le bois d'un arc, quoique courbé et plié un moment, n'en a pas moins un désir invincible d'être droit et ne s'en redresse pas moins dès qu'il le peut. Pourtant, quand une longue habitude l'a tenu courbé, il ne se redresse plus : cela fournit un autre emblème.

> *Trahitur pars longa catenæ.*
> (Perse [1].)

. . . . et traîne
Encore après ses pas la moitié de sa chaîne.

La différence des hommes sous les divers climats, comparée à celle des plantes, et les raisons physiques, doivent être placées au second chant après le morceau des sens.

DES PASSIONS

Après les sens... Les passions... combinées et équilibrées avec la raison et la conscience. C'est alors que l'homme qui s'est un peu avili, soit par une passion..., soit par une autre..., est guéri par une autre, soit l'amour de la vertu, soit l'amour de la gloire... Il répare et étaye de belles actions sa renommée ainsi chancelante, *fama vacillans*..., mais souvent il lui reste des traces de ses anciens goûts :

> *Trahitur pars longa catenæ.*

Il est tourmenté par une passion ; une autre passion vient la combattre et lui mettre *un frein qu'elle a beau mordre et blanchir d'écume.*

Il s'arrache à ses goûts, à ses plaisirs... Il veut vivre, c'est-à-dire être utile à ses frères et laisser un nom. C'est là vivre, en effet, et celui qui...

Est mort toute sa vie et n'a jamais vécu.

---

1. Perse, satire V, vers 160.

O mort que l'insensé redoute... Calme dans la tempête et port dans le naufrage... Espoir des malheureux qui n'ont plus d'espoir... Toi qui es juste et remets tous les hommes au niveau... Toi par qui le roi et le sujet, le riche et le pauvre, l'oppresseur et l'opprimé reviennent à la même poussière... Que ce despote ait fait ceci, cela ; qu'il s'entoure de courtisans, de flatteurs, d'opulents ; que son ordre ait bâti deux villes en un jour [1], il n'est rien au tombeau. Entré nu dans le monde et nu quand il en sort... il laisse au bord de la tombe, à un successeur avide, ses trésors, ses femmes, ses eunuques...

Ne pas oublier de parler de ces tombeaux, pyramides, etc. (nés en partie de l'orgueil et en partie de l'amour pour les ancêtres), qui renferment un cadavre orgueilleux, superbe [2].

Noter plus haut que plus on est né un personnage, plus on a des passions ardentes et plus on peut avoir eu une jeunesse fougueuse et des égarements terribles.

Les mêmes passions générales forment la constitution générale des hommes, mais ces passions, modifiées par la constitution particulière des individus et prenant le cours que leur indique une éducation vicieuse, produisent le crime ou la vertu, la lumière ou la nuit. Ce sont mêmes plantes qui nourrissent l'abeille et la vipère : dans l'une elles font du miel, dans l'autre du poison. Un vase corrompu aigrit la plus douce liqueur...

L'étude du cœur de l'homme est notre plus digne étude :

Assis au centre obscur de cette forêt sombre
Qui fuit et se partage en des routes sans nombre,

---

1. Allusion à l'épitaphe de Sardanapale conservée par Athénée : « Sardanapale, fils d'Anacyndarax, a bâti Anchiale et Tarse en un jour... »
2. Ce fragment de canevas depuis « ô mort que l'insensé » faisait partie de la collection d'autographes de M. Benjamin Fillon. Il figure dans le catalogue (séries V à VIII, 1878) sous le n° 1163. Il a été publié pour la première fois par M. Becq de Fouquières dans ses *Lettres critiques*, 1881, p. 95.

Chacune autour de nous s'ouvre; et, de toute part,
Nous y pouvons au loin plonger un long regard.

Quelquefois l'instinct naturel des hommes est étouffé par des circonstances étrangères; mais il reparaît bientôt. Comme le Nil, le Rhône, je ne sais quel fleuve d'Espagne, etc..., s'ensevelissent sous terre pendant quelque temps.

Horace (vers 163[1]).

Cereus in vitium flecti.

Cire flexible et molle à se plier au vice.

Tous les hommes ont le même fonds de goûts, de passions, de sentiments, qui se façonnent différemment dans chacun. Ils sont donc tous assez semblables pour être la même race, assez divers pour n'être pas le même individu. Il en est de même des visages.

Le législateur sait que les passions sont bonnes en elles-mêmes, qu'elles ne nuisent que mal dirigées, mais que, poussées comme il convient, elles concourent au même but. Il fait bon usage même des faiblesses humaines.

Pour fruit de leurs travaux, il présente à leurs yeux
La gloire, des humains idole impérieux [2] :

---

1. *Art poétique.*
2. André Chénier fait ici *idole* du masculin, comme Pierre Corneille :

    Et Pison ne sera qu'un idole sacré;
    (*Othon*, acte III, scène 1.)

comme La Fontaine :

    Jamais idole, quel qu'il fût,
    N'avait eu cuisine si grasse;
    (Liv. IV, fable VIII.)

comme Molière :

    Qu'un idole d'époux.
    (*Femmes savantes,* acte Ier, scène Ire.)

Après l'art d'être sage, elle est leur bien suprême,
Le seul prix des vertus après les vertus même,
Et dans un cœur méchant, mais d'orgueil combattu,
Peut même quelquefois tenir lieu de vertu.

FORMATION DES LANGUES

Sons, accents, organes naturels... les mots... rapides Protées, ils revêtent la teinture de tous nos sentiments. Ils dissèquent et étalent toutes les moindres de nos pensées, comme un prisme fait les couleurs.

Les grammairiens, hommes dont les travaux sont très utiles lorsqu'ils se bornent à expliquer les lois du langage et qu'ils n'ont pas la prétention de les fixer.

La langue française a peur de la poésie, et la poésie a peur de la langue anglaise.

LES CAUSES

Tout accident naturel dont la cause était inconnue, un ouragan, une inondation, une éruption de volcan, une tempête, étaient des prodiges regardés comme une vengeance céleste..., et les vices de ces anarchies primitives étaient un préjugé assez raisonnable en faveur de cette opinion qui peut, d'ailleurs, être alléguée en preuve de la conscience.

En poursuivant dans toutes les actions humaines les causes que j'ai assignées à ces actions, souvent je perds le fil; mais je le retrouve.

Ainsi, dans les sentiers d'une forêt naissante,
A grands cris élancée, une meute pressante,

Aux vestiges connus dans les zéphyrs errants,
D'un agile chevreuil suit les pas odorants.
L'animal, pour tromper leur course suspendue,
Bondit, s'écarte, fuit : et la trace est perdue.
Furieux, de ses pas cachés dans ces déserts,
Leur narine inquiète interroge les airs,
Par qui bientôt frappés de sa trace nouvelle
Ils volent à grands cris sur sa route fidèle.

RELIGION

La plupart des fables furent sans doute des emblèmes et des apologues des sages. (Expliquer cela comme Lucrèce au liv. III[1].) C'est ainsi que l'on fit tels et tels dogmes, tels et tels dieux... mystères... initiations. Le peuple prit au propre ce qui était dit au figuré... C'est ici qu'il faut traduire une belle comparaison du poète Lucile conservée par Lactance, *Divinæ institutiones*, lib. I :

> *Ut pueri infantes credunt signa omnia ahena*
> *Vivere et esse homines : isti sic omnia ficta*
> *Vera putant, etc.*

Sur quoi le bon Lactance, qui ne pensait pas se faire son procès à lui-même, ajoute, avec beaucoup de sens, que les enfants sont plus excusables que les hommes faits :

> *Illi enim simulacra homines putant esse, hi Deos.*

L'homme juge toujours des choses par les rapports qu'elles ont avec lui. C'est bête... Le jeune homme se perd dans un tas de projets comme s'il devait vivre mille ans... Le vieillard qui a usé la vie est inquiet et triste. Son importune envie ne voudrait pas que la jeunesse l'usât à son tour... Il crie :

---

1. Vers 991 et suiv.

Tout est vanité! — Oui, tout est vain sans doute... et cette manie, cette inquiétude, cette fausse philosophie venue malgré toi, lorsque tu ne peux plus remuer, est plus vaine encore que tout le reste.

Des opinions puissantes, un vaste échafaudage politique ou religieux a souvent été produit par une idée sans fondement, une rêverie, un vain fantôme,

Comme on feint qu'au printemps d'amoureux aiguillons
La cavale agitée erre dans les vallons,
Et, n'ayant d'autre époux que l'air qu'elle respire,
Devient épouse et mère au souffle du zéphire[1].

Une des causes des erreurs primitives, c'est que l'on prend pour principe ce qui ne l'est pas.

Ne pas oublier de parler de la magie et des sorciers qui ont été mis à mort comme tels et de leur aveu.

Après une courte, mais brûlante description des cruautés superstitieuses, s'écrier avec une impitoyable ironie : Bien, bien, mes amis, égorgez vos frères parce qu'ils ne pensent pas comme vous, que..., un torrent de bêtises.

Origine des sottises religieuses... L'homme, égaré de la voie, effrayé de quelques phénomènes terribles, se jetant dans toutes les superstitions. Le feu, les démons. Cornes, griffes, queue... Ainsi le voyageur, dans les terreurs de la nuit, regarde et voit dans les nuages des centaures, des lions, des dragons et mille autres formes fantastiques. Les superstitions prirent la teinture de l'esprit des peuples, c'est-à-dire des climats. Rapide multitude d'exemples. Mais l'imitation et l'autorité changent le caractère; de là souvent un peuple qui aime à rire ne voit que diables et qu'enfer.

Lorsqu'il sera question des sacrifices humains, ne pas

---

1. C'était une croyance populaire dont on trouve de fréquentes traces dans les auteurs anciens, et que partageait même Aristote.

oublier ce que l'on a partout appelé les jugements de Dieu.
Les fers rouges, l'eau bouillante, les combats particuliers.
Que d'hommes dans tous les pays ont été immolés pour un
éclat de tonnerre ou telle autre cause! Cette manie de croire
que les dieux avaient l'œil sur toutes leurs petites disputes,
et qu'aux plus frivoles occasions un miracle viendrait violer
les lois de la nature.

Partout sur des autels j'entends mugir Apis,
Bêler le dieu d'Ammon, aboyer Anubis.

    Les premiers hommes sacrifiaient de l'herbe. — V. Grævius
sur Hésiode, p. 40. Et là même un morceau du livre de Porphyre : De l'abstinence de la chair des animaux.

La vie humaine, errante, et vile, et méprisée,
Sous la religion gémissait écrasée.
. . . .
De son horrible aspect menaçait les humains.
Un Grec[1] fut le premier dont l'audace affermie
Leva des yeux mortels sur l'idole ennemie.
Rien ne put l'étonner. Et ces dieux tout-puissants,
Cet Olympe, ces feux et ces bruits menaçants,
Irritaient son courage à rompre la barrière
Où, sous d'épais remparts obscure et prisonnière,
La nature en silence étouffait sa clarté.
Ivre d'un feu vainqueur, son génie indompté,
Loin des murs enflammés qui renferment le monde [2],

---

    1. Épicure. Ce morceau est imité et presque traduit de Lucrèce, *de Natura rerum*, I, 63.
    2.   Et extra
       Processit longe flammantia mænia mundi.
                                      (LUCRÈCE.)
    Le vers d'André Chénier est déjà dans la *Pucelle* de Chapelain. Est-ce une réminiscence? est-ce une simple rencontre?

Perça tous les sentiers de cette nuit profonde,
Et de l'immensité parcourut les déserts;
Il nous dit quelles lois gouvernent l'univers,
Ce qui vit, ce qui meurt, et ce qui ne peut être.

La religion tombe et nous sommes sans maître;
Sous nos pieds à son tour elle expire; et les cieux
Ne feront plus courber nos fronts victorieux.

————

Les hommes réunis en société commencèrent à avoir des lois simples... Pour les mariages entre autres; car auparavant l'homme...

Et quand sa faim vorace, au pied d'un chêne antique,
Avait su du vil gland tombé de ses rameaux
Disputer la pâture aux plus vils animaux,
Un besoin plus terrible, une faim plus brûlante,
Livrait à ses efforts une esclave tremblante
Qui, bientôt de ses bras chassée avec horreur,
Allait d'un nouveau maître assouvir la fureur.
Mais sitôt que Cérès par des lois salutaires
Des humains réunis fit un peuple de frères,
Alors. . . . .
Une foi mutuelle unit les hyménées.

A la fin...
Cérès, Triptolème, Osiris, etc... Bacchus.

Plenis spumat vindemia labris [1].

Cérès législatrice. *Legiferæ Cereri. Virg.* [2].

1. Virgile, *Géorg.*, liv. II, v. 6.
2. *Énéide*, liv. IV, v. 58.

(Tout à la fin.)

La guerre, affreux objet des larmes maternelles.

Insolabiliter deflebimus, etc... Parler là, ou ailleurs au second chant, de tous les rites mortuaires, cheveux coupés sur la tombe, effusions de vin, etc.

SUPERSTITION

Ἐν τῷ περί δεισιδαιμονίας... Mais quoi ! tant de grands hommes ont cru tout cela?... — Avez-vous plus d'esprit, de sens, de savoir?... — Non; mais voici une source d'erreur bien ordinaire... Beaucoup d'hommes, invinciblement attachés aux préjugés de leur enfance, mettent leur gloire, leur piété à prouver aux autres un système avant de se le prouver à eux-mêmes. Ils disent : Ce système, je ne veux point l'examiner pour moi... Il est vrai, il est incontestable et, de manière ou d'autre, il faut que je le démontre... Alors... plus ils ont d'esprit, de pénétration, de savoir, plus ils sont habiles à se faire illusion, à inventer, à unir, à colorer des sophismes, à tordre et à défigurer tous les faits pour en étayer leur échafaudage..., et, pour ne citer qu'un exemple et un grand exemple, il est bien clair que, dans tout ce qui regarde la métaphysique et la religion, Pascal n'a jamais suivi d'autre méthode.

Superstition... *de lucis* (Voy. Pline).

Les oracles des dieux, le destin, l'avenir,
Vont habiter l'Épire et ses chênes prophètes.

L'Imaüs et l'Atlas, le Caucase aux cent têtes.

(Ce vers, qui rime avec l'autre, peut le suivre en commençant une autre phrase, ou être mis ailleurs comme je l'ai indiqué.)

Parmi les phénomènes naturels dont ils avaient peur et les moyens ridicules qu'ils imaginèrent pour s'en délivrer, ne pas oublier le bruit qu'on faisait pour secourir la lune dans ses éclipses [1].

TROISIÈME CHANT

LES SOCIÉTÉS

Comparer les premiers hommes civilisés qui vont civiliser leurs frères sauvages, aux éléphants privés qu'on envoie apprivoiser les farouches, et par quels moyens ces derniers...

Les pagodes souterraines, sur lesquelles il faut voir M. Sonnerat [2], sont les habitacles des septentrionaux qui arrivaient dans le Midi et fuyaient sous terre les fureurs du soleil.

AGRICULTURE [3]

Que l'agriculture est la seule vraie richesse... Sachez découvrir les vérités que les antiques sages ont couvertes de l'enveloppe des fables. Rappelez-vous Érysichthon, l'ennemi de Cérès. Il outragea la déesse, il la bannit de ses États. Il défendit à la faux de couper le froment, au soc de tracer des

---

1. Pline, *Histor. mundi*, lib. II, c. CVI; — lib. IV, c. I; lib. XXXVI, c. XIX.

L'auteur a indiqué que ces différents passages de Pline seraient employés in Δ. 2. Superst. Ce qui veut dire : Dans le poème d'Hermès, deuxième chant, au titre Superstition. (G. DE CH.)

2. *Voyage aux Indes occidentales et à la Chine.* Paris, 1782, 2 vol. in-4° avec figures.

3. L'auteur a ainsi marqué : γεωπον., le manuscrit qui contient le thème de ce qu'il devait dire sur l'agriculture : γεωπονία. (G. DE CH.)

sillons fertiles, aux champs de se couvrir des moissons dorées...
Bientôt la dévorante faim... Il mangea, dévora, engloutit
tout... Il fut réduit à vendre ses enfants... Il fut réduit à
se dévorer lui-même. Ainsi les États...

Après la description de la fête agricole de la Chine, s'écrier : O peuples de la terre, accourez, venez vivre en famille, venez...

Exposé du contrat social et des principes des gouvernements. — Très rapide.

MORALE⁴

Il croit (aveugle erreur!) que de l'ingratitude
Un peuple tout entier peut se faire une étude,
L'établir pour son culte, et de dieux bienfaisants
Blasphémer de concert les augustes présents.

LÉGISLATION

Avec l'explication du mécanisme de l'esprit humain... là gît... là, l'esprit des lois... là, dorment... Les lois... Ce sont elles qui sont rois : les rois sont leurs ministres.

Descends, œil éternel, tout clarté, tout lumière!
Viens luire dans son âme, éclairer sa paupière,
Pénétrer avec lui dans le cœur des humains;

---

1. Le manuscrit porte : *Sur les Éthiop.* (G. DE CH.)
Le fait dont il est question dans ces vers est rapporté par Diodore, III, ix : quelques peuplades éthiopiennes ne reconnaissaient pas de Dieu ; lorsque le soleil se levait, comme s'il était leur plus cruel ennemi, ils se retiraient dans les marais en blasphémant. C'est ce que Pomponius Mela raconte aussi des Atlantes, I, viii. (B. DE F.)

De ce grand labyrinthe ouvre-lui les chemins.
Qu'il aille interroger ses plus sombres retraites,
Voir de tous leurs pensers les racines secrètes.
Fais, de leurs passions, à ses doctes efforts,
Tenter, étudier, compter tous les ressorts.
Qu'un charme, en ses discours, flatte, entraîne, ravisse.
Fais régner sur les cœurs sa voix législatrice,
Pour qu'il les puisse instruire à vivre plus heureux ;
Les unir de liens qui semblent nés pour eux ;
Étayer leur faiblesse et diriger leur force ;
De l'honnête et du beau leur présenter l'amorce.
Car si pour magistrats les lois ont des bourreaux,
Si leur siège sanglant est sur des échafauds,
La crainte sur les cœurs n'a qu'un pouvoir fragile.
Et qu'espérer de grand chez un peuple servile,
Lâche, à se mépriser en naissant façonné,
Avili par ses lois dès l'instant qu'il est né ?
Par ses lois ! Le poison que son trépas va suivre,
Infecte l'aliment qui dut le faire vivre.
Toujours un grand supplice en amène un plus grand.
Plus la loi fait d'efforts, plus son pouvoir mourant
S'éteint. L'empire fuit dès que Thémis farouche
N'a que flammes, gibets, tortures à la bouche.
Elle lutte, on résiste, et ce fatal combat
Use l'âme du peuple et les nœuds de l'État.
Sous une loi de sang un peuple est sanguinaire.
Quand d'un crime léger la mort est le salaire,
Tout grand forfait est sûr. Débile à se venger,
La loi ne prévient plus même un crime léger.
La balance est en nous. Le pouvoir d'un caprice
N'a point fondé les droits, la raison, la justice :
Ils sont nés avec l'homme et ses premiers liens.

Tel crime nuit aux mœurs, aux droits des citoyens,
Trouble la paix publique, outrage la nature ;
A ce modèle inné que la loi les mesure :
Que le coupable ingrat soit exclu de jouir
Des mêmes biens communs qu'il osait envahir ;
Qu'à tous les yeux, aux siens, par une loi certaine,
La nature du crime en indique la peine.
Clairvoyantes alors, les lois dans le danger
N'apportent point au mal un remède étranger.
La peine, du forfait compagne involontaire,
N'est qu'un juste équilibre, un talion sévère
Que n'épouvante point le scélérat puissant,
Que n'ensanglante point la mort de l'innocent.

La loi, dans les esprits, se glisse, s'insinue,
Les fait penser comme elle et fascine la vue.
Ce qu'elle dit supplice est supplice tout prêt ;
Ce qu'elle nomme un prix est un prix en effet.
Je veux qu'aux citoyens la justice vengée,
L'honneur d'avoir bien fait, la patrie obligée,
Les regards du sénat, des enfants, des aïeux,
Soient un triomphe cher qui les élève aux cieux.
Je veux que leur bourreau soit la honte ennemie ;
Leurs peines, le mépris ; le blâme, l'infamie ;
Que l'arbre, le rocher, le ciel, les éléments,
Appelés à témoin de la foi des serments,
Soient les juges secrets qui, dans l'âme parjure,
Portent d'un long tourment l'implacable morsure.
Mais cet État surtout porte empreint sur le front
Du père de ses lois l'esprit vaste et profond
Où par intérêt même on devient magnanime ;
Où la misère marche à la suite du crime ;

Où par la faim, la soif, le vice est combattu;
Où l'on ne vit heureux qu'à force de vertu.

POLITIQUE

Les écrits des sages, des législateurs, guident leurs descendants dans l'étude du cœur humain. Comme un jour les pilotes auront la carte marine de leurs prédécesseurs qui leur indiqueront la route. Là est un courant dangereux, là un banc de sable, et là un écueil... C'est cette forme qu'il faut suivre.

Quand les mœurs ont pris un mauvais cours, moyen de les changer imperceptiblement... Cela demande des efforts, mais ensuite cela va tout seul, comme un fleuve que l'on fait changer de lit.

Il faudrait, quand les temps et les circonstances ont changé, changer quelque chose de la loi. C'est en suivre l'esprit, comme les fleuves font des circuits quand ils rencontrent des angles.

Gardez que dans votre république il ne puisse s'élever des citoyens plus grands que les autres. Gouffres usurpateurs qui dépeuplent, affament, engloutissent un État... Comme dans des forêts plantées de diverses sortes d'arbres, les chênes sucent la substance des arbrisseaux, les affament, les engloutissent et, sur leur ruine, élèvent jusqu'au ciel d'ambitieux rameaux usurpateurs.

. . . .
. . . .

Chassez de vos autels, juges vains et frivoles,
Ces héros conquérants, meurtrières idoles;
Tous ces grands noms, enfants des crimes, des malheurs,
De massacres fumants, teints de sang et de pleurs.
Venez tomber aux pieds de plus nobles images :
Voyez ces hommes saints, ces sublimes courages,

Héros dont les vertus, les travaux bienfaisants,
Ont éclairé la terre et mérité l'encens;
Qui, dépouillés d'eux-même et vivant pour leurs frères,
Les ont soumis au frein des règles salutaires,
Au joug de leur bonheur; les ont faits citoyens;
En leur donnant des lois leur ont donné des biens,
Des forces, des parents, la liberté, la vie;
Enfin qui d'un pays ont fait une patrie.
Et que de fois pourtant leurs frères envieux
Ont d'affronts insensés, de mépris odieux,
Accueilli les bienfaits de ces illustres guides,
Comme dans leurs maisons ces animaux stupides
Dont la dent méfiante ose outrager la main
Qui se tendait vers eux pour apaiser leur faim!
Mais n'importe; un grand homme au milieu des supplices
Goûte de la vertu les augustes délices.
Il le sait : les humains sont injustes, ingrats.
Que leurs yeux un moment ne le connaissent pas;
Qu'un jour entre eux et lui s'élève avec murmure
D'insectes ennemis une nuée obscure;
N'importe, il les instruit, il les aime pour eux.
Même ingrats, il est doux d'avoir fait des heureux.
Il sait que leur vertu, leur bonté, leur prudence,
Doit être son ouvrage et non sa récompense.
Et que leur repentir, pleurant sur son tombeau,
De ses soins, de sa vie, est un prix assez beau.
Au loin dans l'avenir sa grande âme contemple
Les sages opprimés que soutient son exemple;
Des méchants dans soi-même il brave la noirceur :
C'est là qu'il sait les fuir; son asile est son cœur.
De ce faîte serein, son olympe sublime,
Il voit, juge, connaît. Un démon magnanime

Agite ses pensers, vit dans son cœur brûlant,
Travaille son sommeil actif et vigilant,
Arrache au long repos sa nuit laborieuse,
Allume avant le jour sa lampe studieuse,
Lui montre un peuple entier, par ses nobles bienfaits,
Indompté dans la guerre, opulent dans la paix,
Son beau nom remplissant leur cœur et leur histoire,
Les siècles prosternés au pied de sa mémoire.

Par ses sueurs bientôt l'édifice s'accroît.
En vain l'esprit du peuple est rampant, est étroit,
En vain le seul présent les frappe et les entraîne,
En vain leur raison faible et leur vue incertaine
Ne peut de ses regards suivre les profondeurs,
De sa raison céleste atteindre les hauteurs;
Il appelle les dieux à son conseil suprême.
Ses décrets, confiés à la voix des dieux même,
Entraînent sans convaincre, et le monde ébloui
Pense adorer les dieux en n'adorant que lui.
Il fait honneur aux dieux de son divin ouvrage.
C'est alors qu'il a vu tantôt à son passage
Un buisson enflammé recéler l'Éternel[1];
C'est alors qu'il rapporte, en un jour solennel,
De la montagne ardente et du sein du tonnerre,
La voix de Dieu lui-même écrite sur la pierre[2];
Ou c'est alors qu'au fond de ses augustes bois
Une nymphe l'appelle et lui trace des lois[3],
Et qu'un oiseau divin, messager de miracles,
A son oreille vient lui dicter des oracles[4].

1. Moïse.
2. Le même législateur.
3. Numa et la nymphe Égérie.
4. La colombe de Mahomet.

Tout agit pour lui seul, et la tempête et l'air,
Et le cri des forêts, et la foudre et l'éclair ;
Tout. Il prend à témoin le monde et la nature ;
Mensonge grand et saint! glorieuse imposture,
Quand au peuple trompé ce piège généreux
Lui rend sacré le joug qui doit le rendre heureux!

 Il n'y a qu'un peuple vertueux qui puisse être et rester libre. Pour goûter la liberté, il ne faut pas aimer le repos et la mollesse; l'esclavage est plus paisible que la liberté.
 Il serait même dangereux de donner des lois à un peuple qui ne serait pas mûr. On nourrit l'enfant avec du lait d'abord, et le lourd boucher ne charge point son bras. Après le morceau sur les législateurs, il faut observer qu'il est impossible d'avoir une bonne constitution sitôt qu'on est réuni en société; qu'il serait nuisible qu'un grand législateur naquît alors; que cela est même impossible, attendu qu'il ne naît point d'hommes d'un génie sublime et éclairé parmi des hommes absolument aveugles. Il y a un rapport... Il faut que tout un peuple se perfectionne et s'éclaire pour produire un individu plus parfait et plus éclairé.

Le fisc insatiable engloutit les fortunes ;
Les lois. . . . .
Leurs décrets sont la toile où l'avide Arachné
Arrête un faible insecte au passage enchaîné.
Un insecte plus fort, bravant son stratagème,
Vole, brise sa trame, et l'emporte elle-même.
. . . .
. . . .
Tels des insectes vils, la nuit, sortent sans nombre
Des retraites du bois d'un lit muet et sombre.
Et sur l'homme endormi, sur ses bras, sur son flanc,
Rampent, courent en foule, et lui sucent le sang.

Imprudent et malheureux l'État où il se fait différentes associations, différents corps dont les membres, en y entrant, prennent un esprit et des intérêts différents de l'esprit et de l'intérêt général. Heureux le pays où il n'y a d'autre association que l'État, d'autre corps que la patrie, d'autre intérêt que le bien commun ; où toutes les institutions rapprochent les hommes, sans qu'aucune les divise ; où chaque citoyen, à la fois sujet et souverain, portant tour à tour la balance des lois, l'encensoir et l'épée, ne transmet à ses enfants que l'exemple d'être citoyen [1].

... Comme celui qui va s'endormir... il a déjà la tête sur son oreiller, il va s'endormir ; une foule de pensées voltigent dans son cerveau. Tout à coup il se réveille, il veut les rattraper ; mais elles ont disparu sans laisser aucune trace. Il les cherche, les cherche, les poursuit ; mais il ne peut les atteindre ; et il s'endort, et elles sont perdues pour jamais [2].

Soyons lents à décider qu'une chose est impossible. Je me suis souvent occupé d'une rêverie... Si, lorsque les humains, mêlés avec les animaux et entièrement leurs égaux, rampaient et ne s'élevaient pas au-dessus de l'instinct le plus brut, si, dis-je, alors un ange, un esprit immortel était venu faire connaître à l'un d'eux que la terre où il était n'était pas une table, mais un globe qui faisait telle ou telle révolution, et, enfin, lui apprendre toutes les vérités physiques dont la nature a depuis accordé la découverte aux travaux des plus beaux génies...

Puis, s'il eût ajouté : « Tu vois tous ces secrets
Que toi-même étais né pour ne savoir jamais ;
Un jour tout ce qu'ici ma voix vient de te dire,

---

1. Vient ensuite la comparaison suivante, qui se rattache à un morceau que l'auteur avait alors dans l'esprit et qu'il n'a point écrit. (G. DE CH.)

2. Tout ce qui concerne la politique devait être terminé par un morceau sur la paix générale ; mais avant, l'auteur devait employer le fragment qui suit, en tête duquel il a écrit entre parenthèses : *Ce morceau doit être placé immédiatement avant le dernier sur la paix générale.* (G. DE CH.)

D'eux-mêmes, sans qu'un dieu soit venu les instruire,
Tes pareils le sauront. Tes pareils les humains
Trouveront jusque-là d'infaillibles chemins.
Ces astres que tu vois épars dans l'étendue,
Ces immenses soleils si petits à ta vue,
Ils sauront leur grandeur, leurs immuables lois,
Mesurer leur distance, et leur cours, et leur poids ;
Ils traceront leur forme, ils en feront l'histoire ; »
Jamais, je vous le jure, il ne l'eût voulu croire.

Oh ! puisse-t-elle donc venir cette paix, etc...

INVENTION DES SCIENCES

Que de générations l'une sur l'autre entassées, dont l'amas...

Sur les temps écoulés, invisible et flottant,
A tracé dans cette onde un sillon d'un instant.
. . . .
Avant que des États la base fût constante,
Avant que de pouvoir, à pas mieux assurés,
Des sciences, des arts monter quelques degrés,
Du temps et du besoin l'inévitable empire
Dut avoir aux humains enseigné l'art d'écrire.
D'autres arts l'ont poli ; mais aux arts, le premier,
Lui seul des vrais succès put ouvrir le sentier.
Sur la feuille d'Égypte[1] ou sur la peau ductile,
Même un jour sur le dos d'un albâtre docile

1. Le papyrus.

Au fond des eaux formé des dépouilles du lin
Une main éloquente, avec cet art divin,
Tient, fait voir l'invisible et rapide pensée,
L'abstraite intelligence et palpable et tracée ;
Peint des sons à nos yeux, et transmet à la fois
Une voix aux couleurs, des couleurs à la voix.

Quand des premiers traités la fraternelle chaîne
Commença d'approcher, d'unir la race humaine,
La terre et de hauts monts, des fleuves, des forêts,
Des contrats attestés garants sûrs et muets,
Furent le livre auguste et les lettres sacrées
Qui faisaient lire aux yeux les promesses jurées.
Dans la suite peut-être ils voulurent sur soi
L'un de l'autre emporter la parole et la foi ;
Ils surent donc, broyant de liquides matières,
L'un sur l'autre imprimer leurs images grossières,
Ou celle du témoin, homme, plante ou rocher,
Qui vit jurer leur bouche et leurs mains se toucher.
De là dans l'Orient ces colonnes savantes,
Rois, prêtres, animaux, peints en scènes vivantes,
De la religion ténébreux monuments,
Pour les sages futurs laborieux tourments,
Archives de l'État, où les mains politiques
Traçaient en longs tableaux les annales publiques.
De là, dans un amas d'emblèmes captieux,
Pour le peuple ignorant monstre religieux,
Des membres ennemis vont composer ensemble
Un seul tout, étonné du nœud qui les rassemble ;
Un corps de femme au front d'un aigle enfant des airs
Joint l'écaille et les flancs d'un habitant des mers.
Cet art simple et grossier nous a suffi peut-être

Tant que tous nos discours n'ont su voir ni connaître
Que les objets présents dans la nature épars
Et que tout notre esprit était dans nos regards.
Mais on vit quand vers l'homme on apprit à descendre,
Quand il fallut fixer, nommer, écrire, entendre
Du cœur, des passions les plus secrets détours,
Les espaces du temps ou plus longs ou plus courts,
Quel cercle étroit bornait cette antique écriture.
Plus on y mit de soins, plus incertaine, obscure,
Du sens confus et vague elle épaissit la nuit.
Quelque peuple à la fin, par le travail instruit,
Compte combien de mots l'héréditaire usage
A transmis jusqu'à lui pour former un langage.
Pour chacun de ces mots un signe est inventé,
Et la main qui l'entend des lèvres répété
Se souvient d'en tracer cette image fidèle;
Et sitôt qu'une idée inconnue et nouvelle
Grossit d'un mot nouveau ces mots déjà nombreux,
Un nouveau signe accourt s'enrôler avec eux.

C'est alors, sur des pas si faciles à suivre,
Que l'esprit des humains est assuré de vivre.
C'est alors que le fer à la pierre, aux métaux,
Livre, en dépôt sacré pour les âges nouveaux,
Nos âmes et nos mœurs fidèlement gardées,
Et l'œil sait reconnaître une forme aux idées.
Dès lors des grands aïeux les travaux, les vertus
Ne sont point pour leurs fils des exemples perdus.
Le passé du présent est l'arbitre et le père,
Le conduit par la main, l'encourage, l'éclaire.
Les aïeux, les enfants, les arrière-neveux,
Tous sont du même temps, ils ont les mêmes vœux.

La patrie, au milieu des embûches, des traîtres,
Remonte en sa mémoire, a recours aux ancêtres,
Cherche ce qu'ils feraient en un danger pareil,
Et des siècles vieillis assemble le conseil.

On peut comparer les sages instruits et savants, qui éclairent ceux qui viennent après, à la queue étincelante des comètes.

L'homme après l'invention de la navigation et du commerce :

La terre est son domaine et, possesseur ardent,
Il court, juge, voit tout comme le fils prudent
Qui va de ses aïeux visiter l'héritage,
Et parcourt tous les biens laissés pour son partage.

Parler enfin prophétiquement de la découverte du nouveau monde. O destins, hâtez-vous d'amener ce grand jour qui... qui...; mais non, destins, éloignez ce jour funeste et, s'il se peut, qu'il n'arrive jamais ce jour qui... qui..., etc.

En parlant du passage de Gama aux Indes,

En vain. . . . .
Des derniers Africains le cap noir de tempêtes.

On erre longtemps, on est curieux, on lit des fables, on en est content, on s'en dégoûte, on cherche la vérité, on la trouve enfin.

. . . . La science
Porte. . . . . son austère compas;
La balance à la main, le doute suit ses pas;

L'expérience alors, de siècles entourée,
S'avance lentement. . . . . . .

Cherche, examine, pose une loi première, évidente à tous les hommes, et on tient un anneau de la chaîne.
Le génie invente un système... et cherche à le poser sur des fondements solides...

Et l'étude aux yeux creux, au front chargé de rides,
Y promène longtemps son austère compas.

La science veut, non contente d'admirer et la forme et l'ouvrage,

Connaître la matière et voir agir la main.

SYSTÈME DU MONDE

Quand plusieurs observations astronomiques eurent été faites et confirmées par les sages, qui étaient toujours les prêtres des dieux dans l'Orient, on en fit des représentations dans les temples. C'est-à-dire que, dans des danses sacrées, on imita la direction, la figure et les diverses évolutions de cette danse céleste... Depuis, il y a eu de même les chœurs des tragédies grecques et la danse des derviches,

Mais ces soleils assis dans leur centre brûlant,
Et chacun roi d'un monde autour de lui roulant,
Ne gardent point eux-même une immobile place.
Chacun avec son monde emporté dans l'espace,
Ils cheminent eux-même : un invincible poids
Les courbe sous le joug d'irrésistibles lois,

Dont le pouvoir sacré, nécessaire, inflexible,
Leur fait poursuivre à tous un centre irrésistible.
. . . .

. . . .

L'océan éternel où bouillonné la vie.

———

Ainsi, quand de l'Euxin la déesse étonnée
Vit du premier vaisseau son onde sillonnée,
Aux héros de la Grèce à Colchos appelés,
Orphée expédiait[1] les mystères sacrés
Dont sa mère immortelle avait daigné l'instruire[2].
Près de la poupe assis, appuyé sur sa lyre,
Il chantait quelles lois à ce vaste univers
Impriment à la fois des mouvements divers;
Quelle puissance entraîne ou fixe les étoiles;
D'où le souffle des vents vient animer les voiles;
Dans l'ombre de la nuit quels célestes flambeaux
Sur l'aveugle Amphitrite[3] éclairent les vaisseaux.
Ardents à recueillir ces merveilles utiles,

---

1. Le poète a passé un trait sur ce mot, mais sans le remplacer. (G. DE CH.)

Le mot *expédiait* était un latinisme : *expedire* dans le sens d'expliquer, développer, comme dans Virgile :

> Illa tibi Italiæ populos, venturaque bella
> Et, quo quemque modo fugiasque, ferasque laborem,
> Expediet...
> (*Énéide*, III, v. 458.)

Corneille l'a employé dans *Mélite*, IV, 1 :

> J'entends à demi-mot; achève et m'expédie
> Promptement le motif de cette maladie.
> (B. DE F.)

2. Calliope.
3 Cæcum mare.

> Excutimur cursu, et cæcis erramus in undis.
> (*Énéide*, III, v. 200.)

Autour du demi-dieu les princes immobiles
Aux accents de sa voix demeuraient suspendus
Et l'écoutaient encor quand il ne chantait plus.

———

Emblèmes antiques, dont on peut choisir quelques-uns pour les employer in Δ (dans *Hermès*).

Apollo pacifer in inscript. antiq. (V. *Broukus. in Tib.*, p. 269 [1].)

Apollon, bâtisseur de villes. (*Spanheim*, dans ses *Commentaires sur Callimaque*, p. 8 [2]).

Bacchus, fils de Cérès, dans les vers orphiques. (*Id.*, p. 705 [3].)

Bacchus, regardé comme l'inventeur des semailles et de la charrue... Les Achéens lui sacrifiaient avec une couronne d'épis sur la tête. (*Id., ibid* [4]).

Δημήτηρ θεσμοφόρος... Legiferæ Cereri. (*Virg. Spanh.*)
La paix couronnée d'épis : *At nobis, pax alma, veni spicamque teneto*. Et dans une médaille que cite Spanheim sur Callimaque.

Euripide et Hésiode appellent la paix κουροτρόφον, qui nourrit la jeunesse.

1. Il renvoie à l'édition de Tibulle donnée par Broukusius, in-4°, 1708, où l'on trouve, à la page indiquée, deux inscriptions antiques dans lesquelles Apollon est appelé *pacifer* pacificateur : *Apollini pacifero*. (G. DE CH.)

2. De l'édition en trois volumes in-8°, de 1697, et page 114 de l'édition de 1761. (G. DE CH.)

3. C'est-à-dire Commentaire de Spanheim sur Callimaque, p. 705 de l'édition de 1697, et p. 793 de l'édition de 1761. (G. DE CH.)

4. Voyez les Commentaires de Spanheim sur Callimaque à la page déjà citée.

ÉPILOGUE[1]

O mon Hermès, ô toi que j'ai travaillé pendant plusieurs années avec tant de plaisir... mon compagnon sur terre et sur mer, aujourd'hui quel sera ton destin? Une mère longtemps déguisant[2] ses alarmes veut elle-même armer son fils...

Mais quand il faut partir, ses bras, ses faibles bras
Ne peuvent sans terreur l'envoyer aux combats.

Seul chez moi, jadis enfant, tu pouvais donner un libre cours à ta langue libre et naïve. Mais

Le mensonge est puissant;
Il règne; dans ses mains luit un fer menaçant.
De la vérité pure il déteste l'approche.
Il craint que son regard ne lui fasse un reproche,

Que ses traits, sa candeur...
Tout mensonge qu'il est, ne le fasse pâlir.
Mais la vérité seule est constante, éternelle.

Le mensonge change, et les hommes errent de mensonge en mensonge... Mais quand le temps aura précipité dans l'a-

---

1. Le poème d'Hermès devait être terminé par l'épilogue dont nous donnons d'abord le canevas en prose, où nombre de vers sont déjà semés, canevas qui fut ensuite presque en entier écrit en vers.
2. L'auteur avait passé un trait sur ce mot : *déguisant,* qui ne rend pas sa pensée ; mais il ne l'avait pas remplacé.
Dans le morceau en vers, il s'est servi du mot propre et il dit :
Une mère longtemps se cache ses alarmes.

bîme ce qui est aujourd'hui sur le faîte, et que plusieurs siècles se seront écroulés l'un sur l'autre dans l'oubli, avec tout l'attirail des préjugés qui appartiennent à chacun d'eux, pour faire place à des siècles nouveaux et à des erreurs nouvelles... alors peut-être... on verra si...; et si en écrivant j'ai connu d'autre passion

Que l'amour des humains et de la vérité.

[PARTIE DE CE CANEVAS EXÉCUTÉE]

O mon fils, mon Hermès, ma plus belle espérance,
O fruit des longs travaux de ma persévérance,
Toi, l'objet le plus cher des veilles de dix ans,
Qui m'as coûté des soins et si doux et si lents;
Confident de ma joie et remède à mes peines;
Sur les lointaines mers, sur les terres lointaines,
Compagnon bien-aimé de mes pas incertains,
O mon fils, aujourd'hui quels seront tes destins?
Une mère longtemps se cache ses alarmes :
Elle-même à son fils veut attacher ses armes;
Mais quand il faut partir, ses bras, ses faibles bras
Ne peuvent sans terreur l'envoyer aux combats.
Dans la France, pour toi, que faut-il que j'espère[1]?
Jadis, enfant chéri, dans la maison d'un père
Qui te regardait naître et grandir sous ses yeux,
Tu pouvais, sans péril, disciple curieux,

---

1. Le manuscrit porte une variante : la première pensée de l'auteur étant :
>Ah ! que je crains pour toi ta franchise sincère ?

Mais ce vers a été rayé et remplacé par celui-ci :
>Dans la France, pour toi, que faut-il que j'espère ?

Sur tout ce qui frappait ton enfance attentive[1]
Donner un libre essor à ta langue naïve[2].
Plus de père aujourd'hui ! le mensonge est puissant ;
Il règne. Dans ses mains luit un fer menaçant.
De la vérité sainte il déteste l'approche.
Il craint que son regard ne lui fasse un reproche ;
Que ses traits, sa candeur, sa voix, son souvenir,
Tout mensonge qu'il est, ne le fassent pâlir.
Mais la vérité seule est une, est éternelle[3].
Le mensonge varie ; et l'homme, trop fidèle,
Change avec lui : pour lui, les humains sont constants,
Et roulent de mensonge en mensonge flottants.

. . . .

. . . .

Perdu, n'existant plus qu'en un docte cerveau,
Le français ne sera dans ce monde nouveau
Qu'une écriture antique et non plus un langage.
O, si tu vis encore, alors peut-être un sage
Près d'une lampe assis, dans l'étude plongé,
Te retrouvant poudreux, obscur, demi-rongé,
Voudra creuser le sens de tes lignes pensantes.
Il verra si, du moins, tes feuilles innocentes
Méritaient ces rumeurs, ces tempêtes, ces cris,
Qui vont sur toi sans doute éclater dans Paris.

1. La première pensée du poète avait été de faire ainsi ce vers :
    Sur tout ce qui frappait ton âme pure et vive.
2. L'auteur avait d'abord fait ce vers ainsi :
    Donner un libre cours à ta langue naïve.
3. La première pensée, comme on l'a vu, était :
    Mais la vérité seule est constante, éternelle.

IV

L'AMÉRIQUE[1]

GÉOGRAPHIE

Il faut, dans cet ouvrage, soit quand le poète parlera, soit par la bouche des personnages, soit dans les discours prophétiques des êtres surnaturels, décrire, de côte en côte, absolument toute la géographie du globe aujourd'hui connue.

Amér. Γεωγρ. (γεωγραφία)...

Ensuite se présente tel pays couronné de telle et telle chose (les fruits et les fleurs qu'il produit).

Après les Pyrénées... vient la France... entre le Rhin, l'Océan, les Pyrénées et la mer Méditerranée et les Alpes, gît cette belle contrée... Puisse-t-elle parvenir au plus haut degré de gloire et de puissance... Puisse la main du despotisme se relâcher un peu et lui permettre d'être aussi heureuse que je le souhaite et que la nature avait voulu qu'elle le fût... Dans le temps dont je parle ici, elle était encore brute... mais aujourd'hui ses fleuves nombreux ont des ponts.... vins délicieux.... superbes villes, bois, montagnes, coteaux, vallons, plaines fertiles, elle a tout... de vastes chemins la partagent... ils sont bordés d'arbres... noyers, mûriers... et l'on y voyage

---

1, Le canevas de ce poème, sauf deux fragments parus dans l'édition de 1819, a été publié pour la première fois par M. G. de Chénier.

à l'ombre... (Ensuite la décrire plus particulièrement... et les lieux où ses fleuves prennent leur source et le pays qu'ils arrosent... [1].)

Finir τὰ γεωγρ... en disant... Un grand nombre de ces pays... je les ai visités moi-même... décrire en quels lieux j'ai été... j'ai marché à pied un bâton à la main ; j'ai pris des chevaux de poste... je me suis confié à la mer et aux voiles des vaisseaux pour aller ici et là.... me plaignant que la vie humaine est trop courte pour pouvoir... cultiver tous ses amis... et en même temps tout apprendre, tout lire :

Tout voir, aller partout, tout savoir et tout dire.

HISTOIRE

Il faut tâcher d'inventer quelque chose dans le goût du bouclier d'Achille et d'Énée [2], pour y représenter les points cardinaux de l'histoire du monde, les empires naissants et détruits depuis les origines du monde jusqu'à l'empire romain.

Que ton œil, voyageur, de peuples en déserts,
Parcoure l'ancien monde et traverse les mers :
Rome antique partout, Rome, Rome immortelle,
Vit et respire, et tout semble vivre par elle.
De l'Atlas au Liban, de l'Euphrate au Bétis,
Du Tage au Rhin glacé, de l'Elbe au Tanaïs,
Et des flots de l'Euxin à ceux de l'Hyrcanie,
Partout elle a gravé le sceau de son génie.
Partout de longs chemins, des temples, des cités,

---

1. Comp. l'*Hymne à la France,* ci-après.
2. Homère, *Iliade,* liv. XVIII, v. 478 et suiv. — Virg., *Enéide,* liv. VIII, v. 626 et suiv.

Des ponts, des aqueducs en arcades voûtés,
Des théâtres, des forts assis sur des collines,
Des bains, de grands palais ou de grandes ruines,
Gardent empreinte encore une puissante main,
Et cette Rome auguste et le grand nom romain.
Et d'un peuple ignorant les débiles courages,
Étonnés et confus de si vastes ouvrages,
Aiment mieux assurer que de ces monuments
Le bras seul des démons jeta les fondements.

O délicieuse étude que celle de ces anciennes histoires!.. elles entretiennent le cœur dans une noble haine pour la tyrannie... et l'amour pour...

. . . .
Cette foule de rois, sujets du peuple roi.

Une charrue barbare (visigothe, lombarde, turque) foule et retourne les ossements de tels et tels Grecs et Romains. Les Fabiens, les trois cents Spartiates...

Dans le rapide tableau de l'histoire romaine, parler de Marius en imitant Lucain, livre II.
Premiers triumvirs... O Crassus!... tu voulus te presser... C'était bien la peine d'avoir battu Spartacus pour aller faire égorger des légions et périr aux champs de Babylone, blancs d'ossements romains... Et vous, César et Pompée, vous faites une guerre civile au lieu... (Voyez Lucain.) Allez dans ces champs blancs d'ossements romains,

Allez voir de Crassus errer l'ombre sanglante,
Qui, les mains sur le front, les cheveux hérissés,
Pâle, les yeux en pleurs vers la terre baissés,

Maudit et son orgueil et l'Arabe perfide,
Et le Parthe et ses traits et sa fuite homicide.

Puis mettre dans la bouche de quelqu'un un tableau rapide et vigoureux de l'histoire moderne à dater de la destruction de l'empire romain. Les invasions des barbares du Nord, la faiblesse de l'empire grec. La puissance et les cruautés des barbares. La destruction des sciences. Le gouvernement féodal. L'esclavage. La naissance du mahométisme. L'empire des califes. L'invasion d'Espagne par les Maures. L'Angleterre et son avenir. Les croisades. Les villes hanséatiques. Gênes, Venise, Florence. L'irruption des Turcs. La découverte du passage aux Indes. La chute de l'empire grec (l'histoire de l'Église a été mêlée dans tout cela). Les réformations de plusieurs sectes et puis de Luther. Les révolutions politiques et religieuses dans le Nord, etc.

Puis, en prédictions différentes, tout ce qui s'est passé depuis l'action du poème jusqu'à nos jours. — Puis éparpiller dans le poème, aux occasions qui naîtront en foule, des traits historiques sur l'invention des choses attribuées à telle ou telle ville, sur les usages de tel ou tel peuple, etc.

Dans ce poème, où je veux mettre le tableau frappant et rapide de toute l'histoire du monde, je n'oublierai pas les révolutions du Nord si liées avec celles de la religion au xvie siècle, principalement celle de Suède. Le caractère de Gustave. Sa jeunesse. Ses dangers. Sa misère. Ses victoires. La couronne devenue héréditaire dans la maison de ce grand homme. Et Christiern II. Sa férocité. Les massacres de Stockholm. Son expulsion de Danemark. Sa fuite en Hollande, où Charles-Quint promet des secours à ce scélérat. Pour lier cela à l'ouvrage, on peut supposer sans invraisemblance (ceci est la première idée qui me vient, à laquelle je ne tiens nullement) qu'un vieux officier allemand, ayant été témoin oculaire de ces révolutions dans le Nord, a ensuite servi dans les troupes de Charles V et est actuellement en Amérique.

. . . . . . Chacun baissait un front esclave,

Mais Nuñes, mais mon fils : « Insolent Scandinave... »

Comme les personnages d'Homère entremêlent dans leurs discours des récits de choses qui leur sont arrivées dans leur jeune âge, ainsi on peut mettre dans la bouche de quelques personnages du poème des allusions un peu détaillées de quelques révolutions intéressantes, mais pas assez importantes pour leur donner un article à part, comme la conjuration de Fiesque, à Gênes, etc.

L'homme qui racontera la Saint-Barthélemy peut être un protestant réfugié en Amérique pour y vivre tranquille et en sauvage. Une espèce de Timon le Misanthrope se réjouissant du mal qui arrive aux chrétiens, devenu déiste, philosophe paisible; cela pourra tempérer l'horreur que ce sujet sanguinaire produirait infailliblement. Le peindre aimant le soir à s'asseoir au haut des rochers, regardant la mer, surtout en temps de tempête.

Le même protestant qui contera les massacres de la Saint-Barthélemy doit, en accablant la ville de Paris d'imprécations, lui souhaiter la famine et tous ses fléaux, ce qui arriva.

Le roi Charles IX, mourant d'une hémorrhagie par tous les pores, semblait rendre tout le sang français dont il s'était rassasié. Ainsi une bête féroce, après avoir dévoré un troupeau tout entier, tuée par une flèche, le sang des moutons et des agneaux lui sort par la blessure, par la gueule, par les narines, et leurs membres déchirés sont encore dans son estomac.

Parmi les exemples d'hommes vertueux qui se refusèrent aux horreurs de la Saint-Barthélemy, il faut se souvenir de placer ce bourreau de je ne sais quelle ville refusant au gouverneur de tuer des protestants parce qu'il n'agissait que juridiquement :

« Et mon bras n'obéit qu'aux ordres de la loi. »

Ciel, toi seul connais combien d'insultes, combien de railleries furent faites sur ces corps morts.

Parler de la mort de don Carlos; de l'auto-da-fé dont Philippe fut témoin et de sa réponse horrible à un malheureux qui lui demandait grâce [1]. Ne pas oublier la révolution de Hollande en prédiction ou autrement. Blasonner comme il faut le duc d'Albe.

La bataille de Lépante et l'expédition de don Sébastien en Afrique.

Nos querelles avec l'Angleterre.

Du troisième Édouard l'ambition perfide,

les talents de son fils, l'imprudence de nos rois Philippe et Jean, la désunion des Français... mirent la France à deux doigts de sa perte... Charles V... Naissance... La fille de la Bavière, profitant de la démence de son époux Charles VI, trahit la France... fit couronner Henri V à Vincennes.

Henri V. . . . .
Grand roi, vaillant guerrier, d'un père usurpateur
Dès son adolescence illustre imitateur.
N'étant que prince encore, aux périls, au carnage
De nocturnes bandits formèrent son courage.
Voilà quels chevaliers, l'effroi des grands chemins,
Confièrent l'épée à ses royales mains.
A leur tête longtemps il fit payer sa gloire
Au passant chargé d'or qui durant l'ombre noire[*]
De Windsor à la hâte osait tenter les bois.
Roi, maintenant, il vient par les mêmes exploits
Signaler contre nous son noble apprentissage
Du métier de brigand si cher à son jeune âge.

[*] Var.: *Et longtemps sa valeur fit craindre la nuit sombre*
        Aux passants chargés d'or qui, sans doubler leur nombre...

1. « Je le ferais subir (ce supplice) à mon fils, s'il était hérétique. »

Les Anglais à ses goûts toujours accoutumés,
Gens de sang, de débauche et de proie affamés,
Aimaient à voir chez nous le maître de leur trône*,
Le pistolet en main, demander la couronne ;
Et chérissaient un prince incapable d'effroi,
D'un antre de voleurs sorti pour être roi.

Vincennes! bois augustes où le grand saint Louis
Nous rendait la justice au pied d'un chêne assis,
Pensais-tu que jamais de ce roi plein de gloire,
La moitié de la France outrageant la mémoire,
Sous tes antiques murs qui furent son palais,
Vînt couronner un front qui n'était point français?
Saint-Denis! lieu sacré! tes voûtes sépulcrales
Tressaillirent. L'on vit fuir les ombres royales,
Tremblantes qu'à leur cendre un étranger nouveau
Mêlant sa cendre impie usurpât leur tombeau.
Guillaume, heureux vassal des rois de cette terre,
Fier et brave Normand maître de l'Angleterre,
Tu ne prévoyais point qu'un jour un de ses rois
Dicterait aux Français de sacrilèges lois.
O crime! ô noir complot! la fille de Bavière
Sur le trône français aux Français étrangère,
Du sein de ses plaisirs qu'elle nous fit payer,
Nomme l'usurpateur son fils, son héritier!
D'un malheureux époux la fatale démence**
Mit dans ses viles mains le timon de la France ;
Elle vend ses sujets, elle proscrit son fils,
Elle donne sa fille aux brigands ennemis;
Mère, épouse, régente, et reine parricide,

---

* Var.: *Étaient ravis de voir l'héritier de leur trône.*
** Var.: *D'un misérable époux la fatale démence.*

Tout l'État est la dot de cet hymen perfide*.
C'est alors, en effet, que vaincus, enchaînés
Captifs de l'insulaire, à sa suite traînés,
Les anges de la France, arrachés à nos villes,
Passèrent l'Océan, et de leurs pieds débiles
Touchant le sol anglais, dans leurs pâles douleurs
Tournèrent vers nos bords leurs yeux noyés de pleurs.
La Tamise asservit à ses lois insolentes
De nos fleuves français les nymphes gémissantes;
Londre, apportant des fers, vint de notre Paris
Fouler d'un pied sanglant les augustes débris;
Et le lis transplanté sous un ciel tyrannique
Eut regret d'embellir l'écusson britannique.

<blockquote>Ensuite la délivrance des Français, etc...</blockquote>

Et je méprise un roi quand un roi s'avilit.

L'histoire de Kentucke à l'ouest de la Virginie, publiée tout à l'heure par Jean Filson, et où se trouvent les aventures du colonel Boon, est très intéressante. C'est le plus beau pays de l'Amérique, arrosé de superbes et nombreuses rivières. Il faudra le peindre en désignant les lieux par leurs productions, comme je peindrai toute la géographie du globe. C'est ainsi que fait Homère. On trouve dans cette histoire de Kentucke un fait curieux : c'est une colonie de Gallois qui s'est trouvée dans l'Amérique septentrionale. On présume que ce sont des Gallois que l'histoire rapporte avoir quitté leur pays au xiie siècle. Il faudra examiner tout cela...

Parler prophétiquement des treize États unis... Quelles sont ces treize femmes... vêtues de telle manière... avec un tel visage... dansantes et se tenant par la main...

---

* Var.: *Tout l'empire est la dot de cet hymen perfide.*

Parlerai-je de la Suède, d'Hilsingland¹, etc... je dirai : là où sont les Runes². De la Chine? je dirai : où est la fameuse muraille. Je désignerai tel autre pays en ajoutant : où tel fleuve se promène, a de tels arbres ou bien arrose telles et telles moissons... Il faudra donc que je surmonte ma paresse à écrire et que je ne fatigue plus ma mémoire, et que je marque sur le papier les peuples, les productions, le sol, le climat, la religion, la culture, les animaux et toute l'histoire naturelle; les mœurs, les usages, l'histoire, la topographie de tous les pays du globe.

Un cacique se tue sur un lit près duquel est le portrait de Philippe II. En se poignardant, il prend une poignée de son sang et, la jetant contre ce portrait :
« Tiens, remplis-toi, barbare, voilà du sang... » Il meurt.

Du douzième Louis le sceptre populaire*...

Le chancelier de L'Hôpital empêcha, malgré les Guise, la cour et l'Espagne, que le tribunal de l'Inquisition fût introduit en France, et c'est pour cela qu'il acquiesça à l'édit de Romorantin, plus sévère pour les protestants qu'il n'eût voulu.

Il était créature du cardinal de Lorraine et de Catherine, et même de la duchesse de Montpensier, car, prudent comme il l'était, il paraît que les Guise, en l'élevant, espéraient avoir un instrument de leur ambition, et que les ennemis des Guise espéraient de même se servir de lui pour les perdre.

Il était petit-fils d'un juif.

---

* Var. : *Du douzième Louis le sceptre paternel*....

1. Ou Helsingland, ancienne province de la Suède, d'où partirent les colons qui civilisèrent la Finlande.
2. Caractères de l'écriture des anciens Scandinaves.

FICTIONS GÉNÉRALES

Dieu s'avance pour parler... Il veut que tous les cieux fassent silence. Il s'assied sur le soleil... Le soleil ne tourne plus sur son axe. Des anges courent en foule aux planètes qui leur sont confiées, s'opposent à leur mouvement et les arrêtent dans leur course... Tout l'univers est immobile. Dieu parle... (son discours), et quand il a fini, les groupes d'anges ne retiennent plus les astres, qui se précipitent dans leur orbite et continuent leur chemin à grand bruit, qui retentit dans l'espace.

Quoique ce ne soit point l'usage des poètes épiques, je dirai quelque part, en parlant de tel ou tel pays : C'est là que j'ai invoqué l'enthousiasme qui ouvre à l'esprit un monde imaginaire, qui attache aux paroles d'Homère ces... ces... et ces ailes de feu... qui élève

L'éloquent Portugais et le Tasse et Virgile;

qui allume les feux, les foudres, les éclairs échappés des lèvres de Milton.

Au lieu de Neptune, il faut peindre l'ange de la mer agitant les rochers, soulevant les vagues et excitant les tempêtes.

Il ne sera pas mal que le poète raconte allégoriquement quelque part l'histoire physique du tonnerre. Dieu le forme dans les nuages... Les anges ou ministres amassent les vapeurs et exhalaisons de la terre. Cela est épique et fournit de grandes images.

Il n'est qu'un Dieu suprême, créateur et conservateur éternel... Les âmes des héros, des anges... sont dieux après lui. Les hommes aujourd'hui ne leur donnent pas ce nom. Mais la poésie est indépendante et libre; elle abonde en un langage hardi et nouveau; et sa belle bouche ne se condamne pas à répéter servilement les expressions des hommes...

Il faut, dans cet ouvrage, que chaque nation ait son Dieu, comme de raison. Mais le poète les admettra tous. Il peindra les cérémonies de toutes les religions avec une indifférence et une égalité parfaites. Quand il aura peint un idolâtre faisant une prière, il ajoutera : Il pria ainsi, et son Dieu l'entendit du haut du ciel.

J'éviterai de revenir sur les choses que j'aurai prouvées in Δ[1]. Ainsi, ayant tâché d'établir le système du nord et du refroidissement de la terre dans ce dernier ouvrage, je n'en parlerai *in Amer.*[2] que comme d'une chose convenue. Je dirai, en parlant des dents d'éléphant trouvées au Canada et à Kentucke : Ce sont les dépouilles des éléphants qui vivaient dans ces contrées quand elles étaient plus chaudes.

Il faudra mettre dans la bouche de quelqu'un la sublime invocation qui ouvre le *Paradis perdu*... Esprit Saint, soit que tu erres sur les sommets d'Oreb ou de Sina, etc..., et imiter beaucoup de morceaux de ce grand Milton.

Un jeune héros-poète dira que dans sa jeunesse il ne chantait que les amours; mais que, depuis, sa muse est devenue guerrière, qu'elle aime à se jeter l'épée à la main dans la mêlée, et qu'elle ne craint plus d'entendre les épées qui se croisent, les tambours, les canons, les hennissements des chevaux et les cris guerriers des sauvages.

Alonzo d'Ercilla[3] est le Phemius[4] de l'Amérique. Pendant qu'ils sont à table, ils le prient de chanter. Il chante les nouveaux astres qui ont conduit les Européens et montré un nouveau monde. Pléiades, hyades. Il invoque les muses qui habitent tels et tels lieux... de l'Amérique. « Oui, s'écrie-t-il, venez... » Il faudrait là quelque chose de dévot.

---

1. C'est-à-dire dans l'*Hermès*.
2. Dans le poème de l'*Amérique*.
3. L'auteur de l'*Araucana*.
4. Φήμιος dans Homère, *Odyss.* liv. Ier, v. 325, 327, liv. XVII, v. 263, et liv. XXII, v. 331.

. . . .
Active, indépendante, à ses forces livrée,
La nature sublime, en ces augustes lieux,
Ne connaît point de l'art les fers injurieux;
Et l'âme qui s'embrase à cet ardent modèle
Devient indépendante et sublime comme elle.

Puis il dit... il dit... Quand j'aurai son poème, je verrai s'il y a quelque chose à traduire...

Le poëte Alphonse, à la fin d'un repas nocturne en plein air, prié de chanter, chantera un morceau astronomique. Quelles étoiles conduisirent Christophe Colomb.

O nuit... ô ciel... ô mer...
O enthousiasme, enfant de la nuit.

Muse, muse nocturne, apporte-moi ma lyre. Viens sur ton char noir.. vêtue...

Que pour bandeau royal sur ton front lumineux
Des étoiles sans nombre étincellent les feux.
. . . .
Accours, reine du ciel, éternelle Uranie,
Soit que tes pas divins sur l'astre du Lion
Marchent, ou sur les feux du superbe Orion,
Soit qu'en un vol léger. . . . . emportée
Tu parcoures au loin cette voie argentée :
Soleils amoncelés dans le céleste azur
Où le peuple a cru voir des traces d'un lait pur.
Lune, paisible sœur. . . . .
De ses rayons brûlants pâle dépositaire

L'AMÉRIQUE.

Écoute quand je vais chanter, etc...

'Εν τῷ ἀστρονομικῶν ᾗ κοσμικ. γ. ἢ δ[1].

Salut, ô belle nuit, étincelante et sombre,
Consacrée au repos. O silence de l'ombre,
Qui n'entends que la voix de mes vers et les cris
De la rive aréneuse où se brise Téthys.
Muse, muse nocturne, apporte-moi ma lyre.
Comme un fier météore, en ton brûlant délire,
Lance-toi dans l'espace ; et pour franchir les airs,
Prends les ailes des vents, les ailes des éclairs,
Les bonds de la comète aux longs cheveux de flamme.
Mes vers impatients, élancés de mon âme,
Veulent parler aux dieux, et volent où reluit
L'enthousiasme errant, fils de la belle nuit.
Accours, grande nature, ô mère du génie ;
Accours, reine du monde, éternelle Uranie,
Soit que tes pas divins sur l'astre du Lion
Ou sur les triples feux du superbe Orion
Marchent, ou soit qu'au loin, fugitive, emportée,
Tu suives les détours de la voie argentée,
Soleils amoncelés dans le céleste azur,
Où le peuple a cru voir les traces d'un lait pur,
Descends ; non, porte-moi sur ta route brûlante,
Que je m'élève au ciel comme une flamme ardente.
Déjà ce corps pesant se détache de moi.
Adieu, lambeau de chair, je ne suis plus à toi.

---

1. C'est le morceau dont on vient de lire l'esquisse. Les mots grecs signifient, selon M. Becq de Fouquières : « A mettre dans la partie de l'*Hermès* qui traite de l'astronomie ou plus généralement de la cosmologie, chant troisième ou quatrième. » On aurait là précisément une indication de ce quatrième chant de l'*Hermès* auquel André Chénier avait peut-être songé, et qui serait devenu le poème de l'*Amérique*.

Terre, fuis sous mes pas. L'éther où le ciel nage
M'aspire. Je parcours l'océan sans rivage.
Plus de nuit. Je n'ai plus d'un globe opaque et dur
Entre le jour et moi l'impénétrable mur.
Plus de nuit, et mon œil et se perd et se mêle
Dans les torrents profonds de lumière éternelle.
Me voici sur les feux que le langage humain
Nomme Cassiopée et l'Ourse et le Dauphin.
Maintenant la Couronne autour de moi s'embrase.
Ici l'Aigle et le Cygne, et la Lyre et Pégase.
Et voici que plus loin le Serpent tortueux
Noue autour de mes pas ses anneaux lumineux.
Féconde immensité, les esprits magnanimes
Aiment à se plonger dans tes vivants abîmes,
Abîmes de clartés, où, libre de ses fers,
L'homme siège au conseil qui créa l'univers ;
Où l'âme, remontant à sa grande origine,
Sent qu'elle est une part de l'essence divine.

Lucain dans le panégyrique de Pison[1] et Paterculus racontent que la colonie de Chalcis en Eubée, venant fonder Cumes en Italie sous la conduite d'Hippocle et de Mégasthène, fut conduite par une colombe.

Philostrate dit que les Muses, sous la forme d'abeilles, conduisirent en Ionie une colonie d'Athéniens.

Dans l'hymne à Délos, Callimaque représente Mars et Iris sur des sommets de montagne faisant trembler la terre et défendant de recevoir Latone. Ces images sont grandes et homériques. Tout ce qui se passera en Amérique et que je raconterai moi-même sera rempli de tableaux homériques, de ce ton-là. Les guerres et combats passés en Asie ou ailleurs seront racontés par des personnages et n'auront point de ces sortes de figures.

1. Le *Panégyrique de Pison* n'est pas de Lucain.

L'AMÉRIQUE.

Il faut que j'invente entièrement une sorte de mythologie *probable* et poétique avec laquelle je puisse remplacer les tableaux gracieux des anciens, ces Néréides accompagnant le navire d'une femme, etc...

Il y a des choses pleines de génie et dignes de l'antiquité dans le poème de Sannazar sur l'enfantement de la Vierge. Il revêt le Tout-Puissant d'une robe que la nature lui a tissue, où elle a représenté les mondes, soleils, etc... Il peint le fleuve Jourdain appuyé sur une urne où sont ciselés divers événements analogues au sujet... Il faut donner au Marannon[1] une urne pareille.

O nymphes de Mondego... et toi, belle ombre de la belle Inès, qui erres toujours dans les feuilles de ce bocage mélancolique, aux bords de cette fontaine... venez m'inspirer...

O postérité ! souverain juge !... Tu ne crois point ce que tu lis. Tu accuses les auteurs d'avoir calomnié leurs contemporains. Tu lis avec effroi que des hommes blancs vont acheter des hommes noirs et les plongent vivants dans les mines d'Amérique. — C'est vrai. — Tu lis qu'ils dépendent du plus vain caprice d'un maître imbécile, féroce et doué d'une âme de vil esclave. — C'est vrai. — Que pour la plus légère faute ils sont déchirés de coups de fouet... que... que les femmes se distinguent par leur cruauté à commander et à regarder ces horribles spectacles... — C'est vrai ; rien n'est plus vrai, c'est la vérité même... — O barbares Européens, vous faites tant d'institutions inutiles !... (Voir Montesquieu.) Vos livres parlent tant d'humanité... Cœurs pitoyables, vous ne connaissez pas la pitié de loin !... Vous osez vous enrichir du fruit de ces horreurs... Vous n'avez aucune honte. Vous ne tremblez pas à l'idée des malédictions de la postérité qui vous attendent... O bons, ô respectables quakers...

L'âme de Colomb peut dire cela.

---

1. Fleuve des Amazones.

CÉRÉMONIES

Pourquoi ne pas exprimer la messe dite dans l'église; et, après que tout le monde a entendu debout le premier évangile, un prêtre vertueux, Las Casas, par exemple, montant à la tribune sainte et faisant le sermon : il dit... il dit... — Oui, s'écrie-t-il, j'ai vu en songe tous ces hommes sanguinaires et avides d'or, plongés à jamais en enfer dans des chaudières d'or liquide...

Belle idée empruntée du *Spectateur*.

Exprimer aussi la messe dite sur une pile de tambours avant le combat.

Peindre une procession... Les moines de différentes couleurs... de différents habits... Les surplis, les cierges... traduire quelquefois, transitoirement, par allusion, par prétérition, quelques prières de l'Église... En représenter les différentes cérémonies dans les différents temps de l'année. Car enfin Homère est entré et a dû entrer dans tous ces détails... et les couteaux victimaires, et l'or dont on dorait les cornes de la bête, et le poil de la victime coupé et distribué...

Virgile a fait de même; et le Tasse, qui a parlé de la confession [1].

Ne pas oublier les fêtes de l'Église, dont plusieurs sont intéressantes, comme Noël, le dimanche des Rameaux, le vendredi saint, et plusieurs histoires du Nouveau Testament, la femme adultère, la Samaritaine, le Samaritain charitable... Quoi qu'on en dise, toutes ces fables ont leur prix, sans valoir peut-être celles d'Homère. Encore ce dernier point peut-il être

1. Homère, *Iliade*, liv. III, v. 273 et suiv.; *Odyss.*, liv. III, v. 446. — Virg., *Enéide*, liv. VI, v. 245. — Poème de la *Jérusalem délivrée*, chant XVIII, au commencement ; Renaud se confesse au solitaire. Dans le chant XII, vers la fin, Tancrède baptise la belle Clorinde, qui va expirer. (G. DE CH.)

contesté. D'ailleurs, bonnes ou mauvaises, elles sont du temps, elles en peignent les mœurs, les caractères ; il ne faut pas les omettre.

Parmi les cérémonies catholiques qu'il faut peindre, ne pas oublier les Cendres... et *aperite portas principes vestras*... et les rogations... et les enterrements... les baptêmes... viatique... extrême-onction...

Et ces prêtres barbares après cela vont à l'autel, entrer à l'autel de Dieu[1]... et consacrer la sainte hostie... Dieu s'indigne de voir le pain devenir lui-même entre leurs mains sacrilèges; de voir le vin devenu son sang par les paroles sorties de leur bouche impie, aller nourrir leur poitrine... nourriture de mort... En vain ils osent dire à l'autel qu'ils lavent leurs mains parmi les innocents... Dieu ne ratifie pas ce qu'ils disent. En vain l'eau sainte coule sur leurs doigts,

Que toute l'eau des mers ne pourrait point laver,
Tant la fureur de l'or, les meurtres, les parjures
Ont gravé sur leurs mains d'éternelles souillures.

Il faut qu'un éloquent missionnaire prie l'Esprit-Saint de prendre un charbon sur l'autel où les chérubins, etc... et de lui purifier les lèvres comme au prophète Isaïe.

Un prêtre ou quelque autre disant :

De ton sceptre enchanté frappe ce roc stérile,

fais-en jaillir des sources d'eau vive.

Il faut tâcher d'imiter quelque part les honneurs funèbres rendus par le grand Germanicus aux légions massacrées sous Varus par les Germains sous Arminius... et les affronts

---

1. *Introibo ad altare Dei.*

faits aux cadavres... et le rêve de Cæcina... et la nuit bruyante, et les fêtes et les cris et les chants des barbares... et tous ces autres détails si divinement peints au premier livre des *Annales*[1]... Je ne sais rien de plus épique nulle part.

OBSERVATIONS GÉNÉRALES

Il faut mettre ceci dans la bouche du poète (qui n'est pas moi).

Le poète divin, tout esprit, tout pensée,
Ne sent point dans un corps son âme embarrassée;
Il va percer le ciel aux murailles d'azur;
De la terre, des mers, le labyrinthe obscur.
Ses vers ont revêtu, prompts et légers Protées,
Les formes tour à tour à ses yeux présentées.
Les torrents, dans ses vers, du droit sommet des monts
Tonnent précipités en des gouffres profonds.
Là, des flancs sulfureux d'une ardente montagne,
Ses vers cherchent les cieux et brûlent les campagnes;
Et là, dans la mêlée aux reflux meurtriers,
Leur clameur sanguinaire échauffe les guerriers.
Puis, d'une aile glacée assemblant les nuages,
Ils volent, troublent l'onde et soufflent les naufrages,
Et répètent au loin et les longs sifflements,
Et la tempête sombre aux noirs mugissements,
Et le feu des éclairs et les cris du tonnerre.
Puis, d'un œil doux et pur souriant à la terre,

1. Voyez ci-devant le *Théâtre*, n° 1.

Ils la couvrent de fleurs; ils rassérènent[1] l'air.
Le calme suit leurs pas et s'étend sur la mer.

La tempête en feu, ardente... cette côte infâme de naufrages.

Tous les vents à la fois assemblant les orages
Sur sa faible nacelle ameutent les naufrages.

———

. . . .

Magellan, fils du Tage, et Dracke et Bougainville,
Et l'Anglais dont Neptune aux plus lointains climats
Reconnaissait la voile et respectait les pas[2].
Le Cancer sous les feux de son brûlant tropique
L'attire entre l'Asie et la vaste Amérique,
En des ports où jadis il entra le premier[3].
Là l'insulaire ardent, jadis hospitalier,
L'environne: il périt. Sa grande âme indignée,
Sur les flots, son domaine, à jamais promenée,
D'ouragans ténébreux bat le sinistre bord
Où son nom, ses vertus, n'ont point fléchi la mort[4].
J'accuserai les vents et cette mer jalouse

---

1. Cette expression est belle et pittoresque; j'ignore pourquoi elle est abandonnée. Sa nouveauté pourrait déplaire dans une petite pièce de cent vers; mais je pense qu'on peut la jeter avec succès dans un poème de douze mille vers. (*Note de l'auteur.*)
Elle est rentrée, comme tant d'autres, dans la circulation.
2. Cook.
3. Une des îles Sandwich.
4. Ces onze premiers vers ont été publiés dans l'édition des *Poésies* donnée par M. Becq de Fouquières en 1862. Les vingt-six vers suivants avaient paru dans l'édition de 1819.

Qui retient, qui peut-être a ravi La Pérouse.
Il partit. L'amitié, les sciences, l'amour
Et la gloire française imploraient son retour.
Six ans[1] sont écoulés sans que la renommée
De son trépas au moins soit encore informée[2].
Malheureux ! un rocher inconnu, sous les eaux
A-t-il, brisant les flancs de tes hardis vaisseaux,
Dispersé ta dépouille au sein du gouffre immense?
Ou, le nombre et la fraude opprimant ta vaillance,
Nu, captif, désarmé, du sauvage inhumain
As-tu vu s'apprêter l'exécrable festin ?
Ou plutôt dans une île, assis sur le rivage,
Attends-tu ton ami voguant de plage en plage[3];
Ton ami qui partout, jusqu'aux bornes des mers
Où d'éternelles nuits et d'éternels hivers
Font plier notre globe entre deux monts de glace,
Aux flots de l'océan court demander ta trace?
Malheureux ! tes amis, souvent dans leurs banquets,
Disent en soupirant : « Reviendra-t-il jamais ? »
Ta femme à son espoir, à ses vœux enchaînée*,
Doutant de son veuvage ou de son hyménée,
N'entend, ne voit que toi dans ses chastes douleurs,
Se reproche un sourire, et tout entière aux pleurs.
Cherche en son lit désert, peuplé de ton image,
Un pénible sommeil que trouble ton naufrage.

Dans un ouvrage de si longue haleine, on peut hasarder beaucoup de hardiesses nouvelles. Il faut essayer d'employer

* VAR. : *Ta femme à l'espérance, à ses vœux enchaînée.*

1. Le premier éditeur, de Latouche, a mis dix ans.
2. On eut des nouvelles de La Peyrouse en 1788. Ce morceau serait donc de la fin de 1793 ou du commencement de 1794.
3. D'Entrecasteaux.

le mot *hiver* dans le sens de tempête, — comme chez les anciens *Hyems*, Χειμών : de cette manière, par exemple :

Quand les vents et la grêle et l'orageux hiver
Soudain couvrent le ciel et soulèvent la mer.

Il ne peut qu'il ne fasse telle ou telle chose... tournure antique de notre langue et qu'il faut employer.
Il faut employer le mot *exorable*.
Rendu plus *exorable*.

Que la richesse des États est l'agriculture. Appliquer à cela la fable d'Érysichton, et répéter ce que j'aurai dit in γεωπον. [1].

Il faut décrire cette imagination ardente et primitive d'un peuple sauvage. Qu'est-ce qui les épouvante le plus ? ce sont nos canons...
Ils pourront, dans leurs assemblées, dire, en parlant de la religion qu'on leur prêche :
Le Dieu des Castillans aux cent bouches d'airain, et les Castillans eux-mêmes :
Ces enfants du tonnerre.

Les assauts enflammés tonnant sur les murailles ou sur les remparts.

Peindre quelque part d'une manière intéressante un pèlerinage... des bois... des eaux...
Comme Homère fait la généalogie du sceptre (*Iliade*, liv. I), il faut que quelque belle Espagnole ait donné à son amant un bijou.... une croix.... Un tel de ses ancêtres l'apporta de Jérusalem, etc... (plusieurs détails de ce genre).

« Et entre les mains des dames ne se voyoit que morions

---

1. C'est-à-dire en parlant de l'agriculture, γεωπονία. (Voy. ci-devant, page 112.)

et armets, auxquels elles attachoient des pennaches de diverses couleurs, sayes et cottes d'armes, qu'elles enrichissoient d'ouvrages. » (Plut., *Philop.* [1].)

Il faut peindre ce tableau-là et ne pas oublier quelqu'un de ces accidents intéressants, comme une belle armure brodée par quelque belle, et bientôt enlevée à celui qui la porte et devenue la proie d'un ennemi.

COMPARAISONS

La nuit vient... et passe... le jour renaît... Et comme on voit une nation de fourmis... *dans les champs le noir peuple chemine et va en rampant*[2]...

Ainsi pour les travaux, pour le gain, pour la peine,
S'éveille avec le jour la fourmilière humaine.

Aussitôt dans la cité, dans le port...

Tout s'émeut et s'empresse . . . .
On traîne, on porte, on court. L'aigre dent de la scie
Mord la pierre ou le bois. La lime ronge et crie.
Sur les longs clous de fer tonnent les lourds marteaux.
Les roues. . . . . glissent sous les fardeaux,
Les fouets sifflent dans l'air et les chevaux dociles
Poussent, en agitant leurs sonnettes mobiles.
Partout au loin se mêle un tumulte de voix
Et de hennissements et de rauques abois.

Le héros couché entend ce bruit, etc.

---

1. Plutarque, *Vie de Philopœmen*, traduction d'Amyot.
2. *It nigrum campis agmen.* Voy. *Énéide*, IV, 404.

. . . .
Comme un chien vigilant couché près de son maître,
D'aussi loin qu'il a cru reconnaître le bruit
D'un passant vagabond qui chemine la nuit,
Se dresse, jappe, écoute; et, si le bruit augmente,
Crie et s'élance et gronde, et saute et se tourmente ;
Ainsi . . . .

Homère compare les fleuves à l'huile : ὥσπερ ἔλαιον[1].

Moins lente on voit couler la liqueur de l'olive.

Doux comme la vertu, beau comme la pudeur.

Ainsi, sur une cime élevée une immense quantité de neige s'amoncelle et demeure suspendue et immobile au penchant du mont. Mais un seul flocon qui se détache donne à tout le mouvement; il en entraîne un second, puis un autre; et bientôt tout cet amas énorme s'éboule dans la vallée avec un fracas épouvantable.

Ainsi, quand la tempête aux ailes ténébreuses...

Le serpent (voyez Virgile[2]), aux rayons du soleil,

De sa queue à longs plis sillonne la poussière,
Et de son triple dard fait siffler la lumière.

Ainsi une génisse dans l'étable, si quelqu'un vient toucher et caresser son veau, croit qu'on veut le lui enlever; elle

---

1. *Iliade,* liv. II, v. 754.
2. *Géorgiques,* liv. III, v. 424 et 439.

tourne la tête, elle fait effort pour se détacher et venir à son secours, et mugit douloureusement.

Ainsi un homme qui, dans le cœur de l'hiver, veut passer un fleuve glacé... Il s'avance... mais au milieu, tout à coup, il entend la glace crier et se fendre sous ses pieds... Il s'arrête.

Il pâlit. Sur son front se dressent ses cheveux.
Tremblant, l'effroi l'agite et roule dans ses yeux.
Le tumulte, la mort égarent son visage,
Et sa mère, à grands cris, le rappelle au rivage.

ÉPISODES

Un héros qui a souffert des injustices s'éloigne comme Coriolan et cache partout son nom comme Ulysse. Qu'il s'appelle Alphonse, par exemple. Il trouve un vieillard comme Philoctète, qui lui demande des nouvelles de l'armée, et celui-ci... et celui-là... et ce vieillard...

Il invoque la mort, il a pleuré son fils.

O dieux! réplique le vieillard, c'était mon plus ancien ami. Nous avions ensemble étudié... Et ce jeune héros... cet Alphonse... — Alphonse? Il a vécu.
Puis il finit par aller chercher un asile chez un prince américain à qui il a fait tout le mal possible. Il entre non à la manière des suppliants... mais le prince hospitalier, qui est alors dans un festin, s'approche de lui... « Étranger, viens t'asseoir à ma table... Tous les humains rencontreront chez moi l'hospitalité... Il n'en est qu'un seul qui y trouvera le châtiment de ses barbaries... Plût aux dieux que la tempête le jetât ici!... C'est ce dur Espagnol, c'est ce cruel Al-

phonse... » L'étranger l'interrompt... « Je suis Alphonse... C'est moi qui t'ai fait tant de mal et qui viens t'aider à le réparer. »

Un Inca, racontant la conquête du Mexique par les Espagnols, que le peuple prenait pour des dieux, s'exprime ainsi :

Pour moi, je les crois fils de ces dieux malfaisants
Pour qui nos maux, nos pleurs, sont le plus doux encens.
Loin d'être dieux eux-même, ils sont tels que nous sommes,
Vieux, malades, mortels. Mais, s'ils étaient des hommes,
Quel germe dans leur cœur peut avoir enfanté
Un tel excès de rage et de férocité ?
Chez eux peut-être aussi qu'une avare nature
N'a point voulu nourrir cette race parjure.
Le cacao sans doute et ses glands onctueux
Dédaignent d'habiter leurs bois infructueux.
Le soleil ne sait point sur leurs arbres profanes
Mûrir le doux coco, les mielleuses bananes.
Leurs champs du beau maïs ignorent la moisson,
. . . .
D'herbages vénéneux leurs terres sont couvertes.
Noires d'affreux poisons, leurs rivières désertes
N'offrent à leurs filets nulle proie, et leurs traits
Ne trouvent point d'oiseaux dans leurs sombres forêts[1].

Ce sera un épisode touchant que cette histoire que je voulais mettre dans un autre poème... Une jeune héroïne suit son amant... Il est mort... Elle va sur son tombeau... on l'entraîne... dans les délires de la fièvre... Enfin un jour elle éloigne tous ses gardiens... et mourante, languissante,

1. Ce morceau est dans l'édition de 1819.

elle marche vers ce tombeau... Avant d'y arriver, elle tombe...
On l'entend, on y court... on veut la reporter chez elle... Elle
s'attache aux branches d'un arbre en criant... On consent à
la porter sur le tombeau... on obtient qu'elle mange.... on
lui donne du lait... Elle allait porter la coupe à sa bouche...
elle s'arrête... réfléchit... des larmes coulent de ses yeux...
elle incline la coupe sur le tombeau, verse la moitié du lait
en disant : « Tiens, mange aussi, toi... » Elle avale le reste...
elle meurt sur le tombeau.

Il pourra être intéressant de représenter cette jeune Américaine qui fut amoureuse de Cortès, se plaisant à caresser le cheval du héros, à lui peigner la crinière, à lui présenter de la nourriture, et ne voulant pas le laisser soigner par...

Plus beau que ce coursier, ce superbe Cyllare,
Cher aux lyres de Grèce, et que vit le Ténare
Obéir à la main du frère de Castor;
Plus beau même que toi, coursier au noble essor,
Qu'élevait Babylone aux amours de la reine,
Quand tu la vis souvent, la belle Assyrienne,
Dans ta crèche de marbre elle-même t'offrir
Et l'orge et le froment qui devaient te nourrir,
Et tresser de ses doigts ta crinière flottante,
Et ton flanc retentir sous sa main caressante[1].

. . . O Fernand! Ah! mourir loin de toi!
Adieu, mon père, adieu, je meurs, pardonnez-moi.

Dans le récit des expéditions orientales des Portugais, donner une vingtaine de vers au Camoëns. Peindre géographiquement ses travaux guerriers et poétiques et ses malheurs; le retour de cet *Homère guerrier* dans sa patrie après la mort de Sébastien.

---

1. Ces vers ont été transcrits par Aimé Martin d'après un manuscrit d'André Chénier. (*Lettres critiques*, 1881, p. 87, 88.)

L'AMÉRIQUE.

. . . .
Pour guides au tombeau dans sa vieillesse amère,
Ayant la faim, la soif, les douleurs, la misère.
Gens durs, peuples ingrats, monarques indolents
Chez qui le ciel eut tort de créer des talents.

Campos d'Almodovar, dites-nous ce qui se passa à telle et telle bataille...

. . . .
J'ai trouvé l'Hippocrène en ces fougueux torrents
Qu'au sang de ses coursiers dans son festin barbare
Mêle pour sa boisson l'indomptable Tartare[1].

Un vieillard outragé par des fils ingrats, retiré à la campagne, a planté des arbres. On vient lui annoncer qu'il est vengé de ses fils et qu'il peut recouvrer son pouvoir... Il les mène dans son jardin et leur montre ses arbres chargés de fruits, en disant : « Ceux-ci ne sont pas des fils ingrats... Je les ai plantés, et ils me donnent des fruits... »

La persuasion aux paroles mielleuses.

CARACTÈRES

Un homme (peut-être un fourbe), tenant un discours passionné et persuasif, emploiera ce tour... telle et telle chose arrivait... O vagues de telle mer!... ô telle rive! n'est-il pas vrai qu'alors vous vîtes... (quelque chose d'incroyable et de prodigieux).

---

1. Voy. les usages des Tartares dans Marco Polo.

S'agiter une mer bruyante et montueuse.

. . . . De sa barbe sauvage
Le fer n'avait jamais dépouillé son visage.

... Je le connais. C'est l'âme d'un enfant,
. . . .
Un cœur sensible et tendre et jusqu'à la faiblesse;
Mais un esprit de fer, mais un courage altier,
Que l'aspect de la mort ne peut faire plier;
Une équité sauvage, indocile, inflexible,
Une volonté forte, intraitable, invincible.

Un cœur tendre et facile, une tête indomptable[1].

Dans les jeux ou ailleurs... on examine, le cou tendu, l'œil fixe, celui qui..., et quand il est au plus difficile, on sue pour lui, on n'ose respirer, comme si on avait peur de le troubler de si loin ; et si quelqu'un tousse ou fait quelque bruit, on lui fait signe brusquement de se taire.

L'Américaine qui va pleurer sur le tombeau de son enfant et y exprimer du lait de ses mamelles.

Déguise son courroux qu'il mûrit en silence,
Et dans son cœur profond enfouit sa vengeance.

---

1. On disait au moyen âge : cœur de lion et cœur d'agneau, pour exprimer l'idéal chevaleresque.

Le prince américain qui racontera la mort de Guatimozin et de son suivant et ce beau mot : *Et moi, suis-je sur un lit de roses?* les peindra allant au supplice ; Guatimozin en silence..., l'autre s'écriant : O vous, feux éternels qui éclairez les cieux! Toi, soleil, notre père! et vous, astres des nuits! ô cieux! ô terre! ô mers! voyez, etc.

———

Un prédicateur peindra la mort du Messie... La terre tremblante... Les tombeaux ouverts... La nuit... cette nuit ne fut point l'effet du mouvement de la terre; une partie du globe ne fut point éclairée et l'autre dans l'obscurité... La lune ne passa point entre la terre et le soleil pour intercepter la lumière... Non, l'antique nuit, la mère du chaos, celle à qui appartenait le monde avant que la lumière fût créée, sortit de son antre... Elle entoura le soleil d'un voile noir pour qu'il ne fût pas témoin... Elle étendit le deuil sur toutes les sphères qui composent notre univers... Toutes pleurèrent la mort de leur créateur.

Le sommeil, doux frère de la mort. . . .

M. de Chastellux écrit avoir vu chez Mme Beech, la fille de M. Franklin, deux mille deux cents chemises faites par les dames et les demoiselles d'Amérique pour les soldats américains[1]. Chacune avait mis son nom... Ce lin qui sera trempé des sueurs qui couleront pour la liberté.

———

On leur offre la paix... mais cette paix n'est point riante... elle n'est point couronnée d'épis et de fleurs... Elle a le regard dur, la tête haute, des chaînes dans ses mains... C'est la paix de l'esclavage, elle ressemble à la guerre.

———

1. *Voyage dans l'Amérique septentrionale* en 1780, 1781, 1782. 2 vol. in-8°. Paris, 1786, t. Ier, p. 165.

Bravade : L'avez-vous ouï dire? — Jamais. — Eh bien, c'est donc à moi de vous instruire que... L'autre le quitte au milieu de son discours, et va faire précisément ce que l'autre prétendait lui défendre.

———

Un vieillard, consolant un jeune homme qui se reprochera avec amertume une faute qu'il aura commise, pourra lui dire cette sage maxime : qu'il faut être indulgent pour les autres et aussi pour soi.

———

Dans la prière des prêtres américains :

Et toi, Dieu castillan, Dieu jaloux, Dieu colère,
Dieu tonnant, Dieu guerrier, Dieu fort, Dieu sanguinaire

———

. . . . Il s'avance,
Muet, le front baissé, le cœur gros de vengeance.

———

Conveniens vitæ mors fuit ista suæ. (Ovide [1].)

Et qui vécut ainsi devait ainsi mourir.

Il faut traduire le bel endroit de Jérémie sur le massacre de Rama [2]. On peut mettre cela dans la bouche de Las Casas.
Gît le cadavre épars d'une ville...

---

1. *Amor.*, élég. X, v. 38 et dernier.
2. Rama ou Rabbath ou Rabbah, Jérémie, ch. XLIX.

L'AMÉRIQUE.

Fait retentir la nue et les temples du ciel.

Donec fortunam pudeat criminis sui.
(*Phœdre,* liv. II, épil.)

Sans se plaindre du ciel qui l'opprime,

Attend que la fortune ait honte de son crime.

N'est-ce pas un tel que j'aperçois revenir du combat tout sanglant?... Apportez-moi ma lyre, ôtez-la du clou qui la suspend à la colonne... que je chante...

Il faut placer quelque part de ces caractères d'hommes qui voient tout en beau ; qui, sur un seul mot qu'on leur dit d'une chose, bâtissent un long roman...

Mettre dans la bouche de celui qui aura vu les Andes... Ces énormes granits épars çà et là, sans ordre... ces fleuves immenses qui se précipitent... ces neiges...

Ces hauts monts que blanchit un éternel hiver,

ce chaos semble les débris d'un monde, les Titans... On croit voir là dans ces enfantements monstrueux, sans forme, sans ordre, la nature mère agitée, déchirée, gémir dans les travaux d'un avortement.

Τενέδοιό τε... ἀμφιβέβηκας.
(*Hom.*, Il., I [1].)

Les prêtres américains peuvent dire à leur Dieu :

Toi qui. . . . .
Qui fais la garde autour de nos villes sacrées.

———

Hier tu pouvais tout et m'osas offenser ;
Tu n'es rien, je puis tout, et choisis la clémence.
Faible et pauvre j'allais, pour punir ton offense,
Soulever terre et ciel, quel qu'en fût le danger ;
Mais j'aime à pardonner quand je puis me venger.

———

Annibal avant la bataille du Tesin ouvre avec une pierre la tête de l'agneau qu'il immolait, et prie Jupiter de l'écraser de même s'il ne tient à ses soldats ce qu'il leur a promis (à imiter [2]).

Je voudrais imaginer des actions et des épisodes tragiques et grands et prouvant de grandes choses morales qui pussent être citées et vivre dans la mémoire des hommes, comme ce qui nous est resté des anciens. Je voudrais imiter la fin de l'*Œdipe* de Sophocle...

On pourrait feindre qu'un jeune homme aurait été se distinguer en Amérique, déshérité par son père qui, se repentant, le chercherait en Amérique. Le fils sans le connaître tuerait son père et épouserait sa mère... Cela découvert, il dirait à ses enfants avant de se tuer :

Venez, fils de l'inceste. . . . .

---

1. Vers 451 et 452.
2. Tite-Live, liv. XXII, ch. XLV.

Imprimez-vous bien mon visage. . . . . . .
Venez, venez, enfants. Vous tremblez, vous fuyez,
Venez, regardez-moi. Ces traits que vous voyez,
Ce sont ceux d'un méchant, d'un traître, d'un perfide,
D'un fils incestueux et d'un fils parricide!...

Quand, fugitifs, sans appui, sans asile, on vous appellera fils de l'inceste, alors maudissez votre père. Et quand

Un traître, un parricide, un fils incestueux,
Au gibet mérité marcheront sous vos yeux,
A leur visage impie, horrible, sanguinaire,
Rappelez-vous Fernand, maudissez votre père,
Dites : — Il ressemblait à ces hommes pervers
Que les bourreaux. . . . .

Peindre noblement et superstitieusement la force des imprécations d'un père... Dans un épisode grandement tragique. Ceci doit être un des plus beaux endroits de l'ouvrage.

Il serait bon, neuf, et original, dans la foule de caractères qui doivent remplir cet ouvrage, d'en jeter un d'un âge mûr, devenu froid et tranquille, d'ardent et impétueux qu'il était dans sa jeunesse. Silencieux, écoutant tout et ne répondant rien, faisant et disant tout ce qu'il a à faire ou à dire sans aucune altération de visage. Dans le conseil, n'ayant que des avis ironiques. Dans la mêlée, se battant sans jamais rien perdre de son sang-froid ; quand, après la victoire, chacun étale ses exploits pour avoir part au butin, lui, se taisant et s'en allant. Humain et bon, sans aménité; ami inviolable sans être caressant; généreux sans magnificence; juste sans aimer la vengeance; grand sans enthousiasme; peu fêté, peu recherché; mais honoré de tous. Adoré du soldat qui craint même son regard. Redouté dans le conseil, même lorsqu'il garde le silence. Et lui donner un ami d'un grand caractère tout opposé qui, en l'aimant, le respecte.

Il marche d'un côté, *il y trouve Cortès*. Il se retourne et va de l'autre, où il compte sur peu de résistance ; *il y trouve Cortès* étincelant, terrible, Cortès qui l'avait aperçu d'abord et qui l'avait suivi pour le combattre, etc...

Je voudrais peindre quelque part un homme (peut-être un jésuite du Paraguay) qui, pour émouvoir les peuples grossiers, emploie quelqu'un de ces signes extérieurs à l'antique, comme le vase brisé par Jérémie, dont plusieurs se moquent et ont tort de se moquer [1].

L'éloquent jésuite qui, en imitant Pythagore dans Ovide [2], convertira les anthropophages du Brésil, emploiera des mouvements d'une éloquence primitive et sauvage, comme, par exemple, d'évoquer, dans une bouillante apostrophe, les âmes des malheureux qui ont péri dans ces horribles festins, de les peindre demandant vengeance devant Dieu...

Il faudra qu'un missionnaire, réunissant des sauvages en société, traduise l'hymne de Milton au mariage, très déplacé dans sa bouche, mais plein de beautés. C'est après le divin morceau d'Éden et des amours de nos premiers parents. A ces mots : *hait wedded love*... Book IV, v. 750. Il ne faudra cependant pas en imiter cet endroit où il dit que c'est là que règne l'amour, et non dans les sourires des p....., jouissance casuelle, ni dans les amours de cour, les mascarades, le bal de minuit, les danses mêlées, les sérénades que les amants chantent à leur orgueilleuse belle, etc...

---

1. *Jérémie*, ch. xix, v. 1, 10 et 99.
2. *Métamorph.*, liv. XV, v. 167 et suiv.

Un vieillard dira :

... Affreux bienfait du ciel que de survivre à tous ceux que l'on aime !... Mes parents m'ont abandonné, mes amis m'ont abandonné, tous m'ont abandonné. Je suis resté seul au monde. Il n'est plus personne sur la terre avec qui je puisse parler de ce que nous avons vu autrefois. Rappeler à quels jeux nous jouions dans notre enfance. Nos premières amours, et disputer quelle maîtresse était la plus belle. Ceux qui sont vieux aujourd'hui, quand ils étaient jeunes, m'ont vu déjà vieux. La vieillesse est à charge aux jeunes gens... Ils me fuyaient alors, ils m'évitaient. Ils me fuient, ils m'évitent encore comme s'ils étaient restés jeunes et que je fusse vieux tout seul. Les jeunes gens me haïssent... — Vieillard, ne nous fais point ce reproche : nous aimons, nous respectons tous ta vieillesse vertueuse.

Le vieillard dira : *Æquam memento rebus*[1]...

Gardons, gardons toujours, nous qui devons mourir,
Une âme égale et ferme. . . . .
Dans les biens, dans les maux que le ciel nous envoie
Entre la paisible. . . et l'insolente joie.

(*Horat.*[2])

Il faut peindre avec des couleurs vraies et naïves un Espagnol ou autre, comme l'Hercule des anciens, principalement dans l'*Alceste* d'Euripide, grand, féroce, généreux, terrible, gros mangeur, etc.

Ainsi le paysan *inscius* s'assied sur un serpent roulé sur lui-même et qu'il prend pour un tronc d'arbre[3].

---

1. *Arduis servare mentem*...
2. Livre II, ode III.
3. Cette anecdote est tirée de l'ouvrage de Th. Smith, le *Cabinet du jeune naturaliste*. (G. DE CH.)

Ainsi le voyageur fatigué s'assied et se repose sous un mancenillier, ombrage vénéneux... Saisi d'un froid mortel, il se lève, il se traîne loin de cet arbre funeste, et plus il s'en éloigne, plus il sent se ranimer son cœur,

Et renaître en son flanc la force et la vigueur.

———

Je veux, dans un tableau pathétique et sombre, mettre un homme dans une circonstance où il puisse traduire Job : *pereat dies in qua* [1]... et la sentence grecque : *le meilleur était de ne pas naître, ensuite de mourir bientôt.*

———

Je veux, dans un même morceau, confondre et imiter cet endroit d'Homère où Priam demande à Hélène le nom des héros de l'armée [2], et la divine scène d'Eschyle dans *les Sept chefs,* où un messager apprend à Étéocle les noms des chefs et les devises de leurs boucliers, qu'Étéocle rétorque toujours contre eux. Cette scène est au-dessus de l'éloge. Il faut presque la traduire.

———

Un rôle assez important du côté des Américains sera une prophétesse comme il y en eut toujours chez les peuples barbares, laquelle, attachée aux Pizarre comme Cassandre à Agamemnon, chantera et prédira l'assassinat actuel de François Pizarre. C'est là que j'imiterai cette admirable et unique scène de Cassandre dans l'*Agamemnon* d'Eschyle. Plût à Dieu que je pusse trouver quelque occasion d'imiter aussi cette tragédie des *Perses!*

———

1. Chap. III, verset 3.
2. *Iliade,* III, v. 161 et suiv.

Chez les anciens, des hommes attirés dans un palais qui cachait un piège, reçus devant l'autel de Jupiter hospitalier, au moment où ils seraient attaqués dans la nuit, comme les gendres de Danaüs, s'élanceraient aux pieds de Jupiter hospitalier, pâles, défaits et s'écrieraient : O Jupiter hospitalier !...

Quel feu, quel profond pathétique... Eschyle ou Sophocle... Il faut tâcher de faire un morceau dans ce genre.

La belle réponse que Sylla fit à Crassus en l'envoyant lever des troupes au pays des Marses ! Crassus lui demandait des gardes, parce que le pays était plein d'ennemis. Sylla lui dit : « Je te donne pour gardes ton père, ton frère, tes parents, tes amis indignement massacrés[1]. »

Les histoires anciennes, écrites par des hommes si éloquents, fourmillent de peintures grandes et pathétiques et que l'on peut transporter à d'autres personnages. Je ne lis point sans frémir celle de Vibius Serenus, accusé par son fils, et celle de Sabinus au IVe livre des *Annales*. Pline rapporte une histoire intéressante du chien d'un esclave de ce Sabinus dont je ferai usage. Les héros d'Ossian marchent souvent accompagnés de leurs chiens. Le chien d'Ulysse est divin dans Homère ; et il n'y a que des hommes dépourvus de sensibilité et d'entrailles qui aient pu en être choqués. — Voici les paroles de Pline, livre VIII, ch. XL :

« In nostro ævo actis populi Romani testatum... cum animadverteretur... in Titium Sabinum et servitia ejus, unius ex his canem nec a carcere abigi potuisse, nec a corpore recessisse abjecti in gradibus gemitoriis, mœstos edentem ululatus magna populi romani corona : ex qua cum quidam ei cibum

[1]. Plutarque, *Vie de Marcus Crassus*, ch. IX.

objecisset, ad os defuncti tulisse... innatavit idem cadaver in Tiberim abjecti sustentare conatus effusa multitudine ad spectandum animalis fidem. »

Même quand nous traçons des tableaux et des caractères modernes, c'est d'Homère, de Virgile, de Plutarque, de Tacite, de Sophocle, de Salluste, d'Eschyle qu'il nous faut apprendre à les peindre.

Je voudrais peindre un grand homme, injustement banni, réduit à vivre dans une cabane en quelque lieu sauvage et désert. On a besoin de lui, on va le chercher ; il salue tendrement à l'antique la cabane qui l'a conservé. (Si c'est un chrétien, il faut mêler à cela une sorte de dévotion noble et romanesque.) Il se couvre de gloire. Il a de nouveaux malheurs et meurt misérablement en regrettant son asile.

Cette voix de Stentor qui se fait entendre par-dessus une armée[1], il faut appliquer cela à quelqu'un.

---

1. Homère, *Iliade,* liv. V, v. 785 et suiv.

V

L'ART D'AIMER[1]

CHANT PREMIER

. . . .
Flore met plus d'un jour à finir une rose.
Plus d'un jour fait l'ombrage où Palès se repose ;
Et plus d'un soleil dore, au penchant des coteaux,
Les grappes de Bacchus, ces rivales des eaux.
Qu'ainsi ton doux projet en silence mûrisse,
Que sous tes pas certains la route s'aplanisse,
Qu'un œil sûr te dirige ; et de loin, avec art,
Dispose ces ressorts que l'on nomme hasard.
Mais souvent un jeune homme, aspirant à la gloire
De venir, voir, et vaincre, et prôner sa victoire,
Vole, et hâtant l'assaut qu'il eût dû préparer[2],
. . . .
L'imprudent a voulu cueillir avant l'automne
L'espoir à peine éclos d'une riche Pomone ;
Il a coupé ses blés quand les jeunes moissons

---

1. Un certain nombre de fragments ont été publiés dans les éditions de 1819 et 1833 ; un plus grand nombre dans l'édition de G. de Chénier.
2. La phrase est inachevée. Le premier éditeur a mis :

   Vole et hâte l'assaut qu'il eût dû préparer.

Ne passaient point encor les timides gazons[1].
Le danger, c'est ainsi que leur bouche l'appelle,
D'abord effraye ou semble effrayer une belle ;
Prudence, adresse, temps, savent l'accoutumer
A le voir sans le craindre et bientôt à l'aimer.

Quand Junon sur l'Ida plut au maître du monde,
Xanthus[2] l'avait tenue au cristal de son onde,
Et sur sa peau vermeille une savante main
Fit distiller la rose et les flots de jasmin.
Cultivez vos attraits ; la plus belle nature
Veut les soins délicats d'une aimable culture.
Mais si l'usage est doux, l'abus est odieux.
Des parfums entassés l'amas fastidieux,
De la triste laideur trop impuissantes armes,
A d'indignes soupçons exposerait vos charmes.
Que dans vos vêtements le goût seul consulté
N'étale qu'élégance et que simplicité.
L'or ni les diamants n'embellissent les belles ;
Le goût est leur richesse, et, tout-puissant comme elles,
Il sait créer de rien leurs plus beaux ornements ;
Et tout est sous ses doigts l'or et les diamants.

1. Édition 1819.
2. Le Xanthe est le même fleuve que le Scamandre. Voy. *OEuvres complètes de La Fontaine*, édit. Louis Moland, t. IV, p. 362.
M. Becq de Fouquières, sans avoir vu le manuscrit, conjecture qu'il faut lire Κάναθος, Canathus, qui est une fontaine des environs de Nauplie dans laquelle Junon, selon les légendes argiennes, allait chaque année se baigner et recouvrait une fraîcheur de jeune fille. — André n'avait pas encore remplacé le mot grec par le mot français, dit-il, parce que le vers, ayant treize syllabes, exigeait une correction. La conjecture est sans doute ingénieuse. Le lecteur jugera s'il doit l'adopter.

J'aime un sein qui palpite et soulève une gaze.
L'heureuse volupté se plaît, dans son extase,
A fouler mollement ces habits radieux.
Que déploie au Cathay le ver industrieux.
Le coton mol et souple, en une trame habile,
Sur les bords indiens, pour vous prépare et file
Ce tissu transparent, ce réseau de Vulcain,
Qui, perfide et propice à l'amant incertain,
Lui semble un voile d'air, un nuage liquide,
Où Vénus se dérobe et fuit son œil avide[1].
Sur ses membres. . . . .
S'étend le doux réseau d'une peau diaphane.

Quand la gaze ou le lin, barrière mal tissue,
Qui la couvre ou plutôt la découvre à sa vue,
Suivant de tout son corps les détours gracieux...

C'est par ses vêtements qu'elle est nue à tes yeux.

Et de ses vêtements couverte et non voilée.

(Je crois avoir déjà mis ce vers-là quelque part, mais je ne puis me souvenir où[2].)

Un mouvement de désirs tel que celui que l'on éprouve après dîner, lorsqu'on a bu vin, café...

---

1. Édition 1819.
2. Voy. tome Ier, page 60.

La sombre défiance assiège en vain ta trace,
Il faut oser. L'Amour favorise l'audace.
Les ruses des mortels n'éludèrent jamais
D'un enfant et d'un dieu les ruses et les traits.
Que sert des tours d'airain tout l'appareil horrible?
Que servit à Junon son Argus si terrible?*
Ce front d'inquiétude armé de toutes parts,
Où veillaient à la fois cent farouches regards[1]?

CHANT DEUXIÈME

Il faut qu'un amant sache prendre toutes les formes... exemples des métamorphoses des dieux... Après trois ou quatre, finir par raconter en douze ou quinze vers l'enlèvement d'Europe, traduisant Ovide, livre II, et Moschus... D'abord elle a peur... puis elle finit par s'asseoir sur lui.

Aux rives de Sidon Jupiter mugissant.

Jupiter quadrupède et sur l'herbe paissant,
Aux rives de Sidon ravisseur mugissant.
Quoique paisible et doux, la vierge qu'il adore
L'approche, fuit, revient, fuit et revient encore;
Puis lui jette des fleurs, s'accoutume à le voir,
Le touche, et sur son flanc ose bientôt s'asseoir[2].

---

* Var.: *Que servit à Junon cet Argus si terrible?*

1. Ces vers sont une répétition du morceau placé dans les élégies sous le n° LVIII. Le poète aurait opté plus tard pour l'une ou l'autre place.
2. André Chénier a traité plusieurs fois ce sujet. Voy. tome Ier, p. 93 et suiv.

L'ART D'AIMER.

Λάθρια Πηλείδαο φιλάματα, λάθριον εὐνάν.
(Bion de Smyrne.)

Et les baisers secrets et les lits clandestins.

Si d'un mot échappé l'outrageuse rudesse
A pu blesser l'amour et sa délicatesse,
Immobile il gémit; songe à tout expier.
Sans honte, sans réserve, il faut s'humilier;
Tombe même à genoux, bien loin de te défendre;
Tu le verras soudain plus amoureux, plus tendre,
Courir et t'arrêter, et lui-même à genoux
Accuser en pleurant son injuste courroux.
Mais souvent malgré toi, sans fiel ni sans injure,
Ta bouche d'un trait vif aiguise la piqûre;
Le trait vole, tu veux le rappeler en vain;
Ton amant consterné dévore son chagrin :
Ou bien d'un dur refus l'inflexible constance
De ses feux tout un jour a trompé l'espérance.
Il boude; un peu d'aigreur, un mot même douteux
Peut tourner la querelle en débat sérieux.
Oh! trop heureuse alors si, pour fuir cet orage,
Les Grâces t'ont donné leur divin badinage;
Cet air humble et soumis de n'oser l'approcher,
D'avoir peur de ses yeux et de t'aller cacher,
Et de mille autres jeux l'inévitable adresse,
De mille mots plaisants l'aimable gentillesse,
Enfin tous ces détours dont le charme ingénu
Fait éclater un rire à peine retenu.
Il t'embrasse, il te tient, plus que jamais il t'aime;
C'est ton tour maintenant de le bouder lui-même.
Loin de s'en effrayer, il rit, et mes secrets

L'ont instruit des moyens de ramener la paix[1].

. . . .

Sache inventer pour lui mille tendres folies.
Il faut, en le grondant, le serrer dans tes bras;
Lui dire, en le baisant, que tu ne l'aimes pas,
Et les reproches feints, la colère badine;
Et des mots caressants la mollesse enfantine;
Et de mille baisers l'implacable fureur.

. . . .

———

Souvent d'un peu d'humeur, d'un moment de caprice
(Toute belle a les siens) il ressent l'injustice:
Il se désole, il crie, il est trompé, trahi;
Tu ne mérites pas un amant tel que lui;
Il a le cœur si bon! Sa sottise est extrême!
Il te hait, te maudit; — plus que jamais il t'aime.

———

Crains que l'ennui fatal dans son cœur introduit
Puisse compter les pas de l'heure qui s'enfuit.
Il est, pour la tromper, un aimable artifice :
Amuse-la des jeux qu'invente le caprice;
Lasse sa patience à mille tours malins,
Ris et de sa faiblesse et de ses cris mutins.
Tu braves tant de fois sa menace éprouvée,
Elle vole, tu fuis; la main déjà levée,
Elle te tient, te presse; elle va te punir,
Mais vos bouches déjà ne cherchent qu'à s'unir.
Le ciel d'un feu plus beau luit après un orage.
L'amour fait à Paphos naître plus d'un nuage,

1. Ce morceau se trouve dans l'édition de 1819.

Mais c'est le souffle pur qui rend l'éclat à l'or,
Et la peine en amour est un plaisir encor.
Le hasard à ton gré n'est pas toujours docile.
Une belle est un bien si léger, si mobile!
Souvent tes doux projets, médités à loisir,
D'avance destinaient la journée au plaisir ;
Non, elle ne veut pas. D'autres soins occupée,
Tu vois avec douleur ton attente échappée.
Surtout point de contrainte. Espère un plus beau jour.
Imprudent qui fatigue et tourmente l'amour.
Essaye avec les pleurs, les tendres doléances,
De faire à ses desseins de douces violences.
Sinon, tu vas l'aigrir ; tu te perds. La beauté,
Je te l'ai fait entendre, aime sa volonté.
Son cœur impatient, que la contrainte blesse,
Se dépite : il est dur de n'être pas maîtresse.
Prends-y garde : une fois le ramier envolé
Dans sa cage confuse est en vain rappelé.
Cède ; assieds-toi près d'elle ; et, soumis avec grâce,
D'un ton un peu plus froid, sans aigreur ni menace,
Dis-lui que de tes vœux son plaisir est la loi.
Va, tu n'y perdras rien, repose-toi sur moi.
Complaisance a toujours la victoire propice[1].
Souvent de tes désirs l'utile sacrifice,
Comme un jeune rameau planté dans la saison,
Te rendra de doux fruits une longue moisson.

Flore a pour les amants ses corbeilles fertiles ;

1. Ce vers et les trois suivants avaient été reproduits dans les Élégies, avec cette variante du premier vers :
    Complaisance a toujours une adresse propice.

Et les fleurs, dans leurs jeux, ne sont pas inutiles.
Les fleurs vengent souvent un amant courroucé
Qui feint sur un seul mot de paraître offensé.
Il poursuit son espiègle, il la tient, il la presse ;
Et, fixant de ses flancs l'indocile souplesse,
D'un faisceau de bouquets en cachette apporté
Châtie, en badinant, sa coupable beauté,
La fait taire et la gronde, et d'un maître sévère
Imite, avec amour, la plainte et la colère :
Et négligeant ses cris, sa lutte, ses transports,
Arme le fouet léger de rapides efforts,
Frappe et frappe sans cesse, et s'irrite et menace,
Et force enfin sa bouche à lui demander grâce.
Telle Vénus souvent, aux genoux d'Adonis,
Vit des taches de rose empreintes sur ses lis.
Tel l'Amour, enchanté d'un si doux badinage,
Loin des yeux de sa mère, en un charmant rivage,
Caressait sa Psyché dans leurs jeux enfantins,
Et de lacets dorés chargeait ses belles mains.

Fontenay ! lieu qu'Amour fit naître avec la rose.
J'irai (sur cet espoir mon âme se repose),
J'irai te voir, et Flore et le ciel qui te luit.
Là je contemple enfin (ma déesse m'y suit),
Sur un lit que je cueille en tes riants asiles,
Ses appas, sa pudeur, et ses fuites agiles,
Et dans la rose en feu l'albâtre confondu
Comme un ruisseau de lait sur la pourpre étendu.

Dans les plaisanteries pour rire, il faut prendre garde de ne rien dire qui puisse être une vérité.

L'amour est délicat, un rien peut le blesser.

———

Quand on a resté avec ce qu'on aime, même sans rien dire, le temps a passé vite, on s'étonne toujours qu'il soit déjà si tard.

Nulle heure n'est oisive et nul instant n'est vide[1].
Le temps vole, pour eux, d'une aile si rapide!
Tous deux muets, tous deux tranquilles à l'écart
S'étonnent à la fin qu'il soit déjà si tard.
Ils se parlent d'amour dans leur silence même.
L'âme sans le vouloir rêve de ce qu'elle aime.
Il est là : c'est assez.

Je leur ai conseillé de s'absenter quelquefois ; mais vous n'avez rien à craindre, c'est un précepte bien pénible.

Eh! qui peut sans mourir s'éloigner d'une amante?

———

La prière. . . . .
Ou l'ordre impérieux, faveur plus douce encore.

———

. . . . . Ce mélange incroyable et divin
. , ... De raison, de délire,
D'exigence et de soins, d'esclavage et d'empire.

———

1. Ce fragment a été placé par M. G. de Chénier dans les Élégies.

Sur sa lèvre de rose et d'amour parfumée,
Cueillir la douce fleur d'une haleine embaumée.

———

La jeune Hébé donnée au courage d'Alcide.

———

Quand on a été longtemps importuné par des témoins...

Dans le premier baiser l'âme entière se noie.

———

Un jeune homme

Croit toujours de beaux yeux garants d'une belle âme.

———

Et sur son cou d'ivoire. . . . .
D'une dent chatouilleuse avec un doux murmure
Imprimera la molle et suave blessure.

———

Rugis uterum Lucina notavit[1].

De Lucine avec art dissimuler l'outrage.

———

Obéis; c'est un dieu, c'est un enfant colère.

———

1. Ovide, de *Arte amandi*, liv. III, v. 785.

Baisers mêlés de pleurs, soupirs, molle complainte.

. . . . Et tant de probité
Ne fut rien qu'ignorance et que rusticité.

Et tu sais bien quel est auprès de la beauté
L'attrait même du crime et de la nouveauté.

Oui, jusque dans sa robe et le contour de lin
Que presse la ceinture au-dessous de son sein,
Sans avoir son aveu, ta bouche pétulante
A cherché la fraîcheur de sa gorge naissante*.
Sur les deux ramiers blancs le vautour indompté,
Sur les deux ramiers blancs il s'est précipité,
Les deux oiseaux jumeaux qu'un même nid rassemble,
Qui se cachent tous deux, qui s'élèvent ensemble,
Dont le bec est de rose, et que l'œil plein d'ardeur
Poursuit, touche de loin, et qui troublent le cœur[1].

. . . .
Non; même sans chercher d'amoureuses promesses,
Sans vouloir de Vénus connaître les caresses,
D'être belle toujours vous prenez quelques soins;

---

* Var.: *A cherché la fraîcheur de sa gorge brillante.*

1. Édition G. de Chénier, dans les *Églogues.*

Vous voulez plaire même à qui vous plaît le moins.
O chaste déité qu'adore le Pirée,
Tu jettes l'instrument, fils de ta main sacrée;
Tu brises cette flûte où, pour charmer les dieux,
Respire en sons légers ton souffle harmonieux;
Tu rougis de la voir dans une onde fidèle
Altérer la beauté de ta joue immortelle[1].

———

Du céleste voyage à mon char confié
En deux courses son vol a franchi la moitié.
Descendons, sous nos pas la nuit couvre les plaines.
De mes cygnes fumants je détache les rênes;
Demain même trajet s'ouvre devant mes yeux;
Mon char avec le jour regagnera les cieux[2].

CHANT TROISIÈME

. . . .
C'est l'amour qui, trompant la sombre vigilance,

---

1. Édition G. de Chénier, dans les *Églogues*. — Ce morceau a été inspiré par ce passage d'Hygin, cap. 165, p. 235, édition de 1681, in-8 : « Minerva tibias dicitur prima ex osse cervino fecisse, et ad epulum deorum cantatum venisse. Juno et Venus cum eam irriderent, quod et cœsia erat et buccas inflaret, fœda visa, et in cantu irrisa, in Idam sylvam ad fontem venit : ibique cantans in aqua se aspexit, et vidit se merito irrisam : unde tibias ibi abjecit et imprecata est, ut quisquis eas sustulisset, gravi afficeretur supplicio. Quas Marsyas Œagri filius pastor unus ex turis (saturis) invenit, etc. »

2. M. G. de Chénier a placé ces derniers vers parmi les fragments d'élégie. Nous croyons, comme M. Becq de Fouquières, qu'ils étaient plutôt destinés à terminer un deuxième chant de l'*Art d'aimer*. Il en faudrait conclure qu'à un certain moment André Chénier songea à faire quatre chants de l'*Art d'aimer*.

Sait donner devant elle une voix au silence.

———

Une jeune beauté par lui seul affermie,
Quand la troupe aux cent yeux est enfin endormie,
De son lit qui pleurait l'absent trop attendu
Fuit, se glisse, et d'un pied muet et suspendu,
Au jeune impatient va, d'aise palpitante,
Ouvrir enfin la porte amie et confidente;
Et sa main, devant elle, interroge sans bruit
Et sa route peureuse et les murs et la nuit[1]. -

. . . .
Il apprend aux soupirs à s'exhaler à peine;
Il instruit, près des murs qui pourraient vous ouïr,
Vos baisers à se taire et ne vous point trahir.

———

. . . . . . L'obstacle encourage l'amour.
J'épargne le chevreuil que nul bois, nul détour
Ne dérobe à mes traits dans la vaste campagne;
Je veux le suivre au haut de la sombre montagne
Et, trempé de sueurs, affronter en courant
La ronce hérissée et l'orageux torrent.

———

Retenez, il est temps, le songe qui s'enfuit;
Belle et rapide fleur, doux enfant de la nuit;
Le jour vient, il t'appelle, empresse-toi d'éclore :

1. Tibulle, II, 1, 77.

Ah! tu ne verras point une seconde aurore.

———

. . . .
Les mains de Calliope et celles de l'amour
La couronnent de fleurs qui vivent plus d'un jour.
. . . .

———

De tes traits languissants observe la pâleur,
Si telle est des amants l'amoureuse couleur.
Procris, pâle et mourante, aux bois suivait Céphale.
Vois, pour Endymion, Phœbé mourante et pâle;
Vois d'Alphée éploré pâlir le front vermeil
Et la pâle Clytie amante du soleil.

———

Quand l'ardente saison fait aimer les ruisseaux,
A l'heure où, vers le soir, cherchant le frais des eaux,
La belle nonchalante à l'ombre se promène;
Que sa bouche entr'ouverte et que sa pure haleine,
Et son sein plus ému de tendresse et de vœux,
Appellent le baiser et respirent ses feux;
Que l'amant peut venir, et qu'il n'a plus à craindre
La raison qui mollit et commence à le plaindre;
Que sur tout son visage, ardente et jeune fleur,
Se répand un sourire insensible et rêveur;
Que son cou faible et lent ne soutient plus sa tête;
Que ses yeux, dans sa course incertaine et muette,
Sous leur longue paupière à peine ouverte au jour

Languissent mollement et sont noyés d'amour[1].

Sur l'oreiller d'amour tous deux...

Mais surtout sans les yeux quels plaisirs sont parfaits?
Laissez, près d'une couche ainsi voluptueuse,
Veiller, discret témoin, la cire lumineuse ;
Elle a tout vu la nuit, elle a tout épié ;
Dès que le jour paraît, elle a tout oublié[2].

A la fin du morceau de Protée :

Et tu verras ainsi contre tes fers agiles,
Se briser ses efforts et ses ruses fragiles.

Au troisième chant, histoire des grossières amours des premiers âges ; le luxe et l'art s'introduisant peu à peu dans la manière d'aimer... Athènes, Corinthe, Rome... Phryné.

D'un style grossier l'obscène nudité.

Il faut bien observer que ce qui est généralement un défaut dans les femmes est souvent une grâce et une gentil-

---

1. Ce morceau a paru dans l'édition de 1833.
2. M. G. de Chénier a placé ces cinq vers à la fin de l'élégie sur la Lampe. Voy. tome Ier, p. 296.

lesse dans une seule. Particulièrement de bien manger à table.

Les beaux garçons sont souvent si bêtes.

Un homme doit se conformer au goût des femmes. Il doit quelquefois coudre, broder, faire de la tapisserie; mais il ne faut pas qu'il s'y montre trop adroit ; au contraire, il vaut mieux qu'il affecte de s'y prendre mal. Hercule auprès d'Omphale. Sa maladresse, qui amusait cette dame[1].

Le mot d'un peintre : Ne pouvant la faire belle, tu l'as faite riche.

Ce n'est pas que je veuille condamner les femmes à ne songer qu'aux affaires du ménage. J'aime fort qu'une belle main, habile à manier la plume et l'aiguille, cultive à la fois *l'une et l'autre Minerve.*

Un vers en comparaison : *Nervis alienis mobile lignum*[2].

. . . .
Aux signes de l'aimant[3] statue obéissante,
S'enflamme au seul aspect d'un feu contagieux.
Ainsi, quand au hasard un doigt harmonieux

---

1. Lucien, *Dialogue des dieux,* dialogue entre Jupiter, Esculape et Hercule.
2. Horace, liv. II, satire VII, v. 81, 82.
3. On a proposé de lire *l'amant,* — et, selon toute apparence, c'est la bonne leçon.

Agite et fait parler une corde sonore,
Une autre corde au loin qu'on négligeait encore
D'elle-même résonne, éveillée à ce bruit,
Et s'unit à sa sœur, et l'écoute et la suit.

———

Aux bords où l'on voit naître et l'Euphrate et le jour,
Plus d'obstacle et de crainte environne l'amour.
Aussi. . . . .
. . . .
. . Sans se pouvoir parler même des yeux,
On se parle, on se voit. Leur cœur ingénieux
Donne à tout une voix entendue et muette,
Tout de leurs doux pensers est le doux interprète.
Désirs, crainte, serments, caresse, injure, pleurs,
Leurs dons savent tout dire : ils s'écrivent des fleurs.
Par la tulipe ardente une flamme est jurée.
L'amarante immortelle atteste sa durée.
L'œillet gronde une belle. Un lis vient l'apaiser.
L'iris est un soupir; la rose est un baiser.
C'est ainsi chaque jour qu'une sultane heureuse
Lit en bouquet la lettre odorante, amoureuse.
Elle pare son sein de soupirs et de vœux ;
Et des billets d'amour embaument ses cheveux.

Voir d'Herbelot au mot *Laleh*, qui signifie une tulipe. (*D'Herbelot*, Bibliothèque orientale, *4 vol. in-4°.*)

Offrons tout ce qu'on doit d'encens, d'honneurs suprêmes
Aux dieux, à la beauté plus divine qu'eux-mêmes.
Puisse aux vallons d'Hémus, où les rocs et les bois

Admirèrent d'Orphée et suivirent la voix,
L'Hèbre ne m'avoir pas en vain donné naissance!
Les muses avec moi vont connaître Byzance;
Et si le ciel se prête à mes efforts heureux,
De la Grèce oubliée enfant plus généreux,
Sur ses rives jadis si noblement fécondes,
Du Permesse égaré je ramène les ondes.
Pour la première fois de sa honte étonné,
Le farouche turban, jaloux et consterné,
D'un sérail oppresseur, noir séjour des alarmes,
Entendra nos accents et l'amour et vos charmes.
C'est là, non loin des flots dont l'amère rigueur
Osa ravir Sestos au nocturne nageur,
Qu'en des jardins chéris des eaux et du Zéphyre,
Pour vous, rayonnant d'or, de jaspe, de porphyre,
Un temple par mes mains doit s'élever un jour.
Sous vos lois j'y rassemble une superbe cour
Où de tous les climats brillent toutes les belles :
Elles règnent sur tous et vous régnez sur elles.
Là des filles d'Indus l'essaim noble et pompeux,
Les vierges de Tamise, au cœur tendre, aux yeux bleus,
De Tibre et d'Éridan les flatteuses sirènes
Et du blond Eurotas les touchantes Hélènes,
Et celles de Colchos, jeune et riche trésor
Plus beau que la toison étincelante d'or
Et celles qui, du Rhin l'ornement et la gloire,
Vont dans ses froids torrents baigner leurs pieds d'ivoire.
Toutes enfin, ce bord sera tout l'univers[1].

L'amour croît par l'exemple, et vit d'illusions.

1. Édition 1819.

Belles, étudiez ces tendres fictions
Que les poètes saints, en leurs douces ivresses,
Inventent dans la joie aux bras de leurs maîtresses :
De tout aimable objet Jupiter enflammé,
Et le dieu des combats par Vénus désarmé,
Quand, la tête en son sein mollement étendue,
Aux lèvres de Vénus son âme est suspendue,
Et dans ses yeux divins oubliant les hasards,
Nourrit d'un long amour ses avides regards ;
Quels appas trop chéris mirent Pergame en cendre ;
Quelles trois déités un berger vit descendre,
Qui, pour briguer la pomme abandonnant les cieux,
De leurs charmes rivaux enivrèrent ses yeux ;
Et le sang d'Adonis et la blanche hyacinthe
Dont la feuille respire une amoureuse plainte ;
Et la triste Syrinx aux mobiles roseaux,
Et Daphné de lauriers peuplant le bord des eaux[1] ;
Herminie aux forêts révélant ses blessures ;
Les grottes, de Médor confidentes parjures ;
Et les ruses d'Armide, et l'amoureux repos
Où, sur des lits de fleurs, languissent les héros ;
Et le myrte vivant aux bocages d'Alcine.
Les Grâces, dont les soins ont élevé Racine,
Aiment à répéter ses écrits enchanteurs,
Tendres comme leurs yeux, doux comme leurs faveurs.
Belles, ces chants divins sont nés pour votre bouche.
La lyre de Le Brun, qui vous plaît et vous touche,
Tantôt de l'élégie exhale les soupirs,
Tantôt au lit d'amour éveille les plaisirs.

---

1. André Chénier avait songé à placer ces quatre derniers vers dans une bucolique. On les a rencontrés, avec de légères variantes, tome 1er, page 186.

Suivez de sa Psyché la gloire et les alarmes;
Elle-même voulut qu'il célébrât ses charmes,
Qu'Amour vînt pour l'entendre; et dans ces chants heureux
Il la trouva plus belle et redoubla ses feux.
Mon berceau n'a point vu luire un même génie :
Ma Lycoris pourtant ne sera point bannie.
Comme eux, aux traits d'Amour j'abandonnai mon cœur,
Et mon vers a peut-être aussi quelque douceur[1].

---

1. M. Becq de Fouquières place encore dans *l'Art d'aimer* le morceau qui forme l'élégie XLII, — celui qui forme l'élégie XV, — celui qui forme l'élégie LVIII, — celui qui forme l'élégie LXXIII, — ceux qui forment l'élégie LXXIV.

VI

LA SUPERSTITION

Il faut faire, et le plus tôt possible, un poème sur la superstition. Environ en cinquante vers.

Notre siècle n'a pas tant à se glorifier... Il semble que tous les hommes soient destinés à être superstitieux... Chaque siècle l'est à sa manière... détailler cela... Il y a maintenant en Europe un germe de fanatisme... Dans les glaces du Nord des cerveaux brûlants... magnétisme... martinisme... Swedenborg... Cagliostro...[1].

Mais j'entends celui-ci m'objecter : Mais Dieu ne peut-il pas?.. Dieu ne peut pas ce qui... Tu fais de plats systèmes... Tu crois peut-être que Dieu fera des miracles pour t'empêcher d'avoir été un sot...

. . . .
. . . . Thaumaturge imbécile,
. . . .
Sois absurde, ignorant, quadrupède à ton gré.
. . . .
. . . .
. . . . et qui fait des miracles

---

1. Le poète a répété ici les deux fragments, l'un de six, l'autre de quatre vers, qui commencent l'épître à M. Bailly. Voy. ci-devant, p. 21.

N'aura que mes mépris et mon inimitié;
Qui les croit et les aime excite ma pitié.

L'avide charlatan peut tout ce qu'il veut... Il suffit qu'il ait la vogue. Alors, sans esprit, sans idée... Si même il écorche le français, cela n'en vaut que mieux... Le capable auditeur qui se croit du génie voit du génie aussi dans...

Il trouve, il reconnaît mille sens au lieu d'un
Dans cet amas de mots qui n'en forment aucun.

Et de ce noir chaos plus la nuit est grossière,
Plus son œil trouble et louche y croit voir de lumière.

Je ne veux point sur eux, toutefois, invoquer les châtiments...

Ne scutica dignum horribili sectere flagello [1].

Les persécuter, c'est les rendre intéressants même à ceux qui les méprisent.

Que le glaive des lois frappe le malfaiteur,
C'est à nous de punir le prophète menteur;
Voulant nous abuser, c'est nous seuls qu'il outrage.
Arabe vagabond, s'il ose, à chaque page,
Enfler de contes vains ses orgueilleux récits,
Et frapper sur l'épaule à des rois ses amis;
S'il étale partout, dans sa plate éloquence,
Des temps, des lieux, des mœurs une absurde ignorance,
Aussitôt contre lui l'équitable raison

---

1. Horace, satire III du livre Ier, v. 119.

LA SUPERSTITION.

S'arme du ridicule, et non de la prison.
Mais si l'on vient. . . . . avec scandale
L'immoler aux abois d'une plume vénale,

Si l'on veut le perdre sans un crime prouvé,

Et presque sur sa tête attirer le supplice,
Les gens de bien alors sauront avec justice,
Et séparant en lui sa vie et son malheur,
Rire de ses travers, mais plaindre sa douleur.

Oh! combien ces charlatans, seuls, à souper avec leurs confidents, doivent rire en se rappelant...
Un jeune homme ayant retenu quelque phrase de Voltaire se moque de tous ces rêves sacrés qu'enfanta le Jourdain... puis il vous dit tranquillement ceci et cela... il croit tout cela moins ridicule que l'eau changée en vin... Une jolie femme écoutant des expressions de métaphysique vous prouve... elle voit des esprits... elle vous en fera voir... soit, j'y consens pour moi. Tout ce qu'elle voudra me montrer, je le verrai avec plaisir. Quelque prestige que nous...

Un jeune homme orgueilleux, et docte réputé,
Tout plein de quelque auteur au hasard feuilleté,
Étonne un cercle entier de sa haute sagesse;
Il se joue avec grâce aux dépens de la messe;
Il plaisante le pape et siffle avec dédain
Tous ces rêves sacrés qu'enfanta le Jourdain.
Et puis d'un ton d'apôtre, empesé, fanatique,
Il prêche les vertus du baquet magnétique,
Et ces doigts qui de loin savent bien vous toucher,
Et font signe à la mort de n'oser approcher.
Un tel conte à ses yeux est moins plat, moins indigne

Que ce vin frauduleux, étranger à la vigne,
Par qui sont de Cana les festins égayés,
Ou ces diables pourceaux dans le fleuve noyés.
C'est que son jugement n' n que sa mémoire ;
S'il croit même le vrai, c'est qu'il est né pour croire.
Ce n'est point que le vrai saisisse son esprit,
Mais que Bayle ou Voltaire ou Jean-Jacques l'a dit.
. . . .
. . . .
. . . . Et le pauvre hébété
N'est incrédule enfin que par crédulité.

Oui, partout invoquant le sceptre ou la tiare,
Partout de l'ignorance appui lâche et barbare,
Partout, d'un fer obscur armant ses viles mains,
Partout, au nom des dieux écrasant les humains,
La stupidité règne, insolente, impunie,
Tourmente les talents, opprime le génie,
Punit la vérité du courageux affront
Qui, sous le diadème, a fait rougir son front.

VII

LA RÉPUBLIQUE DES LETTRES[1]

FRAGMENT I

LES CYCLOPES LITTÉRAIRES [2]

Ce n'est plus un sommet serein, couvert de fleurs,
Qu'habitent aujourd'hui les poétiques sœurs;
C'est l'antre de Lemnos, sombre et sinistre asile,
Où vingt Cyclopes noirs et d'envie et de bile,
Prompts à souffler des feux par la haine allumés,
Trempent aux eaux du Styx leurs traits envenimés;
Et d'outrage, de fiel, de calomnie amère,
Forgent sous le marteau l'ïambe sanguinaire.

---

1. Ce poème a paru en grande partie dans l'édition G. de Chénier.
M. Gabriel de Chénier a publié ces fragments sous le titre: *les Cyclopes littéraires*, qui ne s'applique qu'aux premiers vers. M. Becq de Fouquières les a réunis sous celui de la *Poésie*. M. Léo Joubert a préféré la *Vie littéraire*, qui est un peu moderne. M. de Chénier, qui a divisé ces fragments en trois chants, donne, pour titre du troisième chant, ces mots : *La république des lettres*, qui sont, paraît-il, de la main d'André. Il nous semble qu'ils peuvent parfaitement s'appliquer à la composition entière. On est ainsi exempt d'inventer un titre général qu'on aura toujours grand'peine à faire accepter de tous.

2. On verra un peu plus loin, page 198, qu'André Chénier lui-même désigne ce premier fragment par ces mots.

FRAGMENT II

Toi donc, ô dieu des vers, qui nourris de tes eaux
Ton interprète heureux, le sage Despréaux,
Et Voltaire, et Corneille, et l'âme de Racine,
Et Malherbe, et Lebrun à la lyre divine,
Et ce rêveur charmant chez qui, jusqu'aux poissons,
Tout parle, tout, pour l'homme, a d'utiles leçons ;
Et deux ou trois encore, honneur de ton empire,
Que la France a vus naître et que l'Europe admire,
Donne-moi de pouvoir sous leurs riches palmiers
Faire germer aussi mes timides lauriers !
Donne-moi, d'un poète, esprit, gloire, génie,
Tout, excepté pourtant l'enfantine manie
De tel, qui, possédé de son docte travers,
Inepte et bête à tout ce qui n'est pas des vers,
Ridicule jouet d'une verve inquiète,
A toute heure est poète et n'est rien que poète.

FRAGMENT III

. . . .
. . . .
Pour tout esprit bien fait les lettres ont des charmes.
A ce penchant si doux on voudrait obéir ;
Les lettrés ont pris soin de les faire haïr.
Elles n'ont point ici d'ennemis plus contraires
Que ces brigands pompeux, ministres littéraires,
Dont la ligue, formée en corps tumultueux,

Repousse l'homme simple, et droit, et vertueux.
Ah! de quelque laurier que leur main nous honore,
Il faut les bien aimer pour les aimer encore,
Quand d'un œil studieux on a vu tour à tour
Quels indignes humains commandent dans leur cour.

Mais il fait beau les voir s'écriant tous ensemble,
Tels qu'en un carrefour où la meute s'assemble,
Des dogues, l'œil ardent et luttant à grands cris,
D'un festin nuptial s'arrachent les débris,
D'une triste assemblée, immolée à leurs veilles,
Se disputer entre eux les yeux et les oreilles.
L'un au loin dans Strabon voyage et s'applaudit;
L'autre un calcul en main l'arrête et l'interdit;
Mais l'autre au milieu d'eux, toujours, toujours poète,
Improvise, extravague, embouche la trompette,
Répond en hémistiche et cite de grands mots
Qu'au théâtre le soir mugit quelque héros.

FRAGMENT IV

. . . .
. . . .

De la société tyrans présomptueux,
Haïssant, dédaignant tout ce qui n'est pas eux;
Chacun, dans son esprit, se couronnant d'avance,
Épouse avidement un art, une science,
Ne voit, ne connaît qu'elle, et la tient dans ses bras,
Et répudie au loin tout ce qu'il ne sait pas.
La prose humble et tremblante, à l'orateur laissée,

N'est au rimeur altier qu'un objet de risée.
Mais tous deux ils font voir par preuves et bons mots
Que de parler suffit, et qu'il n'est que des sots
Qui jusques à Newton puissent vouloir descendre,
Ou des siècles éteints ressusciter la cendre.
Lors un pédant, armé de vers grecs et romains,
Nous dit, non en français, que nos efforts sont vains;
Que la mémoire est tout; qu'il ne faut plus écrire
Rien qu'autrefois Auguste ou Platon n'ait dû lire;
Mais un chiffreur pensif, de tels discours blessé,
Lève un front triste et sec, d'algèbre hérissé;
Il calcule, et conclut que, de ces mots profanes,
Il résulte que Grecs et Romains sont des ânes;
Mesure en quel rapport Homère, près de lui,
N'est qu'un rêveur pétri de sottise et d'ennui,
Et ne sait pas (hélas! il s'ignore lui-même)
Qu'on peut être aussi sot à résoudre un problème
Qu'à rimer un chef-d'œuvre au journal admiré,
Ou rétablir dans Pline un mot défiguré.
Tout blesse leur oreille active et soupçonneuse[1];
Leur vanité colère, inquiète, épineuse,
Veille autour d'eux, et va, sans choix et sans raison,
Distillant au hasard le miel ou le poison.
Leur vie est un amas d'amitiés incertaines,
De riens sonnés bien haut, de scandaleuses haines.

---

1. La pensée primitive du poète était :

> Tout blesse leur oreille *altière* et soupçonneuse.

Ensuite il corrigea ce vers ainsi :

> Tout blesse leur oreille *alerte* et soupçonneuse.

Puis enfin il dit :

> Tout blesse leur oreille *active* et soupçonneuse.

(G. DE CH.)

Ils les prêchent au monde, ils en parlent aux rois.
Pour eux la renommée a trop peu de cent voix.
De leurs moindres pensers, qu'ils aiment, qu'ils haïssent,
Il faut que les marchés, que les toits retentissent.
Vains amis d'un moment, ennemis imprévus;
Sages en cela seul que, d'eux-mêmes connus,
De leur propre suffrage ils ne tiennent nul compte :
D'affronts capricieux ils accablent sans honte
Ceux même qu'autrefois d'éloges ampoulés
Sans honte et sans scrupule ils avaient accablés.

FRAGMENT V

. . . .
. . . .

Admirer le premier, et sur l'autre, en silence,
Fermer l'œil de la sage et bénigne indulgence.
En effet, plat orgueil, folle prétention
Puériles détours de leur ambition
Que l'éloge d'un autre assassine et déchire.
Leur mérite se plaît et se choie et s'admire.
. . . .
. . . .

Du seul nom de rival leur gloire est alarmée.
Tout succès est un vol fait à leur renommée.
Envieux et jaloux même dans l'avenir,
Des beaux-arts, pour eux seuls, la route a dû s'ouvrir.
Tout ce qu'ils n'ont point fait, ce qu'un autre peut faire,
Ce que des jours humains la rapide carrière
Ne leur a point permis eux-mêmes de tenter,
Ils s'indignent qu'un autre ose l'exécuter.

Ils voudraient, après eux, seuls remplir la mémoire;
Éteindre en expirant le germe de la gloire;
Emporter avec eux arts, muse et lauriers,
Comme au jour de leur mort, cadavres meurtriers,
Des monarques d'Asie, en leurs tombes jalouses,
Entraînent avec eux tout leur peuple d'épouses,
De peur qu'un autre hymen, prompt à les engager,
Les fît mères encore en un lit étranger.
Ainsi, tel qui, souvent aveugle à se connaître,
D'injustice envers lui nous accuse peut-être,
Vit et meurt justement à lui-même réduit,
Seul, loin du monde entier qui le loue et le fuit.
C'est se faire à soi-même un bien cruel martyre!
Leur cœur, leur intérêt ne pourraient-ils leur dire
Qu'il est bon de savoir, par d'illustres écrits,
Disputer dans les arts et remporter des prix,
Mais qu'il faudrait encor s'appliquer à bien vivre;
Être grand dans son âme et non pas dans un livre;
D'une égale amitié savoir chérir les nœuds;
Laisser à ses amis, en mourant auprès d'eux,
Par de douces vertus, meilleures que la gloire,
Les larmes, les regrets d'une longue mémoire?

Il faut mettre deux vers pour commencer, et attacher ce morceau à celui des cyclopes littéraires.

Ce commencement est:

O retraite, ô mon cabinet, ô... toi qui consoles, toi qui... salut...

FRAGMENT VI

Ah! j'atteste les cieux que j'ai voulu le croire;
J'ai voulu démentir et mes yeux et l'histoire.
Mais non! Il n'est pas vrai que des cœurs excellents
Soient les seuls, en effet, où germent les talents.
Un mortel peut toucher une lyre sublime[1],
Et n'avoir qu'un cœur faible, étroit, pusillanime;
Inhabile aux vertus qu'il sait si bien chanter,
Ne les imiter point et les faire imiter.
Se louant dans autrui, tout poète le nomme
Le premier des mortels, un héros, un grand homme.
On prodigue aux talents ce qu'on doit aux vertus.
Mais ces titres pompeux ne m'abuseront plus.
Son génie est fécond, il pénètre, il enflamme,
D'accord. Sa voix émeut, ses chants élèvent l'âme,
Soit. C'est beaucoup, sans doute, et ce n'est point assez.
Sait-il voir ses talents par d'autres effacés?
Est-il fort à se vaincre, à pardonner l'offense?
Aux sages méconnus, qu'opprime l'ignorance,
Prête-t-il de sa voix le courageux appui?
Vrai, constant, toujours juste, et même contre lui,
Homme droit, ami sûr, doux, modeste, sincère,
Ne verra-t-on jamais l'espoir d'un beau salaire,
Les caresses des grands, l'or, ni l'adversité
Abaisser de son cœur l'indomptable fierté?
Il est grand homme alors. Mais nous, peuple inutile,

1. Il serait dur, mais pas trop invraisemblable, de conjecturer qu'en écrivant ces vers Chénier a pu songer au jour où il se sentit déçu et blessé dans son admiration première pour Lebrun. (SAINTE-BEUVE.)

Grands hommes pour savoir avec un art facile,
Des syllabes, des mots, arbitres souverains,
En un sonore amas de vers alexandrins,
Des rimes aux deux voix, famille ingénieuse,
Promener deux à deux la file harmonieuse!...[1]

Pour être traité de grand homme à son tour, il donne hardiment ce beau titre à celui qui n'est rien que poète comme lui. Que Phœbus en ait fait un grand poète, j'y consens; mais est-il...

FRAGMENT VII

D'où vient que les poètes... et que, le montrant aux passants, d'enfants malins un nombreux cortège

Partout d'un doigt railleur le poursuit et l'assiège...

C'est dommage, peut-on rien voir de plus complaisant? Un Midas, une fille l'a toujours à ses ordres pour amuser son souper...

D'imbéciles valets, *peuple singe du maître*,
L'amènent en riant dès qu'il vient à paraître.
Des plus larges festins dévastateur ardent,
Il s'assied, et le vin au délire impudent
Lui dicte un long amas d'équivoques obscènes;
Puis, d'un proverbe impur ajustant quelques scènes,
Il court, saute, s'agite, en son accès bouffon,
Mieux que n'eût fait un singe élève du bâton;

---

1. Ce morceau, depuis *Ah! j'atteste les cieux*, a paru dans l'édition de 1833.

Mais désormais à peine il suffit à sa gloire ;
On se l'arrache. Il court de victoire en victoire.
Chacun de ses refrains fait des recueils fort beaux ;
Il attache une tête aux bouts-rimés nouveaux,
Aux droits litigieux de plusieurs synonymes
Il sait même assigner leurs bornes légitimes.
Bientôt chez tous les sots on sait de toute part
Jusqu'où vont ses talents ; que lui seul avec art
Noue une obscure énigme au regard louche et fade ;
Hache et disloque un mot en absurde charade ;
Construit, tordant les mots vers un sens gauche et lourd,
Le Janus à deux fronts, l'hébété calembour [1].

Il prédit un chef-d'œuvre. En huit jours il entasse
De songes monstrueux une effroyable masse ;
De grands mots l'un à l'autre unis avec horreur ;
Et d'un vers forcené la sauvage fureur.
Partout, comme au théâtre Oreste parricide,
Il tourne sous le fouet de l'ardente Euménide ;
Comme Penthée, il voit le sinistre appareil,
Et d'une double Thèbe et d'un double soleil [2].
Il ne tient pas à lui, dans ses barbares veilles,
Que, de peur de l'ouïr se bouchant les oreilles,
Phœbus n'aille bien loin, nous quittant pour jamais,
Oublier de parler la langue des Français.
Et déjà sur sa foi se fatiguant d'avance,
La renommée annonce un prodige à la France,
Et nous fait, par ses cris, à l'attendre venir,
Perdre haleine et sécher d'un curieux désir.

1. Ces vers, depuis *Mais désormais à peine,* ont paru dans l'édition de 1833.
2. Euripide, *les Bacchantes,* v. 918, 919.

Au silence bientôt il saura la réduire.
Son livre avec orgueil au jour vient se produire :
Tout se tait. Son grand nom soudain est effacé.
Dans son style âpre et lourd, de ronces hérissé,
Il roule tout fangeux, il s'agite, il se traîne.
Je le quitte vingt fois ; je le reprends à peine.
Et j'admire et je ris, si d'un tour plus heureux
Parmi tout ce chaos surnage un vers ou deux ;
Et nous en rions tous. Et lui-même, peut-être,
Rit d'un siècle ignorant qui peut le méconnaître.
Ah ! le sage craintif, que l'avenir attend,
Est de ses grands succès moins sûr et moins content.
Sa retraite longtemps le voit dans le silence,
A bien faire, épuiser sa docte vigilance.
Tout roseau, tout caillou, tout chaume est écarté
Qui troublerait un peu le cristal argenté
De son style riant de grâce et de nature,
Doux, liquide, et semblable à l'onde la plus pure.
Il amollit ce mot qui devenait trop dur ;
Il éclaircit la nuit de ce passage obscur.
Ce vers faible chancelle, il accourt, il l'étaie ;
Il voit tout son poème. Il le tâte, il l'essaie,
S'il est sévère et doux ; s'il n'y faut rien changer ;
S'il coule sur un fil délicat et léger.
A force d'effacer et d'effacer encore,
D'avoir en travaillant joint le soir à l'aurore,
Quand son ouvrage mûr sans broncher, sans périr,
Sur un pied ferme et droit peut enfin se tenir,
Il tente le hasard, et sa modeste plume[1]
Laisse échapper au jour un timide volume.

1. Avant d'écrire en vers cette pensée qu'Horace lui avait fournie, l'auteur l'avait ainsi consignée sur un morceau de papier : *Il travaille*

Alors un juge expert, dans un prudent écrit
Que le jour, la semaine ou le mois a produit,
S'assied, prend sa balance inflexible et subtile :
Nous pensons, nous croyons. — Juge vain et débile,
Si votre cœur s'embrase au vrai souffle des arts,
Eh bien ! que tardez-vous d'offrir à nos regards,
Dans quelque noble essai, leur empreinte suprême?
Nul n'est juge des arts que l'artiste lui-même.
L'étranger n'entre point dans leurs secrets jaloux.
Sur un art qui vous fuit et se cache de vous,
De quel droit *pensez-vous, croyez-vous* quelque chose?
Le sourd va-t-il à Naple, aux chants du Cimarose,
Marquer d'un doigt savant la mesure et le ton?
L'aveugle, se fiant aux pas de son bâton,
Dans les temples de Rome, au palais de Florence,
Vient-il trouver cent fois, contempler en silence
La toile où Raphaël, ivre d'âme et de feu,
A fait sur le Thabor étinceler un Dieu?
Celle où du Titien la main suave et fine
A fait couler le sang sous une peau divine?
Certes, pour un auteur, c'est un fardeau bien lourd
Que d'avoir à souffrir un juge aveugle et sourd,
Son ignare gaîté, ses ineptes censures,
Ses éloges honteux, pires que ses injures.
Que dis-je? il voit partout lui fondre sur les bras
Mille ennemis nouveaux qu'il ne connaissait pas :
Des tartuffes haineux que sa liberté blesse;
Des grands seigneurs altiers, leurs valets, leur maîtresse;

---

longtemps à polir ceci, à limer cela, à réprimer ceci, à finir tenui deducta poemata filo, *et quand tout cela est fait...*

Il tente le hasard, et sa modeste plume, etc.
(Horace, liv. II, *Épist.* I, ad *Augustum*, V. 225.)

Tel corps obscur et vain qu'il n'aura point vanté,
Maint sourcilleux auteur qu'il n'aura point cité ;
Et l'exil, les douleurs, les mépris, l'indigence ;
Et d'un plat Cicéron l'outrageuse éloquence,
Calomniateur grave, oracle du palais,
D'embonpoint et d'hermine et d'ignorance épais.
Voilà ce que l'on trouve où l'on cherche la gloire.
Tels sont les doux sentiers du temple de mémoire.
Mais encore est-ce tout? N'a-t-il pas quelque appui
Qui soutienne ses pas et marche devant lui?
Des appuis!... En est-il qui s'offrent au mérite?
Il se tait, il se cache, il est seul dans sa fuite.
Ou bien pour compagnons il a quelques amis
Comme lui studieux, doux, modestes, soumis.
La médiocrité souple, adroite et subtile,
Va sous des bras puissants se chercher un asile,
Les encense, leur plaît, les dispose à loisir.
Eux qui pensent bien faire, ivres d'un sot plaisir,
Pour tuer le bon grain que leur présence effraie,
Prêtent partout un aide à la stérile ivraie.

Oui, cela était vrai quand les gens puissants étaient des ignorants ; mais aujourd'hui que tous les grands seigneurs s'instruisent et font des cours de chaque science...

Ils aiment tous les arts.
D'autre part à la cour,

Ils aiment tous les arts ; ils en font leur étude.
Trois heures chaque jour laissés en solitude,
Ils pensent. D'un système ils dictent des leçons ;
Ils font de grands discours, de petites chansons ;

Ils attendent l'instant qu'une illustre couronne
Doit les asseoir au Louvre au quarantième trône.
Et quand ils dormiront d'un sommeil éternel,
Leur successeur viendra, dans un jour solennel,
Pleurer un si grand homme aux arts si favorable;
Perte, hélas! qui sans lui serait irréparable.
Que s'ils n'égalent point ces hommes excellents
Qui font métier de l'art, professeur des talents...
— Qui font métier de l'art! Oui, le génie en France
Est un poste, une charge, un bureau de finance.
Certes, je le veux croire; et je vois que le roi
Ne les a point nommés à ce sublime emploi.
Ils ne professent point les arts ni le génie.
De rimer, de penser, leur inepte manie,
Soit ignorance entière ou soit zèle pour eux,
Les fait du premier sot admirateurs pompeux.
Que de vrais fils du ciel, s'offrant à la lumière,
Viennent, sans y songer, les rendre à leur poussière,
Soudain le trouble est mis dans leurs petits travaux,
Leur insolent orgueil les regarde en rivaux.
Bientôt sots protecteurs vont semer les alarmes;
Courent, volent partout; partout lèvent les armes;
Pour leurs chers idiots criant, prêchant, plaidant;
Outrés contre un esprit sublime, indépendant,
Qui sous leurs plats regards a refusé de naître :
Qu'eux-mêmes prôneraient s'il daignait les connaître,
Mais qui, d'un juste orgueil armant son noble front,
De leur appui burlesque a rejeté l'affront*.
Ah! je plains bien les arts quand un sot qui les aime
Ose les protéger, les cultiver lui-même;

---

* VAR. : *De leur appui barbare a rejeté l'affront.*

Et que pour ennemis ils ont de sots auteurs,
Et de sots protecteurs et de sots amateurs!

Que les arts cessent donc de mendier l'appui du grand seigneur, que celui-ci les laisse tranquilles.

Le bien qu'il peut leur faire est de ne pas leur nuire*.
. . . .
Sans doute j'aimerais, puisque tels sont leurs vœux,
Que, de leurs beaux talents noblement amoureux,
D'une main clairvoyante, aux poètes sublimes,
Les grands sussent offrir des faveurs magnanimes**.
J'aimerais mieux qu'en eux bornant tous leurs désirs,
Trouvant en eux leur prix, leur gloire, leurs plaisirs,
Les talents plus altiers n'eussent d'autre pensée
Que de suivre à grands pas leur route commencée,
Sans jamais s'informer, mendiant leurs regards,
S'il est des grands au monde ou s'ils aiment les arts.
Car, au moins, plût au ciel que des sots sans génie,
Seuls, eussent fait des arts l'injuste ignominie!
Mais si de grands esprits, par des travers grossiers,
Presque au niveau des sots s'abaissent les premiers;
Si l'on voit des mortels longtemps simples, modestes,
Étaler en un jour des changements funestes;
Chez un roi, chez un prince en un jour installés,
Soudain ouvrir leurs cœurs si longtemps recélés,
Leur front, de ses bontés que leur génie encense,
Emprunter une abjecte et risible insolence;
Méconnaître, du sein de ces brillants tréteaux
Où l'étalent aux yeux ses Mécènes nouveaux,

---

* VAR.: *Il peut leur faire un bien, c'est de ne pas leur nuire.*
** VAR.: *Les grands sussent verser des faveurs magnanimes.*

Des amis dont jadis la tendresse empressée
A consolé longtemps sa muse délaissée.
On peut juger très mal et de prose et de vers;
Mais l'honnête homme est juste, il voit tous ces travers :
De tes décisions l'arrogant laconisme,
Tes éclats ricaneurs, appui d'un froid sophisme;
D'un silence affecté l'importante hauteur,
A quelque ouvrage lu par un confrère auteur;
Une froideur haineuse en tes regards écrite;
D'un éloge fardé la contrainte hypocrite.
Et si, du moins, encor des juges délicats,
En méprisant ton cœur dont tu fais peu de cas,
Admiraient, comme toi, tes talents, ton ouvrage,
Tu souscrirais sans peine à cet heureux partage.
Mais peu savent assez distinguer leurs mépris,
Et n'y point avec toi confondre tes écrits;
Et ne point mesurer par toi, par ta faiblesse,
De tes productions la force et la noblesse.
Peu savent en deux parts diviser l'écrivain :
Grand et sublime auteur, homme petit et vain.

FRAGMENT VIII

Reperies qui, ob similitudinem morum, aliena malefacta sibi objectari putent. (Tacit., *Annal.*, lib. IV, cap. 33.) — Si irascare, adgnita videntur. (*Ibid.*, 35.)

Il n'est que d'être roi pour être heureux au monde.
Bénis soient tes décrets, ô sagesse profonde !
Qui me voulus heureux, et, prodigue envers moi,
M'as fait dans mon asile et mon maître et mon roi.

Mon Louvre est sous le toit, sur ma tête il s'abaisse,
De ses premiers regards l'orient le caresse.
Lit, sièges, table y sont, portant de toutes parts
Livres, dessins, crayons, confusément épars.
Là, je dors, chante, lis, pleure, étudie et pense.
Là, dans un calme pur, je médite en silence
Ce qu'un jour je veux être ; et, seul à m'applaudir,
Je sème la moisson que je veux recueillir.
Là, je reviens toujours, et toujours les mains pleines,
Amasser le butin de mes courses lointaines :
Soit qu'en un livre antique à loisir engagé,
Dans ses doctes feuillets j'aie au loin voyagé ;
Soit plutôt que, passant et vallons et rivières,
J'aie au loin parcouru les terres étrangères.
D'un vaste champ de fleurs je tire un peu de miel.
Tout m'enrichit et tout m'appelle ; et, chaque ciel
M'offrant quelque dépouille utile et précieuse,
Je remplis lentement ma ruche industrieuse[1].
Une pauvreté mâle est mon unique bien.
Je ne suis rien, n'ai rien, n'attends rien, ne veux rien.
Quel prince est libéral, et quel est méchant homme,
Est un soin qui jamais ne troublera mon somme.

Pour moi, sans vouloir proposer mon exemple pour modèle, je ne suis jamais plus content que lorsqu'un ami me rapporte qu'une société de ces grands qui protègent a entendu mon nom avec étonnement, s'en est informé ; que jamais ils n'ont entendu mon nom ;

Que jamais à leur table on ne m'ouït rien lire ;

---

1. Ce morceau, depuis *Il n'est que d'être roi* jusqu'ici, a paru dans l'édition de 1819.

Que les journaux fameux n'ont point connu ma lyre.

Ils demandent, ils interrogent, ils s'étonnent qu'il ait osé avoir de l'esprit loin d'eux ;

Que les muses jamais, pour plaire à l'univers,
N'ont dans leur almanach enregistré mes vers.

Non que je veuille rire aux dépens de la naissance unie aux talents, mais ceux qui ont de vrais talents ne protègent point...
Haïssant également, de la part de ceux qui m'écouteraient lire,

Les éloges pompeux d'hyperbole échauffés ;
Les bâillements muets en silence étouffés ;
L'orgueil distrait et morne et l'oblique satire
A la louange amère, au perfide sourire ;
L'ignorance capable au ton grave et prudent ;
L'envie à l'œil pervers, qui, d'une noire dent,
Se mord, en écoutant, sa lèvre empoisonnée ;
L'engoûment aux gros yeux, à la bouche étonnée ;
Puis, bel esprit nouveau, cent beaux esprits soudain
Vous tâteront le flanc, l'épigramme à la main.
Je ne suis point armé ; je présente l'olive :
La paix, messieurs, la paix ; je crains et je m'esquive
Dès que sur un visage éclatent à mes yeux,
D'un nez railleur et fin les plis malicieux.

FRAGMENT IX

Rien n'égale la morgue d'un homme revêtu de quelque magistrature littéraire,

Quoique souvent, hélas! à ses tristes enfants
Il ait, comme Priam, survécu trop longtemps.
Que ses yeux tout en pleurs aient, devers l'ombre noire,
Vu passer dès longtemps le convoi de sa gloire ;
Que, son obscurité le cachant aux affronts,
Lui seul de ses écrits ait retenu les noms.
De ce sublime orgueil la burlesque démence
. . . .
. . . .

Locke, Hume, Shaft'sbury, ni Pope, ni Rousseau,
Platon que pas à pas Cicéron accompagne,
Le vertueux Charron, ni le sage Montagne,
N'ont point connu d'Alcide assez grand, assez fort,
Etc. . . . .
. . . . dans le sein d'un assembleur de rimes
. . . .
. . . .

Car les auteurs fameux, d'envie inquiétés,
Ne se livrent point tous à ce plaisant délire
D'orgueil colère et franc dont l'excès nous fait rire.
Il en est, et plus d'un, qui, craignant les mépris,
Met à nuire tout l'art qu'il met dans ses écrits :
S'observe, écoute, voit, jamais ne se déchaîne;
Ménage son honneur et satisfait sa haine;
Qui, de tout sot vénal industrieux ami,

Et de tout noble esprit soupçonneux ennemi,
Jaloux de régner seul, tremblant pour sa couronne,
Vrai sultan, ne veut point de frère auprès du trône[1];
Sous vos pas, en riant, sème un piège inconnu;
Tue et ne s'arme point, frappe sans être vu;
Et, dans ses vils succès d'hypocrite vengeance,
Vous plaint tout haut du mal qu'il vous fait en silence.

. . . .

. . . .

Mais d'envie et de fiel si ses vers sont livides,
Mais s'il vend sans pudeur aux tyrans homicides,
Lui, sa dignité d'homme, et le sort des humains,
Son livre pour jamais est tombé de mes mains.
D'un style ingénieux que sa fertile adresse
Répande autour de lui la grâce enchanteresse,
Ce fleuve pur et clair décèle et trahit mieux
Un fond noir de poisons qui repousse les yeux[2].

FRAGMENT X

. . . .
. . . . La raison à nos yeux
Montrant la vérité, mais comme dans un songe,
Nous réveille asservis sous les nœuds du mensonge.
Qu'elle nous laisse au moins, sans fiel et sans aigreur,
Nous chatouiller en paix d'une flatteuse erreur,
Puisqu'en nous prescrivant ce que nous devons faire,

---

1. L'auteur a mis lui-même, en regard de ce vers, la note que voici :
« Voy. *Pope au prol. des* Satires, v. 198. » (G. DE CH.)

2. A la suite de ce morceau le poète a écrit cette note : « Les derniers vers sont d'Addison dans un poème sur les poètes anglais. » (G. DE CH.)

Elle ne donne point, impuissante et sévère,
La force d'obéir à ses pénibles lois.
La folie a du bon. Dans Athène, autrefois,
Certain fou, chaque jour, descendait au Pirée ;
Nul vaisseau, dans le port, ne faisait son entrée
Qu'il ne s'en crût le maître ; et, rendant grâce aux cieux,
Il allait, il courait. « Ah ! c'est toi ? Par les dieux,
Je n'espérais plus voir ta poupe couronnée.
Quoi ! les blés en Égypte ont manqué cette année ?
Vins de Crète ? fort bien. C'est de l'argent comptant.
Bon ! mes draps de Milet sont beaux. J'en suis content.
Oh ! si l'on me reprend sur ces mers de Sicile !...
Çà, je ne garde plus ce pilote inhabile. »
Ses amis, effrayés d'un mal aussi nouveau,
Épuisent Anticyre à purger son cerveau.
Plein enfin d'ellébore, et redevenu sage,
Il pleure : « O mes amis ! vantez bien votre ouvrage,
Dit-il, vous me tuez. Votre art empoisonneur
Guérissant ma folie, a détruit mon bonheur[1]. »

. . . .

Est-ce la main d'Achille ou celle de Thersite
Qui, du sage Centaure exerçant les leçons,
D'Orphée aux Grecs oisifs fait entendre les sons ?
Phœbus près d'Alexandre a respiré la guerre ;
César peut négliger le sceptre de la terre,
Au trône des talents sans crime il sera roi.
Aux Gaulois belliqueux les muses font la loi.
Par l'espoir de leurs chants Athène est transportée.
Sparte suit au combat la lyre de Tyrtée.
Eschyle, dans le sein de son docte repos,

---

[1]. Horace, épit. II, liv. II, v. 136.

Entend frémir Bellone et le cri des héros,
Il part ; et quand Neptune a chassé. . . .
Ces flots de bataillons que vomissait l'Euphrate.

. . . .

Toujours de gloire avide et d'honneur amoureux,
Il vole, il offre aux Grecs, que rassemblent leurs jeux,
Sa jeune Melpomène éclatante de charmes.
Elle pleure ; on admire, et la Grèce est en larmes ;
Et sur ce front blanchi sous les casques guerriers,
De la docte victoire attache les lauriers.
Les tyrans sont vainqueurs ; leur audace hautaine
Va, sous des jougs de fer, accabler Mitylène :
Que fais-tu, fier Alcée? Elle attend ton secours.
Il a vu sa détresse ; il quitte ses amours,
Ses muses et ses bois et ses fraîches naïades :
Son bras secoue au loin le thyrse des Ménades ;
Le bouclier, l'épée, et la lance et le dard,
Éclatent dans ses mains et servent d'étendard.
Déjà tout est vaincu ; déjà la tyrannie
Sous un glaive pieux meurt honteuse et punie.
Tout trempé de sueurs et tout poudreux encor,
Couvert de son armure, il prend sa lyre d'or :
Il dit ces fiers Titans, leurs fureurs orgueilleuses,
Leurs meurtres, le carnage et les morts glorieuses ;
Aux citoyens tombés les justes cieux ouverts,
Et l'ardent Phlégéton dévorant les pervers ;
Et l'avenir fameux promis à la vaillance.
On se presse, on accourt. Tout Lesbos, en silence,
Admire son génie égal à sa vertu,
Et l'écoute chanter comme il a combattu.

FRAGMENT XI

Un jeune poète soi-disant.

. . . .
D'abord d'un pied timide il tente le chemin.
Un petit cercle ami déjà lui tend la main.
Il badine, et l'on rit; il disserte, il censure;
Son nom sous un quatrain brille dans le *Mercure:*
Dès lors il est poète, et comme tel cité,
Et bientôt, comme tel, en tous lieux présenté.
Il se vante, on le berne; il se plaît à son rôle;
Il se dit un grand homme, on en croit sa parole;
On protège sa pièce, on y bâille, on y dort;
On court à sa rencontre au moment qu'il en sort;
On l'embrasse. A souper retenu dès la veille,
Ses couplets impromptus au dessert font merveille.
Tous, même avant qu'il parle, admirent chaque mot;
Et tous, en l'admirant, savent qu'il n'est qu'un sot.
D'un épais Turcaret la vanité stupide
Au Phœbus affamé vend un appui sordide,
Digne et sot protecteur d'un plus sot protégé.
De là, plus d'un faquin en Mécène érigé,
Et tant de vils rimeurs, tant de fades grimaces;
Tant d'ineptes écrits, lettres, vers ou préfaces,
Dégoûtant par leur style et par leurs lâchetés,
Jusques aux plats Midas qui les ont achetés.
Ah! ce manège obscur aux palmes poétiques
Ne guida point les pas de nos maîtres antiques.

. . . .

. . . .

Dans les bras d'Apollon leur naissance accueillie
Avait été trempée aux eaux de Castalie.

. . . .

Les abeilles d'Attique, épiant leur sommeil,
Avaient en flots de miel, sur leur bouche docile,
Fait couler une voix et suave et facile.

. . . .

. . . .

Et d'un vol généreux se fiaient à leurs ailes.

Ils ne furent point vus, clients ambitieux,
Assiéger dès l'aurore un seuil impérieux,
Et des tristes fadeurs d'un hommage servile
Fatiguer les dédains d'un satrape imbécile.
Ils n'allèrent jamais chez un riche hébété
Avilir des talents l'auguste dignité,
Rendre une humble visite à sa table opulente,
Flatter de ses Laïs la bêtise insolente,
Caresser ses discours d'un œil approbateur,
Et vendre à ses bons mots un sourire menteur.
Même à la cour des rois, peu soucieux du trône,
Le vieillard de Téos de roses se couronne;
Toujours amant, toujours des grâces entouré,
Et de vin, et de joie, et d'amour enivré,
Porte après le banquet, voluptueux Socrate,
Un front riant et libre aux jeux de Polycrate.

A Rome, il est trop vrai, de sublimes talents
Au second des Césars prodiguèrent l'encens;
Mais Auguste à leurs yeux fit oublier Octave.

Tous furent ses amis, nul ne fut son esclave.
Horace près de lui d'un emploi fructueux
Sut refuser la pompe et le joug fastueux;
Virgile sans regret, loin des palais du Tibre,
Se choisit, près de Naple, une retraite libre.
Beaux lieux! que de ses feux encor dissimulés
Le Vésuve en fureur n'avait point désolés!
Mais attachés aux grands par un lien crédule,
Combien tous deux, pourtant, sont loin de mon Tibulle!
Il ignore les cours; l'amour et l'amitié[1]
De son cœur, de ses vers occupent la moitié.
Messala, Némésis et Néère et Délie,
Sont les rois, sont les dieux qui gouvernent sa vie.
Riche, il jouit sans faste, et non pour éblouir;
De la pauvreté même il sait encor jouir.
Sans regretter cet or, ni ces vastes richesses,
Ni de ces longs arpents les fécondes largesses,
Auprès de son foyer la molle oisiveté
Endort dans les plaisirs sa douce pauvreté.
Vrai sage, non, jamais tu n'as pu te résoudre
D'aller au Capitole et d'adorer la foudre.
Les césars ni les dieux n'ont de foudre pour toi.
Sur un lit amoureux, doux témoin de ta foi,
Tu te ris de l'orage et des vents en furie,
Et presses sur ton sein le sein de ton amie.
Seule, de ta carrière elle embellit le cours;
Son souvenir, loin d'elle, a soutenu tes jours;
Elle-même fila de sa main fortunée

---

1. Le poète voulait corriger ainsi ce vers :

Il ignore *l'encens* ; l'amour et l'amitié...

Mais il n'a point effacé la première version, et je la conserve parce qu'elle me parait préférable. (G. DE CH.)

Cette trame si belle et sitôt terminée;
Elle sut, quand la mort te frappait de ses traits,
Sous d'amoureuses fleurs déguiser tes cyprès[1];
Ses baisers suspendaient ton âme chancelante,
Et tu tenais sa main de ta main défaillante.
Hélas! qu'ainsi ne puis-je obtenir du destin
A cette douce vie une si douce fin!

FRAGMENT XII

Toi, que le Pinde admire, et que Sulmo[2] vit naître
Des leçons de Paphos et l'exemple et le maître,
Quand aux glaces du Pont il éteint ton flambeau
Oses-tu sur l'autel élever ton bourreau?
Tes muses à genoux vont t'avouer coupable;
Elles vont, caressant sa main inexorable,
Trahir ton innocence, et ta gloire et l'honneur.
Ces Scythes qui t'aimaient, qui plaignaient ton malheur,
A recevoir son joug c'est toi qui les prépares.
Ta lyre apprend les sons de leurs lyres barbares;
Et, d'un vers étranger au Parnasse romain,
Consacre ta bassesse aux rives de l'Euxin!
Vois Gallus, de la cour comme toi la victime,
Préférer à l'opprobre une mort magnanime.
Vois Catulle, de fiel abreuvant ses pinceaux,
Défier de César la haine et les faisceaux.
Plus qu'eux tous outragé, ton courroux dissimule.

---

1. L'auteur avait d'abord dit :
   Sous *des tissus de fleurs* déguiser tes cyprès.
2. Sulmone, patrie d'Ovide.

Tu peux contre un tyran armer le ridicule;
Ou du fier Archiloque exhaler les fureurs,
Et teindre de son sang tes ïambes vengeurs;
Non, sans pouvoir t'atteindre, il te glace de crainte.
Tu le hais; et ta haine est bornée à la plainte.
Tu pleures, sans savoir, trop digne de ton sort,
Souffrir, ou te venger, ou te donner la mort!...
Oui, te venger. Je sais que nul ne peut, sans crime,
Braver les justes lois d'un pouvoir légitime;
Non; mais il ne faut pas qu'un injuste oppresseur,
Qu'éleva sous le dais le meurtre et la noirceur,
Puisse à son gré lancer ou l'exil ou les chaînes;
Du nom sacré des mœurs autoriser ses haines;
Flétrir la probité, les grâces, les talents;
D'un faible infortuné proscrire les vieux ans;
Savourer ses douleurs, ses craintes, son silence,
Et se rire à loisir de sa lâche innocence.
Qui que tu sois, mortel pour l'Olympe formé,
Et d'un rayon plus pur en naissant animé
Souviens-toi qu'un cœur libre est l'ami de la gloire,
La tache d'un opprobre obscurcit sa mémoire[1].
Aux pieds de la fortune et de ses fiers époux
Avilir ses exploits, c'est les effacer tous.
Respecte la vertu, les lois, le diadème;
Mais sache aussi toujours te respecter toi-même.
Du vulgaire surtout dédaigne la faveur.
Il traite de folie une mâle vigueur.
Hibou nocturne, il fuit l'aigle et son vol céleste;
Tant d'éclat l'importune; il envie, il déteste,

---

1. En marge de ces deux vers, le poète a écrit celui-ci :
Les arts indépendants veulent une âme libre.
(G. DE CH.)

Et feint de mépriser de sublimes esprits,
Dont il voit que lui-même excite les mépris.
Il adore des dieux dont leur fierté se joue;
Ils ont fui des écueils où toujours il échoue;
Il hait de son naufrage un grand homme sauvé,
Trop au-dessus de lui par la gloire élevé.

FRAGMENT XIII

« Pourquoi, disait le chêne, à mon large feuillage
Imprimer de ta dent le lent et faible outrage,
Insecte ridicule? Eh! dis-moi, songes-tu
Que d'un souffle tu meurs, à mes pieds abattu?
— Oui, dit en écumant la chenille rampante,
Oui; mais à t'insulter ma haine se contente;
Ta gloire me déplaît. Ton front impérieux
Méprise ma bassesse et mon œil envieux;
Et je voudrais pouvoir, à force de morsures,
Venger de ce mépris les sanglantes injures. »

Ce n'est pas que, souvent à l'éloge réduit,
Le peuple ne leur porte un hommage séduit.
. . . .
Le fourbe, l'imposteur, l'ambitieux, l'avare
Quelquefois devient juste, et se plaît à vanter
Cette même vertu qu'il prit soin d'éviter.
Il conte à sa famille, au banquet réunie,
Des sages, des héros, et la mort et la vie;
Aristide, et son nom, et sa noble candeur;
Socrate, et la ciguë, et le vil délateur.

Au nom de ces Romains, fiers de leur indigence,
Libres de l'or des rois, riches de tempérance,
Il s'écrie, il se plaint qu'à nos jours ténébreux
N'ont point lui de ces temps les astres généreux.
Cependant il intrigue, et sa main clandestine
Flatte un ami tranquille et creuse sa ruine ;
Ou ses hardis vaisseaux, déjà loin de nos ports,
Vont de l'Inde à vil prix acheter les trésors ;
Ou pour lui l'Amérique, à nos mœurs façonnée,
Ravit les noirs enfants de la triste Guinée ;
Ou bien un bruit répand que Séjan, près du roi,
A laissé par sa mort, un précieux emploi.
Tous briguent cet honneur. Mais de l'art, du génie,
L'or, des amis vendus, un peu de calomnie
Pourront, du temple obscur d'où partent les succès,
Parmi tout ce concours faciliter l'accès.
Rien ne lui coûtera. Nul soin, nul stratagème.
Il part. En un moment redevenu lui-même,
Il oublie à jamais d'importunes chansons.
Fier même d'insulter ces rustiques leçons,
Abandonnant les sots à leurs vertus stériles,
Il se fait un honneur de ses crimes utiles.

Tel l'arbuste pervers, à sa fange attaché,
Croît et glisse en rampant sous la terre caché.
Qu'un enfant le délie, et, d'une main habile,
Redresse avec effort sa tige difficile :
Tant qu'il est retenu, vaincu par son appui
Il cède, et vers le ciel s'élève malgré lui.
Mais, essayant toujours ses racines esclaves,
Pour peu qu'il ait senti relâcher ses entraves,

Il redouble sa lutte, et, prompt à s'échapper,
Se rend au vil penchant qui le force à ramper.

FRAGMENT XIV

περὶ ποιητ[1]. (SUR LES POÈTES.)

Après la prise de Constantinople et la renaissance des lettres, lorsque l'étude de la langue grecque et romaine fut répandue jusque dans le Nord...

Pour entendre ce chœur de cygnes étrangers;
Le vaste écho des monts que la Baltique embrasse,
Hérissé de forêts, de ses antres de glace
Sortit, et, souriant, pour la première fois
Il se plut à s'entendre et méconnut sa voix.

Quand les Anglais commencèrent à cultiver la poésie... Milton... homme sublime, qui a quelques taches comme le soleil[2]... Pope... Thompson, aussi d'autres étincellent quelquefois de beautés, comme les volcans qui lancent du feu au milieu des cendres et de la fumée...

Les poètes anglais, trop fiers pour être esclaves,
Ont même du bon sens rejeté les entraves.
Dans leur ton uniforme, en leur vaine splendeur,
Haletants pour atteindre une fausse grandeur,
Tristes comme leur ciel toujours ceint de nuages,

1. M. G. de Chénier a placé ce fragment dans les Poésies diverses. Nous croyons qu'il peut se placer ici comme une digression. Toutefois il y a un morceau que nous laissons dans les Poésies diverses. (Voyez ci-après, *Poésies diverses*, n° VIII.)
2. Voy. ci-devant, page 80, note 3.

Enflés comme la mer qui frappe leurs rivages*,
Et sombres et pesants comme l'air nébuleux
Que leur île farouche épaissit autour d'eux,
D'un génie étranger détracteurs ridicules
Et d'eux-même et d'eux seuls admirateurs crédules,
Et certes quelquefois, dans leurs écrits nombreux,
Dignes d'être admirés par d'autres que par eux[1].

Le beau siècle des Grecs n'est pas celui d'Alexandre... Leurs triomphes dans les lettres sont du même temps que leurs victoires pour la liberté... Toutes les îles... le Péloponèse... étaient pleins de poètes lyriques... Thespis parut... Alors la comédie... la tragédie... (les peindre allégoriquement). Les Perses viennent... Thémistocle... Minerve sur les remparts de sa ville chérie secoua sa redoutable égide... le Sunium trembla... elle secoua sa lance, elle lança la foudre... Xerxès s'en retourna... son char (faire allusion au songe de sa mère dans Eschyle[2])... Sophocle, Phidias, etc... Salut, divine contrée où l'on a vu ensemble ce que l'on n'a point vu depuis et ce que peut-être on ne verra plus... les arts, la puissance et la liberté réunis ensemble.

Quoique les pays du Nord aient eu de très beaux génies, il semble que les pieds délicats des muses aient peine à s'accoutumer à marcher sur tels et tels sommets.

Tiré de Pindare dans Quintilien.

Il ne ramasse point l'eau qui tombe des cieux,
Quand l'automne tarit leur trésor pluvieux;

---

* VAR.: *Enflés comme la mer qui blanchit leurs rivages.*

1. Ce fragment avait paru dans la *Revue de Paris*, 1830.
2. *Les Perses*, v. 176 et suiv. Atossa, mère de Xerxès, y raconte au chœur des vieillards le songe qu'elle a eu.

C'est de son propre sein que des sources fécondes
Jaillissent...[1].

Of some Span. Pind.[2].

Qu'un autre compose des odes bien longues ; mais le feu le plus ardent est celui qui se consume le plus vite, il brûle et enflamme tout en un instant, et l'on entend au loin son bruit et son éclat foudroyant.

1. C'est en parlant de Cicéron que Quintilien, dans ses Institutions oratoires, emploie cette métaphore empruntée à Pindare. Voici ce passage de Quintilien où il consigne son opinion sur l'orateur romain :
Nam mihi videtur M. Tullius, cum se totum ad imitationem Græcorum contulisset, effinxisse vim Demosthenis, copiam Platonis, jucunditatem Isocratis. Nec vero quod in quoque optimum fuit studio consecutus est tantum, sed plurimas, vel potius omnes ex se ipso virtutes extulit immortalis ingenii beatissima ubertate. Non enim pluvias (ut ait Pindarus) aquas colligit, sed vivo gurgite exundat, dono quodam providentiæ genitus in quo totas vires suas eloquentia experiretur. — Quintil., Institut. orat., lib. X, cap. I, p. 916, édit. de Burmann in-4°, 1720. (G. DE CH.)

2. C'est-à-dire : tiré d'un Pindare en espagnol.

POÉSIES DIVERSES

POÉSIES DIVERSES

1[1]

CONTE

Pour se nourrir, attaquer, se défendre,
Aux animaux, mère soigneuse et tendre,
Dame nature a donné des moyens,
Mais différents; chaque espèce a les siens,
Et quand survient l'occasion susdite,
A s'en servir l'instinct la nécessite.
D'un bel œuf blanc le fils rauque et braillard
Tente beaucoup l'appétit d'un renard;
Troupeau nombreux, bêlant, fourré de laine
Fuit un chien noir qui jappe dans la plaine.
D'un large front les tortueux rameaux,
Dans les combats, protègent les taureaux.
Donc je vous tiens ennemi de nature

1. Édition G. de Chénier.

Quand vous voulez qu'à son instinct parjure,
Un coq matois aille tordre le cou
D'un vieux renard et l'emporte en son trou;
Que le taureau, bêlant dans la campagne,
Fuie aux abois d'un chien qui l'accompagne;
Et que l'agneau, d'un front dur, spacieux,
Aille éventrer vingt dogues furieux.

———

. . . .

Mais, comme vous, ce que plus je regrette,
Mes chers amis, c'est qu'en ce temps béni,
A tout moment des filles toutes nues,
Pour se couvrir n'ayant que leurs cheveux,
De pleurs amers inondant leurs beaux yeux,
De tous les bois peuplaient les avenues.

II[1]

ÉPIGRAMME

Ce gros Seiffer, dont les yeux, dont la voix,
Respirent sang, rage, audace et bassesse
N'est si balourd que son grossier patois.
Du dur vandale admirez la finesse!...

---

[1]. Édition G. de Chénier.

Pour mieux remplir son emploi d'assassin,
Il a, de plus, étant jà médecin,
De patriote acquis brevets et bulles.
Par là, dit-il, nul ne peut m'échapper,
Malade ou sain. Mes poignards vont frapper
Tous ceux qu'auraient épargnés mes pilules[1].

III

SUR LA RECONNAISSANCE[2]

Après avoir détaillé que la reconnaissance n'est point l'objet d'un bienfaiteur... il le fait pour... pour se procurer la jouissance suprême

D'avoir d'un homme enfin soulagé les besoins
Et de voir sur la terre un malheureux de moins.

---

1. L'auteur n'a laissé qu'une épigramme contre Seiffer, Saxon d'origine, qui fut médecin de la princesse de Lamballe et ensuite du prince Philippe d'Orléans. A la Révolution, cet homme devint un des plus furieux énergumènes de la démagogie, et faisait partie de la section de la Montagne siégeant à la butte des Moulins. Cependant, dénoncé par un nommé Doucet, il fut arrêté le 16 brumaire an II; incarcéré au Luxembourg, puis transféré à la Conciergerie le 1er prairial an II; mis en jugement le lendemain 2, et acquitté. Il fut ramené au Luxembourg le même jour, 2 prairial, et mis en liberté le 3 fructidor an II.

Doucet, qui l'avait accusé d'avoir fait des confidences contre-révolutionnaires, fut envoyé à la Conciergerie en vertu d'un mandat d'arrêt lancé contre lui. On ordonna que le Comité de sûreté générale et les Commissions populaires seraient instruits du jugement relatif à Seiffer. (G. DE CH.)

2. Édition G. de Chénier, où ce morceau est placé parmi les poèmes.

Trompé, trahi par un ingrat, ajouter :

Il pleurait, je pleurai. Non, ce n'est point en moi
Qu'habite l'homme dur, seul, tout entier à soi,
Dont l'œil n'a point de pleurs pour les maux de ses frères,
Qui, lorsque l'indigent, dans ses plaintes amères,
Vient répandre à ses pieds les larmes de la faim,
Ferme son cœur farouche et son avare main ;
Qui, dans ces longs projets où notre esprit s'élance,
N'a jamais envié la suprême puissance
Pour voir tous les humains l'aimer, bénir leur sort
Descendant à pas lents du bonheur à la mort.

Que m'a-t-il enlevé ? — De l'argent dont j'aurais fait peut-être un mauvais usage. Mais m'a-t-il enlevé... d'avoir vu la joie égayer et ranimer un visage flétri de tristesse ?

IV[1]

LA FRIVOLITÉ

. . . .
. . . . C'est la frivolité
Mère du vain caprice et du léger prestige.
La fantaisie ailée autour d'elle voltige.
Nymphe au corps ondoyant né de lumière et d'air,

---

1. Édition 1819. Le titre n'est pas sur le manuscrit.

Qui, mieux que l'onde agile ou le rapide éclair,
Ou la glace inquiète au soleil présentée,
S'allume en un instant, purpurine, argentée,
Ou s'enflamme de rose, ou pétille d'azur.
Un vol la précipite, inégal et peu sûr.
La déesse jamais ne connut d'autre guide.
Les Rêves transparents, troupe vaine et fluide,
D'un vol étincelant caressent ses lambris.
Auprès d'elle à toute heure elle occupe les Ris.
L'un pétrit les baisers des bouches embaumées;
L'autre, le jeune éclat des lèvres enflammées;
L'autre, inutile et seul, au bout d'un chalumeau
En globe aérien souffle une goutte d'eau.
La reine, en cette cour qu'anime la folie,
Va, vient, chante, se tait, regarde, écoute, oublie,
Et, dans mille cristaux qui portent son palais,
Rit de voir mille fois étinceler ses traits.

V [1]

FABLE TRADUITE D'HORACE

SATIRE VI, LIVRE II

Un jour le rat des champs, ami du rat de ville,
Invita son ami dans son rustique asile.

1. Édition 1819.

Il était économe et soigneux de son bien ;
Mais l'hospitalité, leur antique lien,
Fit les frais de ce jour comme d'un jour de fête.
Tout fut prêt : lard, raisin, et fromage, et noisette ;
Il cherchait par le luxe et la variété
A vaincre les dégoûts d'un hôte rebuté,
Qui, parcourant de l'œil sa table officieuse,
Jetait sur tout à peine une dent dédaigneuse.
Et lui, d'orge et de blé faisant tout son repas,
Laissait au citadin les mets plus délicats.

« Ami, dit celui-ci, veux-tu dans la misère
Vivre au dos escarpé de ce mont solitaire,
Ou préférer le monde à tes tristes forêts ?
Viens ; crois-moi, suis mes pas ; la ville est ici près :
Festins, fêtes, plaisirs y sont en abondance.
L'heure s'écoule, ami ; tout fuit, la mort s'avance :
Les grands ni les petits n'échappent à ses lois ;
Jouis, et te souviens qu'on ne vit qu'une fois. »
Le villageois écoute, accepte la partie :
On se lève, et d'aller. Tous deux de compagnie,
Nocturnes voyageurs, dans des sentiers obscurs
Se glissent vers la ville et rampent sous les murs.
La nuit quittait les cieux quand notre couple avide
Arrive en un palais opulent et splendide,
Et voit fumer encor dans des plats de vermeil
Des restes d'un souper le brillant appareil.
L'un s'écrie, et, riant de sa frayeur naïve,
L'autre sur le duvet fait placer son convive,
S'empresse de servir, ordonner, disposer,
Va, vient, fait les honneurs, le priant d'excuser.

Le campagnard bénit sa nouvelle fortune ;
Sa vie en ses déserts était âpre, importune :
La tristesse, l'ennui, le travail et la faim.
Ici l'on y peut vivre ; et de rire. Et soudain
Des valets à grand bruit interrompent la fête.
On court, on vole, on fuit ; nul coin, nulle retraite.
Les dogues réveillés les glacent par leurs voix ;
Toute la maison tremble au bruit de leurs abois.
Alors le campagnard, honteux de son délire :
« Soyez heureux, dit-il ; adieu, je me retire,
Et je vais dans mon trou rejoindre en sûreté
Le sommeil, un peu d'orge, et la tranquillité. »

VI[1]

Ainsi, lorsque souvent le gouvernail agile
De Douvre ou de Tanger fend la route mobile
Au fond du noir vaisseau sur la vague roulant
Le passager languit malade et chancelant.
Son regard obscurci meurt. Sa tête pesante
Tourne comme le vent qui souffle la tourmente
Et son cœur nage et flotte en son sein agité
Comme de bonds en bonds le navire emporté.
Il croit sentir sous lui fuir la planche légère ;
Triste et pâle, il se couche, et la nausée amère
Soulève sa poitrine, et sa bouche à longs flots

1. Édition 1833.

Inonde les tapis destinés au repos.
Il verrait sans chagrin la mort et le naufrage :
Stupide, il a perdu sa force et son courage.
Il ne retrouve plus ses membres engourdis.
Il ne peut secourir son ami ni son fils,
Ni soutenir son père, et sa main faible et lente
Ne peut serrer la main de sa femme expirante.

Fait en partie dans le vaisseau, en allant à Douvres, couché et souffrant le 6. Écrit à Londres, le 10 décembre 1787.

VII[1]

Sans parents, sans amis et sans concitoyens,
Oublié sur la terre et loin de tous les miens,
Par les vagues jeté sur cette île farouche,
Le doux nom de la France est souvent sur ma bouche.
Auprès d'un noir foyer, seul, je me plains du sort.
Je compte les moments, je souhaite la mort;
Et pas un seul ami dont la voix m'encourage,
Qui près de moi s'asseye, et, voyant mon visage
Se baigner de mes pleurs et tomber sur mon sein
Me dise : « Qu'as-tu donc? » et me presse la main.

1. Édition 1819.

VIII[1]

C'est cet amour profond que la patrie inspire
Qui, sur soi, pour longtemps assied un vaste empire;
Qui, seul, en demi-dieux transforme les soldats,
Qui, seul, avec vigueur fait mouvoir les États,
Fait durer leur jeunesse et d'une main divine
Les relève déjà penchants vers leur ruine.
L'or offrirait en vain des secours opulents;
En vain même le ciel formerait des talents.
Français, notre salut n'a point d'autre espérance;
Français, nous périssons si vous n'aimez la France;
Si vous ne l'aimez plus que. . . . .
Si le bonheur commun n'est pas votre bonheur.
Rien, rien que cet amour fraternel et sublime
Sous nos pas raffermis ne peut combler l'abîme.
Que la France, partout, du jeune homme pieux
Occupe à tout moment et le cœur et les yeux;
Qu'il la voie et lui parle, et l'écoute sans cesse;
Qu'elle soit son trésor, son ami, sa maîtresse;
Que même au sein des nuits, d'un beau songe charmé,
Il serre dans ses bras ce simulacre aimé.

O chose sinistre! quand un peuple s'abandonne et est indifférent à la chose publique!... O honte! ô douleur! quand

---

1. Édition G. de Chénier.

il admire follement ses ennemis, et se méprise lui-même et se prosterne à leurs pieds.

Français, rougirez-vous de cette humble infamie?
Faudra-t-il voir toujours une race ennemie

qui vous a fait tout le mal possible, etc... Faudra-t-il voir toujours vos théâtres stupides retentir d'inepties aussi indignes du goût que du bon citoyen ?...

———

Il faut être juste, il est beau d'admirer les vertus même d'un ennemi ; mais il faut qu'il les ait, ces vertus ; et il est honteux d'inventer à sa gloire des mensonges pompeux... J'ai habité parmi ces Anglais... Français, votre jeunesse n'apprend rien de bon chez eux... qu'à faire courir des chevaux, des paris ruineux... un jeu !.. Laissons là les Anglais.

Laissons leur jeunesse. . . mélancolique,
Au sortir du gymnase, ignorante et rustique,
De contrée en contrée aller au monde entier
Offrir sa joie ignoble et son faste grossier;
Promener son ennui, ses travers, ses caprices;
A ses vices partout, ajouter d'autres vices;
Et présenter aux ris du public indulgent
Son insolent orgueil fondé sur son argent[1].

Ils ont une bonne constitution, il faut l'imiter... pourvu que nous n'imitions pas son indifférence à la chose publique... Quand tous les membres sont vendus, les citoyens se

---

1. Ce morceau, depuis ces mots : *J'ai habité parmi ces Anglais*, a paru dans la *Revue de Paris*, 1830.

partagent en factions; l'un est pour celui-ci, l'autre pour celui-là, nul n'est pour la patrie... l'argent effronté, la corruption ouverte et avouée...

Nation toute à vendre à qui peut la payer.

... Oh! puissions-nous... oh! puissé-je vivre assez pour voir la France... les provinces les plus éloignées se tenir par la main, par une douce opulence et un commerce de frères! Mais si cela ne doit pas arriver, oh! que ce moment m'ouvre le tombeau!

IX[1]

Voyez rajeunir d'âge en âge
L'antique et naïve beauté
De ces muses dont le langage
Est brillant, comme leur visage,
De force, de douceur, de grâce et de fierté.

De ce cortège de la Grèce
Suivez les banquets séducteurs;
Mais fuyez la pesante ivresse
De ce faux et bruyant Permesse
Que du Nord nébuleux boivent les durs chanteurs.

1. *Revue de Paris*, 1830.

X[1]

Belles, le ciel a fait pour les mâles cerveaux
L'infatigable étude et les doctes travaux.
Pour vous sont les talents aimables et faciles.
O le sinistre emploi pour les grâces badines[2]
De poursuivre une sphère en ses cercles nombreux,
Ou du sec A plus B les sentiers ténébreux!
Quelle bouche immolée à leurs phrases si dures
Aura jamais la nuit les suaves murmures,
Et pourra s'amollir à soupirer : *mon cœur,
Mon âme,* et tous ces noms d'amoureuse langueur?

XI[3]

. . . .

Aux déserts de Barca le monstre des forêts,
Quand le Chien dévorant sur ces arides plaines
Vomit du haut des cieux ses brûlantes haleines,

---

1. Édition 1833.
2. Le poète a mis *badines,* qui ne rime pas, en attendant.
3. Édition G. de Chénier. — Ces fragments pourraient bien se rattacher au poème d'*Hermès.*

Sent l'amour en fureur, dans ses flancs consumés,
Verser au lieu de sang des poisons allumés ;
Jamais de plus de morts, de meurtres, de carnages
L'Afrique n'abreuva ses infâmes rivages.
Dieux ! que je plains alors l'étranger oublié
Qu'à ces bords . . . la mer retient lié !
Chaque jour, d'un sommet élancé dans la nue,
Sur la vaste Amphitrite il promène sa vue.
A ses vœux enflammés prompt à se décevoir,
Son œil avide vole au-devant de l'espoir.
Un nuage lointain qui se penche sur l'onde,
Un roc où, se brisant, Téthys écume et gronde,
Un monstre qui surnage et des flots fend le cours,
Tout lui semble un vaisseau qui vole à son secours.
Mais quand du haut Atlas la cime dévorée
De rayons presque éteints est à peine éclairée,
Vers l'astre fugitif, sur son sommet assis,
Il tourne ses regards de larmes obscurcis.
Bientôt de mille cris l'air ébranlant les nues,
De rugissements sourds les cavernes émues,
Des tigres, des lions, les fureurs, les combats,
Dans le creux des rochers précipitent ses pas.
Là, pâle, anéanti, palpitant, hors d'haleine,
N'osant ni se mouvoir ni respirer qu'à peine,
. . . .
Verse une sueur froide et dresse ses cheveux.
Dans les convulsions d'une angoisse éternelle,
Il ne voit que la mort, et que la mort cruelle ;
Et quand le jour renaît dans les champs azurés,
Ses yeux, de pleurs amers sans cesse dévorés,
N'ont point connu ce baume ami de la nature,
Qui des cœurs ulcérés assoupit la blessure.

. . . .
Et du pôle endurci les immenses glaçons.
Cybèle s'épouvante, et sur ses noirs rivages,
Tremble aux vastes clameurs des baleines sauvages.

XII[1]

Finir un ouvrage ainsi :
Salut, hommes vertueux... puissent dans le tombeau vos cendres se réjouir de ce que le Grec de Byzance a osé vous chanter.

Tel que tenant en main la coupe étincelante,
Où la vigne bouillonne en rosée odorante,
Un père triomphant et de fleurs couronné
Boit, et puis la présente au gendre fortuné
A qui ce doux présent donne, avec des richesses,
D'une vierge aux yeux noirs le lit et les caresses ;
Ainsi, quand des mortels que la vertu conduit
Brillent comme une étoile au milieu de la nuit,
Dans une coupe d'or la chaste poésie
Leur verse par mes mains l'immortelle ambroisie,
Boisson qui fait des dieux. . . . .
. . . .

Puissent vos saintes ombres se réjouir en écoutant ce qu'a chanté sur vos tombeaux la lyre byzantine, lyre au cœur noble et fier, qui n'a jamais loué que la vertu.

1. Édition G. de Chénier. — Imité de Pindare, *Olymp.*, VII.

XIII[1]

D'un cœur moins agité la mère chaque jour,
Du soigneux Esculape attendant le retour,
Avec moins de terreur et moins de défiance
Consulte ses regards, ses discours, son silence.
— O sois heureux! Sur toi que les dieux bienfaisants
Versent tout ce qu'ils ont de plus riches présents!
. . . .
Et si ton lit connut les dons de l'hyménée,
Que tes fils, à travers les biens et les douceurs,
D'une longue vieillesse atteignent les honneurs;
Que longtemps, de leur père antique et vénérable,
Leur cohorte brillante environne la table!
Mortel égal aux dieux, dont les savantes mains
Font obéir la vie aux désirs des humains,
Tu reprends au tombeau son innocente proie;
Dans la maison du deuil tu ranimes la joie;
D'un corps débile et lent tu chasses les douleurs,
Dans les yeux maternels tu sais tarir les pleurs.

1. Édition G. de Chénier.

XIV[1]

J'erre au sommet des montagnes... et comme de là je
vois loin sous mes pas

Aux efforts. . . . . . du fleuve tortueux,
De ces vallons étroits s'ouvrir les avenues.
Sur la mousse d'un roc élancé dans les nues,
Ou sur un tronc que l'âge ou la foudre a brisé,

assis et écrivant,

J'ouvre enfin un passage aux flots de mes pensées,
En torrents orageux dans mon sein amassées.

XV[2]

Allons, allons, mes beaux coursiers, courez, volez, l'aurore est belle, le ciel est pur, un vent frais agite le feuillage, la terre respire une odeur balsamique.

1. Édition G. de Chénier.
2. Édition G. de Chénier ; mais cette pièce est ici reconstituée d'après les indications de M. Becq de Fouquières. Chaque partie du canevas en

L'aurore est belle et pure et le ciel sans nuage ;
Un souffle doux et frais caresse le feuillage.
. . . .
. . . .
   Courez, volez, mes beaux coursiers.

Elle vole, les coursiers volent, elle passe comme un éclair.

Ils volent, le char vole, elle vole, elle fuit
Comme l'agile éclair qui brille dans la nuit.
Tous les yeux sont sur elle. . . . . . .

L'envie assise derrière elle l'accompagne d'un œil oblique et sinistre, l'admiration la contemple avec des cris de joie, l'amour secret et silencieux la suit d'un long regard. Elle n'ose rencontrer l'œil de l'amour, elle ignore celui de l'envie, elle sourit à celui de l'admiration qui la contemple.

L'envie, au front paré d'un sourire d'apprêt,
D'un œil oblique et faux l'accompagne et se tait.
L'admiration rit, la contemplant si belle,
Et d'un cri l'applaudit et s'élance après elle.
L'amour mystérieux, dans le bois à l'écart,
Seul timide, muet, la suit d'un long regard.
Elle n'ose point voir l'œil de l'amour timide ;
Elle ignore l'envie à l'œil faux et livide ;
Elle sourit aux cris du tumulte joyeux
Qui l'applaudit de loin, le plaisir dans les yeux[1].

---

prose qui a été exécutée est suivie immédiatement des vers qui la reproduisent.
 En tête de cette pièce, l'auteur a écrit : *Sotto il quadro in inglese.*
 1. Ce vers peut rappeler celui de Malherbe, dans l'ode sur la prise de Marseille :

  Du plaisir de sa chute a fait rire les yeux.

Debout sur son char elle élève sa tête divine, ses cheveux sont relevés négligemment et flottent derrière elle sous un casque couvert de plumes agiles.

Sous la dent de l'acier aux pointes lumineuses,
Joignant d'un velours noir les bandes sinueuses,
Un camée éclatant, sur l'argile d'azur
Presse contre son flanc le basin frais et pur.
Sa robe au gré du vent derrière elle flottante,
En replis ondoyants mollement frémissante,
S'insinue, et la presse, et laisse voir aux yeux
De ses genoux charmants les contours gracieux.

Son fouet frappe les airs, elle agite les rênes, elle anime ses coursiers, orgueilleux d'un si beau fardeau.

Courez, volez, mes beaux coursiers,

Quoi! (un nom de cheval) tu te ralentis. C'est donc en vain que tu as des jambes si fines... C'est donc en vain que je t'aimais... Tes yeux roulaient du feu quand tu me voyais venir te caresser... Va, je n'irai plus moi-même présenter à ta bouche le frein qui doit te conduire; mes doigts n'iront plus s'envelopper dans ta crinière dorée, et ma main caressante ne fera plus retentir tes flancs ni ta poitrine. Et vous (d'autres noms de chevaux), redoublez d'ardeur. Je vous ferai faire de beaux harnais; j'entrelacerai moi-même des rubans dans vos crinières flottantes; vous mangerez du pain dans ma belle main.

Courez, volez, mes beaux coursiers.

Ils reconnaissent la voix de l'héroïne. Ils frémissent, ils bondissent, leurs yeux s'enflamment, leurs oreilles se dressent devant eux, le feu sort de leurs naseaux, leurs harnais sont blanchis de sueur et leur frein d'écume. Ils volent, le char vole, elle vole, elle passe comme un éclair, le vent ne peut les suivre.

Ils reconnaissent tous la voix de l'héroïne;
Ils tressaillent, saisis à cette voix divine;
Roulent leurs pieds dans l'air, lèvent leurs fronts ardents;
L'or du frein tortueux résonne entre leurs dents.
Courbant leur col nerveux, tous, en chutes pareilles
Précipités; leurs yeux s'enflamment; leurs oreilles
Se dressent devant eux; hérissés et fumants,
Leur narine bondit en longs frémissements.
Mors et harnais sont blancs de sueur et d'écume.
La roue échappe aux yeux, l'axe bouillant s'allume.
Ils volent, le char vole, elle vole, elle fuit
Comme l'agile éclair qui brille dans la nuit.
Le vent ne peut les suivre. . . . . .

et le ciel répète au loin tout à la fois les hennissements, les pieds frappant la terre, les roues de fer, le fouet et la belle voix qui excitent les coursiers, les seize pieds ferrés, la bruyante narine et les cris de l'admiration qui s'élancent après la belle héroïne.

XVI[1]

Plutarque, au traité qu'un prince doit être savant:

Tout le monde le craint; mais il craint tout le monde.
Le Pont a vu son roi, pendant la nuit profonde,

---

1. Édition G. de Chénier.

Enfermé dans un coffre, attendre le soleil,
Et dormir, en secret, d'un horrible sommeil,
Que des songes sanglants épouvantaient sans doute;
Comme le noir serpent s'éloigne de la route
Et seul au fond du bois, craignant le fouet vengeur,
Se dérobe sous terre à l'œil du voyageur.

———

L'esprit humain incertain et mobile
Est fort semblable au funambule agile...

———

Doux souris, doux regards, douce voix, doux silence.

———

Bacchus, sous ces forêts que tes plaintes troublèrent,
O fille de Minos, consola tes douleurs.
Les larmes de Philis sur ces rives coulèrent;
    Elles firent naître ces fleurs.

Ces vallons redisaient les caresses d'OEnone;
Ce fleuve s'arrêtait aux baisers d'Arion;
Et ces grottes ont vu la fille de Latone
    Descendre au sein d'Endymion.

———

Mer qui, pour séparer les amis, les amants,
Amoncelles entre eux tes remparts écumants;
Inexorable mer dont les fureurs jalouses
Dévorent les époux qui cherchent leurs épouses,

O mer, du jeune amant. . . . .
Ne pus vaincre l'espoir, la jeunesse et l'amour.
O mer, tu fus domptée, et ta rage écumante
　　Ne l'engloutit qu'à son retour[1].

XVII[2]

Stances sur l'ouvrage intitulé *Catéchisme français ou Principes de morale républicaine à l'usage des écoles primaires,* par M. de La Chabeaussière.

Ce livre chaste et simple à tout âge est utile,
Il est sage et pensif pour plaire au bon vieillard,
Fier et nerveux pour l'homme, et pour l'enfant docile
Comme lui doux et pur, et comme lui sans art.

Chaque vers dans ce livre est une vérité;
Leur sens précis et vrai s'imprime en la mémoire;
L'homme y lit son état, l'enfant ce qu'il doit croire.
Le vieillard ce qu'il a dit, fait ou médité.

Haïssons les tyrans, perdons la tyrannie.
Qu'il soit déclaré traître et proscrit en tout lieu

---

1. Voy. Voltaire, *Dictionnaire philosophique,* au mot *Épigramme :*
　　Léandre, conduit par l'Amour,
　　En nageant disait aux orages :
　　Laissez-moi gagner les rivages,
　　Ne me noyez qu'à mon retour.
2. Édition G. de Chénier.

L'impie et l'inhumain, prêcheur de calomnie,
Qui dit que les tyrans sont l'image de Dieu.

Parents, prenez ces vers, et par des prix de gloire
Récompensez l'enfant qui les récite bien.
Que leur sens vertueux germe dans sa mémoire;
Il sera fils, ami, père, époux, citoyen.

Qui peut plaire longtemps? Rien que la vérité.
Elle est simple, elle est nue, et n'en est que plus belle.
Ce livre écrit par elle est simple et nu comme elle;
Et comme elle en naissant il sera rebuté.

Toi, qui crains de mentir et n'as point d'autre crainte,
Et par qui sur son char le vice est combattu,
Heureux de qui l'on dit : C'est la vérité sainte
Qui dicta ses écrits amis de la vertu.

XVIII[1]

. . . .
Ainsi l'homme endormi dans un songe brillant
Croit s'élever de terre; il s'évapore, il nage,
Des liens de son corps s'envole et se dégage,
Loin, au-dessus des monts, et planant sur la mer,
S'écoule, et fuit rapide et léger comme l'air.

1. Édition G. de Chénier.

Son rêve, à son réveil, l'agite. Il s'y replonge.
Il tente; il veut douter que ce puisse être un songe;
Il cherche à s'envoler et, contraint de rester,
Maudit ce corps pesant qu'on l'oblige à porter.

 Cette comparaison peut s'appliquer à un homme qui a enfanté un projet au-dessus de ses forces... C'est un objet de cette comparaison entre mille ; car il y en a beaucoup à choisir qui sont moins communs... et plus saillants...

———

. . . .

Que de forcer mes yeux à voir le jour dans l'ombre,
Ou ma bouche, en goûtant et l'absinthe et le fiel,
A croire savourer les délices du miel.

———

L'immense trident frappe, et le sol mugissant
Tremble, s'entr'ouvre et jette un coursier frémissant.

———

Le bonheur des méchants est un crime des dieux[1].

1. Ce vers est extrait des Commentaires sur Malherbe, où André cite et traduit ainsi le vers grec :

θεοῦ δ'ὄνειδος τοὺς κακοὺς εὐδαιμονεῖν.

———

SATIRES

SATIRES

I[1]

Il est bon de tout feindre, et même la pudeur,
Mais qui peut sans dégoût, sans subite froideur,
Voir une beauté mûre et presque sous les rides
Affecter d'un enfant les alarmes timides?
Tout mensonge a besoin d'un air de vérité;
Et j'aime mieux cent fois l'indiscrète gaîté,
Trop folle, trop hardie, et qui n'est pas sans grâce,
Que d'une antique Agnès la risible grimace.

II[2]

. . . .
Alors pour son argent il a danse, musique,

1. Édition G. de Chénier.
2. *Ibid.*

Goût, talents, grâce, esprit, fauteuil académique;
Grand cercle de beautés qui viennent chaque nuit
Le bercer, l'endormir, veiller près de son lit;
Maîtresse au nez fripon qui l'aime et le ruine;
Rimeurs, toujours amis de ceux chez qui l'on dîne;
Tous pirates rusés qui s'entendent fort bien;
Vrais barbiers de Midas, qui du bon Phrygien
Par eux loué, flatté, mis au rang des merveilles,
Sous un bandeau royal déguisent les oreilles.

III[1]

. . . .

Le bon Chartrain[2], vieil imbécile honnête,
La larme à l'œil, les sens toujours bouffis,
D'un froid pathos, dit : Courage, mon fils,
Cela promet . . . .

. . . .
. . . et le grand Jean Fréron[3]
Digne héritier du grand Aliboron,
Fils glorieux d'un si glorieux père.
De cette gent l'étoile est bien prospère!
O renommée! ô sort! ô dieux jaloux!
Quoi! la faveur gouverne aussi chez vous!

1. Édition G. de Chénier.
2. Pétion.
3. Rédacteur du journal *l'Orateur du peuple*.

Voilà Gorsas¹ dont la faconde aimable
Sans Durosoy² serait incomparable.
Quel art, quel goût, quelle âme, juste ciel !
Sont dévoilés par Pierre Manuel³ !
Burke est sublime, et d'Entragues l'admire,
Et Coquillart rit et ne fait point rire.
Ces grands esprits, vains jouets du trépas,
Sont inconnus comme s'ils n'étaient pas.
Et les Frérons accaparent l'histoire.
D'un œil d'amour les muses et la gloire
Veillent sur eux, illuminent leurs fronts,
Et ce grand nom de Frérons en Frérons
Doit à jamais lasser le c... poète
De la déesse à la double trompette⁴.

. . . . . . les sublimes destins
Du sieur Bagnols, le Boileau des catins⁵.

. . . .
. . . .

Un marquis bègue et qui n'est des plus sots,
Gros chansonnier qui crève de bons mots,
Contre eux aiguise, en sa gaîté caustique,
Vingt calembours pétris de sel attique.

. . . .
. . . .

Ainsi souvent, quand, d'une égale haleine,

---

1. Rédacteur du journal le *Courrier de Versailles*.
2. Rédacteur du journal la *Gazette de Paris*.
3. Député de Paris à la Convention.
4. Allusion aux vers bien connus de la *Pucelle* :

    La Renommée a toujours deux trompettes, etc.

5. Rivarol, selon M. Becq de Fouquières.

Six forts coursiers font voler sur la plaine
D'un char léger les quatre orbes roulants,
Le poil dressé, vingt dogues turbulents,
Précipités dans leur rage imbécile,
Viennent en vain mordre la roue agile.
La roue agile et les coursiers nerveux,
Sans écouter ces cris tumultueux,
Sans se hâter, poursuivent leur carrière.
Le char bondit et couvre de poussière
Le sot troupeau dont l'importune voix
Le suit de loin par de rauques abois.

. . . .
. . . .
. . . .

De recueillir pour double récompense,
Avec l'estime et l'amitié des bons,
Un autre bien : la haine des fripons.

IV[1]

Or venez maintenant, graves déclamateurs,
D'almanachs, de journaux, savants compilateurs ;
Déployez pour mes vers vos balances critiques,
Flétrissez-les du sceau des *lettres italiques* ;
Citez faux de grands noms, épouvantail des sots ;
Aux lourds raisonnements joignez de lourds bons mots ;

---

1. *Revue de Paris,* 1830.

SATIRES.

Assurez que ma muse est froide ou téméraire,
Que mes vers sont mauvais, que ma rime est vulgaire.
Je l'ai bien fait exprès; votre chagrin m'est doux.
Je serais bien fâché qu'ils fussent bons pour vous.
Mon Dieu! lorsqu'imitant ce bon roi de Phrygie,
Vous jugez ou le drame, ou l'ode, ou l'élégie,
Faut-il que nul démon, ami du genre humain,
Jamais à votre front ne porte votre main!
Vous connaîtriez du moins combien les doctes veilles[1]
Sur votre tête auguste allongent vos oreilles.

V[2]

C'est son chef-d'œuvre, il lit : studieux auditeur,
Admirez. Ce matin, fougueux déclamateur,
Loin du bruyant démon qui le presse et l'agite,
Maîtres, valets, portier, ils ont tous pris la fuite.
L'escalier a tremblé des éclats de sa voix.
Il s'est gratté le front; il s'est rongé les doigts.
Pour être un grand rimeur il sait ce qu'il en coûte.
Ses ongles en entier disparaîtront, sans doute,
S'il faut qu'une autre fois, Apollon, qui lui rit,
D'un tel moment de verve échauffe son esprit[3].

1. André Chénier a fait *connaîtriez* de trois syllabes comme du temps de Malherbe, Regnier et même de Molière. Le premier éditeur a corrigé :

    Vous sauriez une fois combien vos doctes veilles.

2. Édition G. de Chénier.
3. Sainte-Beuve a cité ce vers d'André Chénier, qui se rattache bien ici :

    Grand rimeur aux dépens de ses ongles rongés.

VI[1]

La couronne toujours ne fait pas la victoire.
Que Voltaire, partout, à l'encens immortel,
Aille de son Quinault recommander l'autel ;
A juger des bons vers les oreilles bien nées,
De ses hymnes pompeux justement étonnées,
Ne trouvent, quoi qu'ait dit un si grand défenseur,
Dans cet amas d'écrits humbles, nus, sans couleur,
Se traînant sur leur molle et rampante harmonie,
Rien qu'un rimeur glacé, sans verve, sans génie,
Que trente vers charmants, dans ce recueil épars,
N'auraient point dû si fort grandir à ses regards.

———

Ce n'est pas ainsi qu'écrivait Montaigne, des nouveautés, etc. Toutes objections, critiques, jugements, qui pleuvront de tous côtés. On n'a besoin pour les faire ni de savoir, ni d'esprit, ni de réflexions, ni de goût. Il ne faut

Qu'être sot ; et les sots abondent cette année.

1. Édition G. de Chénier.

VII[1].

A

— Il faut avec le fer les soumettre à la loi.

B

— Non, grand Dieu! point de sang.

A

— Les citoyens pervers doivent être punis.

B

— Les citoyens pervers sont les cœurs sanguinaires
Qui vont, le fer en main, persuader leurs frères.

VIII[2].

. . . . Pour lui
L'ombre du cabinet en délices abonde.

1. Édition G. de Chénier.
2. *Ibid.*

S'il fuit les graves riens, noble ennui du beau monde,
Ou si chez la beauté qui l'admit en secret,
Las de parler, enfin il demeure muet,
Il regagne à grands pas son asile et l'étude ;
Il y trouve la paix, la douce solitude,
Ses livres, et sa plume au bec noir et malin,
Et la sage folie, et le rire à l'œil fin.

HYMNES

HYMNES

]¹

A LA JUSTICE²

France! ô belle contrée, ô terre généreuse, que le ciel indulgent forma pour être heureuse, le Nord ne... le Midi ne... Tu n'as point de ces arbres dont l'ombre est mortelle... *nec miseros fallunt aconita legentes...* les tigres, les serpents... Tu as des chevaux (renommés) en Poitou... en Limousin... Tes montagnes ont de superbes forêts... La Bourgogne, Champagne, Aquitaine, Pyrénées font mûrir des vignes... La Provence couronne la mer d'oliviers, d'orangers, de citronniers, de grenadiers... Ajoutez mille fleuves, la Seine, la Moselle, l'indomptable Garonne, la Dordogne (l'Aveyron), la Gironde, la Saône, la Meuse, l'Aude, où j'ai passé mon enfance, la Loire, le Rhône impétueux, fils des Alpes glacées, font partout croître sur leurs rivages les moissons, et les fleurs, et

---

1. Édition 1819.
2. Le titre de cette pièce, tel qu'il existe en tête du canevas manuscrit, est *Hymne à la Justice*. C'est le premier éditeur qui lui a donné celui d'*Hymne à la France*, sous lequel elle a longtemps paru.

les gras pâturages. Dirai-je ces ports sur les deux mers...
ces ponts... ces villes florissantes... ce canal du Languedoc...
ces beaux chemins que les Trudaine?... Tes peuples ont
chassé les Anglais, ont, *etc*. La nature les a faits doux, bons,
enclins à la joie... mais ils deviennent tristes... O France,
trop heureuse si tu savais profiter de ce que les dieux t'avaient
donné!... L'Anglais qui a un si beau gouvernement, l'Anglais
dont le courage le sauve de tout naufrage, l'Anglais qui t'épie
et s'enrichit de tes fautes, t'insulte et triomphe... Oh! combien tes collines tressailliraient de se voir libres et donneraient volontiers leur vin et leur huile pour la liberté... J'ai
vu dans les villages les mendiants... l'image de la misère...
les paysans foulés aux pieds par les grands, découragés...
impôts sur le sel, corvées, exacteurs, mille brigands couverts du nom sacré du prince, désolant une province et se
disputant ses membres déchirés[1].

France! ô belle contrée, ô terre généreuse
Que les dieux complaisants formaient pour être heureuse,
Tu ne sens point du Nord les glaçantes horreurs,
Le Midi de ses feux t'épargne les fureurs.
Tes arbres innocents n'ont point d'ombres mortelles;
Ni des poisons épars dans tes herbes nouvelles
Ne trompent une main crédule; ni tes bois
Des tigres frémissants ne redoutent la voix;
Ni les vastes serpents ne traînent sur tes plantes
En longs cercles hideux leurs écailles sonnantes.

Les chênes, les sapins et les ormes épais
En utiles rameaux ombragent tes sommets,
Et de Beaune et d'Aï les rives fortunées,
Et la riche Aquitaine, et les hauts Pyrénées,

---

1. Ce canevas a été publié par M. Becq de Fouquières, dans *le Temps*
du 1er novembre 1878.

Sous leurs bruyants pressoirs font couler en ruisseaux
Des vins délicieux mûris sur leurs coteaux.
La Provence odorante et de Zéphyre aimée
Respire sur les mers une haleine embaumée,
Au bord des flots couvrant, délicieux trésor,
L'orange et le citron de leur tunique d'or ;
Et plus loin, au penchant des collines pierreuses,
Forme la grasse olive aux liqueurs savoureuses,
Et ces réseaux légers, diaphanes habits,
Où la fraîche grenade enferme ses rubis.
Sur tes rochers touffus la chèvre se hérisse,
Tes prés enflent de lait la féconde génisse,
Et tu vois tes brebis, sur le jeune gazon,
Épaissir le tissu de leur blanche toison.
Dans les fertiles champs voisins de la Touraine,
Dans ceux où l'Océan boit l'urne de la Seine,
S'élèvent pour le frein des coursiers belliqueux.
Ajoutez cet amas de fleuves tortueux,
L'indomptable Garonne aux vagues insensées,
Le Rhône impétueux, fils des Alpes glacées,
La Seine au flot royal, la Loire dans son sein
Incertaine[1], et la Saône, et mille autres enfin
Qui nourrissent partout, sur tes nobles rivages,
Fleurs, moissons et vergers, et bois et pâturages ;
Rampent au pied des murs d'opulentes cités
Sous les arches de pierre à grand bruit emportés.

Dirai-je ces travaux, source de l'abondance,
Ces ports où des deux mers l'active bienfaisance
Amène les tributs du rivage lointain

---

1. Dont le lit est changeant.

Que visite Phébus le soir ou le matin ;
Dirai-je ces canaux, ces montagnes percées,
De bassins en bassins ces ondes amassées
Pour joindre au pied des monts l'une et l'autre Téthys?
Et ces vastes chemins en tous lieux départis,
Où l'étranger, à l'aise achevant son voyage,
Pense au nom des Trudaine et bénit leur ouvrage[1]?

Ton peuple industrieux est né pour les combats.
Le glaive, le mousquet n'accablent point ses bras.
Il s'élance aux assauts, et son fer intrépide
Chassa l'impie Anglais, usurpateur avide.
Le ciel les fit humains, hospitaliers et bons,
Amis des doux plaisirs des festins, des chansons ;
Mais faibles, opprimés, la tristesse inquiète
Glace ces chants joyeux sur leur bouche muette,
Pour les jeux, pour la danse appesantit leurs pas,
Renverse devant eux les tables des repas,
Flétrit de longs soucis, empreinte douloureuse,
Et leur front et leur âme. O France! trop heureuse
Si tu voyais tes biens, si tu profitais mieux
Des dons que tu reçus de la bonté des cieux!

Vois le superbe Anglais, l'Anglais dont le courage
Ne s'est soumis qu'aux lois d'un sénat libre et sage,
Qui t'épie, et, dans l'Inde éclipsant ta splendeur,
Sur tes fautes sans nombre élève sa grandeur.
Il triomphe, il t'insulte. Oh! combien tes collines
Tressailliraient de voir réparer tes ruines,
Et pour la liberté donneraient sans regrets,

---

1. Trudaine, directeur des ponts et chaussées sous Louis XV. C'était l'aïeul des frères Trudaine, les amis de collège d'André.

Et leur vin, et leur huile, et leurs belles forêts!
J'ai vu dans tes hameaux la plaintive misère,
La mendicité blême et la douleur amère.
Je t'ai vu dans tes biens, indigent laboureur,
D'un fisc avare et dur maudissant la rigueur,
Versant aux pieds des grands des larmes inutiles,
Tout trempé de sueurs pour toi-même infertiles,
Découragé de vivre, et plein d'un juste effroi
De mettre au jour des fils malheureux comme toi;
Tu vois sous les soldats les villes gémissantes;
Corvée, impôts rongeurs, tributs, taxes pesantes,
Le sel, fils de la terre, ou même l'eau des mers,
Source d'oppression et de fléaux divers;
Vingt brigands, revêtus du nom sacré du prince[1],
S'unir à déchirer une triste province,
Et courir à l'envi, de son sang altérés,
Se partager entre eux ses membres déchirés!
O sainte égalité, dissipe nos ténèbres,
Renverse les verrous, les bastilles funèbres.
Le riche indifférent, dans un char promené,
De ces gouffres secrets partout environné,
Rit avec les bourreaux, s'il n'est bourreau lui-même,
Près de ces noirs réduits de la misère extrême
D'une maîtresse impure achète les transports,
Chante sur des tombeaux, et boit parmi des morts.
Malesherbes, Turgot, ô vous en qui la France
Vit luire, hélas! en vain, sa dernière espérance;
Ministres dont le cœur a connu la pitié,
Ministres dont le nom ne s'est point oublié;
Ah! si de telles mains, justement souveraines,

---

1. On a vu dans le canevas en prose :
   Mille brigands couverts du nom sacré du prince.

Toujours de cet empire avaient tenu les rênes!
L'équité clairvoyante aurait régné sur nous,
Le faible aurait osé respirer près de vous ;
L'oppresseur, évitant d'armer de justes plaintes,
Sinon quelque pudeur, aurait eu quelques craintes ;
Le délateur impie, opprimé par la faim,
Serait mort dans l'opprobre, et tant d'hommes enfin,
A l'insu de nos lois, à l'insu du vulgaire,
Foudroyés sous les coups d'un pouvoir arbitraire,
De cris non entendus, de funèbres sanglots,
Ne feraient point gémir les voûtes des cachots.

J'ai dit : O Vierge adorée ! en quels lieux te chercher ? (Parler ensuite de ces innocents accusés et condamnés, des hommes éloquents qui les défendent et qui encourent l'inimitié des juges ignares et pervers.) Finir par : Non, je ne veux plus vivre [1]...

Non, je ne veux plus vivre en ce séjour servile ;
J'irai, j'irai bien loin me chercher un asile,
Un asile à ma vie en son paisible cours,
Une tombe à ma cendre à la fin de mes jours,
Où d'un grand au cœur dur l'opulence homicide
Du sang d'un peuple entier ne sera point avide,
Et ne me dira point, avec un rire affreux,
Qu'ils se plaignent sans cesse et qu'ils sont trop heureux ;
Où, loin des ravisseurs, la main cultivatrice
Recueillera les dons d'une terre propice ;
Où mon cœur, respirant sous un ciel étranger,
Ne verra plus des maux qu'il ne peut soulager ;

---

1. Suite et fin du canevas en prose, se trouvant dans l'édition G. de Chénier.

Où mes yeux, éloignés des publiques misères,
Ne verront plus partout les larmes de mes frères,
Et la pâle indigence à la mourante voix,
Et les crimes puissants qui font trembler les lois.

Toi donc, Équité sainte, ô toi, vierge adorée,
De nos tristes climats pour longtemps ignorée,
Daigne du haut des cieux goûter le noble encens
D'une lyre au cœur chaste, aux transports innocents,
Qui ne saura jamais, par des vœux mercenaires,
Flatter, à prix d'argent, des faveurs arbitraires,
Mais qui rendra toujours, par amour et par choix,
Un noble et pur hommage aux appuis de tes lois.
De vœux pour les humains tous ses chants retentissent :
La vérité l'enflamme, et ses cordes frémissent
Quand l'air qui l'environne auprès d'elle a porté
Le doux nom des vertus et de la liberté.

II[1]

Au bord du Rhône, le 7 juillet 1790[2].

. . . . . . Terre, terre chérie
Que la liberté sainte appelle sa patrie ;

---

1. Édition 1819.
2. C'est le premier éditeur qui donne cette épigraphe, contestée par M. G. de Chénier, et qui, en effet, n'est guère vraisemblable.

Père du grand sénat, ô sénat de Romans,
Qui de la liberté jeta les fondements[1];
Romans, berceau des lois, vous, Grenoble et Valence,
Vienne; toutes enfin! monts sacrés d'où la France
Vit naître le soleil avec la liberté!
Un jour le voyageur par le Rhône emporté,
Arrêtant l'aviron dans la main de son guide,
En silence, debout sur sa barque rapide,
Fixant vers l'Orient un œil religieux,
Contemplera longtemps ces sommets glorieux;
Car son vieux père, ému de transports magnanimes,
Lui dira : Vois, mon fils, vois ces augustes cimes.

III[2]

LA FRANCE LIBRE

1791

Entre l'Océan, les Alpes et les Pyrénées, j'ai vu une femme (la France) malade, languissante... mais à travers cet état de langueur, on découvrait ce qu'elle aurait été.

Quelques grands hommes sont éclairés, mais la nation est encore barbare... tel un arbre né sur un terrain fangeux a

---

1. En 1788, ce fut à Vizille d'abord, et ensuite à Romans, que se tinrent les états du Dauphiné, célèbres dans l'histoire de la Révolution française. (B. DE F.)

2. Édition G. de Chénier.

beau pousser vers le ciel des rameaux magnifiques... ses racines ne s'en plaisent pas moins à s'enfoncer dans la fange...

———

Mais qui est-ce qui avance de si folles maximes? — Est-ce L'Hôpital...

Charron, qui fut un prêtre et connut la sagesse;
Montesquieu, ce mortel qu'eût adoré la Grèce,
Et que, dans ce palais qui devrait l'écouter,
Un sot en écarlate a le front d'insulter?...[1]
Non, ... *hactenus* . . . .

———

Pour son roi, pour son père, il vient te reconnaître[2].
Si dans un rang obscur le destin t'eût fait naître,
Homme bon, vertueux, c'est toi, c'est encor toi*
Que la France équitable aurait choisi pour roi.

———

O jour! s'écrîront-ils, jour grand et précieux,
Jour sacré, le plus beau qu'aient fait luire les cieux,
Quand le roi citoyen, l'idole de la France,
Vit chaque citoyen de son empire immense
Lui jurer d'être libre et fidèle à la loi,
Fidèle à sa patrie et fidèle à son roi!
Roi, l'amour des Français, l'honneur du diadème!

* Var : *Juste, bon, vertueux, c'est toi, c'est encor toi.*

1. Allusion à la lettre du cardinal de Fleury, lorsque Montesquieu se présenta à l'Académie française.
2. Le peuple français.

Compagne de sa gloire et de son rang suprême,
Reine, couple chéri, contemplez vos bienfaits :
Par vous la liberté naît au sein de la paix!
Vous ne voulez de nœuds, entre vous et la France,
Que d'amour, de respect, de foi, de confiance!
Contemplez vos bienfaits, et qu'en un long oubli
Tout sujet de douleur demeure enseveli.
Toujours sur son berceau qu'anime un grand courage,
La liberté naissante élève quelque orage,
Et le peuple agité, dans ses fougueux efforts,
Souvent à quelque excès égare ses transports;
Mais la concorde enfin, et l'ordre, et l'harmonie,
Amènent près de vous la France réunie;
Et le calme et la paix sont préparés pour vous,
Dans le port que vos mains ont ouvert devant nous.

IV[1]

S.[2], père de la loi, père de la patrie.
. . . .
. . . .

Toi-même, Riquetti, flambeau de l'éloquence!
Si pour la liberté, pour les lois, pour la France,
Ce long amas d'écrits, de travaux, de combats,
Peut d'un voile d'oubli couvrir tes premiers pas.

1. Édition G. de Chénier.
2. Sieyès.

Vos bienfaits ont même fait commettre des crimes,

Car le même soleil qui dore les moissons
Fait sortir la vipère et nourrit les poisons.

V[1]

A LA PAUVRETÉ

... Tu as le regard noble et fier... tu as une âme tendre et sensible... tu partages ton pain avec un autre indigent... Couverte de haillons poudreux et troués, tu es belle et respectable... tu ne gémis point... tu gardes le silence... tu n'accuses point les dieux... Assise sur de la paille ou sur un fumier, tu es heureuse et tranquille... tu chantes... ta conscience pure fait reluire dans tes traits un calme sublime et ne trace aucun crime sur ton front... Tu ne reçois de bienfaits que des amis que tu estimes... Sur ton grabat, d'un regard tranquille et fier tu repousses bien loin le richard et son dédain stupide ou ses dons insolents... tu méprises la richesse infâme et qui trouble l'âme de remords... tu es toujours libre...

Ajouter à la pauvreté :

C'est toi qui, au nombre des trois cents Fabiens... toi qui rougis de sang carthaginois les flots de Sicile... toi qui dans Sparte, toi qui dans l'Helvétie...

1. Édition G. de Chénier.

VI[1]

AU TEMPS

(Ne point parler de sa faux, ni de tous ces autres emblèmes antiques... tâcher d'en inventer de nouveaux.) Tu révèles les crimes cachés, tu fais connaître l'innocence...

Finir en racontant l'histoire d'Ibycus et des oies[2]. Conscience, remords, dieux vengeurs, dieux secrets pour qui le crime n'est jamais absous, par qui il n'est pas possible d'être coupable en repos. Vous montrez à Néron sa mère... au féroce Richard, dans son sommeil, ses neveux, ses frères... vous enfermez le fils de Charles VII dans l'enceinte d'un palais... etc.

1. Édition G. de Chénier.
2. Plus exactement : des grues.

ODES

ODES

I[1]

La déesse aux cent voix bruyantes
A, du séjour sacré des âmes innocentes,
    Percé les ténébreux chemins.
Là, du jeune La Barre[2] un bois triste et nocturne
Voit à pas lents errer loin de tous les humains
    L'ombre superbe et taciturne.
    La nymphe ailée auprès de lui
Descend : « Viens, lui dit-elle, il est temps que ta haine
    Pardonne à la race humaine;
    Ta patrie est juste aujourd'hui. »

---

1. Édition G. de Chénier.
2. Le chevalier de La Barre, cruellement mis à mort à Abbeville, à l'âge de dix-neuf ans, le 1er juillet 1766, comme coupable de sacrilège. Sa mémoire fut réhabilitée par un décret de la Convention, le 15 novembre 1793. (Léo Joubert).

II[1]

J'ai vu sur d'autres yeux, qu'amour faisait sourire,
　　Ses doux regards s'attendrir et pleurer,
Et du miel le plus doux que sa bouche respire
　　Une autre bouche s'enivrer[2].

Et quand sur mon visage, inquiet, tourmenté,
　　Une sueur involontaire[3]
Exprimait le dépit de mon cœur agité,
Un coup d'œil caressant, furtivement jeté,
Tempérait dans mon sein cette souffrance amère.

　　Ah! dans le fond de ses forêts
　　Le ramier, déchiré de traits,
　　Gémit au moins sans se contraindre;
　　Et le fugitif Actéon,
　　Percé par les traits d'Orion[4],
　　Peut l'accuser et peut se plaindre.

1. Édition 1819.
2. Latouche a mis :

　　　　Un autre s'enivrer.

3. Latouche avait resserré ces deux vers en un seul, d'où il avait exclu la sueur :

　　　　Et quand sur mon visage un trouble involontaire.

4. C'est-à-dire tout simplement : Et le fugitif cerf percé par les traits d'un chasseur.

III[1]

AUX PREMIERS FRUITS DE MON VERGER[2]

Précurseurs de l'automne, ô fruits nés d'une terre
Où l'art industrieux, sous ses maisons de verre,
Des soleils du Midi sait feindre les chaleurs,
Allez trouver Fanny, cette mère craintive.
A sa fille aux doux yeux, fleur débile et tardive,
    Rendez la force et les couleurs.

Non qu'un péril funeste assiège son enfance;
Mais du cœur maternel la tendre défiance
N'attend pas le danger qu'elle sait trop prévoir.
Et Fanny, qu'une fois les destins ont frappée,
Soupçonneuse et longtemps de sa perte occupée,
    Redoute de loin leur pouvoir.

L'été va dissiper de si promptes alarmes.
Nous devons en naissant tous un tribut de larmes.
Les siennes ont déjà trop satisfait aux dieux.
Sa beauté, ses vertus, ses grâces naturelles,
N'ont point des dieux sans doute, ainsi que des mortelles,
    Armé le courroux envieux.

1. Édition 1819.
2. C'est le premier éditeur qui a donné ce titre.

Belle bientôt comme elle, au retour d'Érigone[1]
L'enfant va ranimer, nourrisson de Pomone,
Ce front que de Borée un souffle avait terni.
Oh! de la conserver; cieux, faites votre étude;
Que jamais la douleur, même l'inquiétude,
    N'approchent du sein de Fanny.

Que n'est-ce encor ce temps et d'amour et de gloire
Qui de Pollux, d'Alceste, a gardé la mémoire,
Quand un pieux échange apaisait les enfers!
Quand les trois sœurs pouvaient n'être point inflexibles,
Et qu'au prix de ses jours, de leurs ciseaux terribles
    On rachetait des jours plus chers!

Oui, je voudrais alors qu'en effet toute prête,
La Parque, aimable enfant, vînt menacer ta tête,
Pour me mettre en ta place et te sauver le jour;
Voir ma trame rompue à la tienne enchaînée,
Et Fanny s'avouer par moi seul fortunée,
    Et s'applaudir de mon amour.

Oh! de quel doux regard, à mon heure dernière,
Elle viendrait chercher ma mourante paupière!
Oh! quelle douce voix m'appellerait en vain!
De quel doux souvenir ma mort serait suivie!
O chimère! ô souhait! ô d'une noble vie
    Plus noble et plus heureuse fin!

Sur ses pieds délicats ma bouche défaillante
Savourerait la mort, et mon âme expirante

---

1. Nom mythologique d'un signe du Zodiaque; le soleil y entre le 23 août et en sort le 22 septembre; ce signe est celui qu'on nomme communément la Vierge.

Du bonheur d'une mère irait payer les dieux.
Je voudrais seulement que, du moins, sur la terre
Où dormiraient mes os, s'élevât une pierre
    Qui fût voisine de ses yeux[1] !

Ma tombe quelque jour troublerait sa pensée.
Quelque jour, à sa fille entre ses bras pressée,
L'œil humide peut-être, en passant près de moi :
« Celui-ci, dirait-elle, à qui je fus bien chère,
Fut content de mourir, en songeant que ta mère
    N'aurait point à pleurer sur toi. »

IV[2]

A FANNY[3]

Non, de tous les amants les regards, les soupirs
    Ne sont point des pièges perfides.
Non, à tromper des cœurs délicats et timides
    Tous ne mettent point leurs plaisirs.
    Toujours la feinte mensongère
Ne farde point de pleurs, vains enfants des désirs,
    Une insidieuse prière.

---

1. Cette strophe et la précédente ont été retrouvées par M. Becq de Fouquières. Voyez *Lettres critiques*, p. 91.
2. Édition 1819.
3. Le titre est de la main du premier éditeur.

Non, avec votre image, artifice et détour,
  Fanny, n'habitent point une âme ;
Des yeux pleins de vos traits sont à vous. Nulle femme
  Ne leur paraît digne d'amour.
  Ah ! la pâle fleur de Clytie[1]
Ne voit au ciel qu'un astre ; et l'absence du jour
  Flétrit sa tête appesantie.

Des lèvres d'une belle un seul mot échappé
  Blesse d'une trace profonde
Le cœur d'un malheureux qui ne voit qu'elle au monde.
  Son cœur pleure en secret frappé,
  Quand sa bouche feint de sourire.
Il fuit ; et jusqu'au jour, de son trouble occupé,
  Absente, il ose au moins lui dire :

« Fanny, belle adorée, aux yeux doux et sereins,
  Heureux qui n'ayant d'autre envie
Que de vous voir, vous plaire et vous donner sa vie,
  Oublié de tous les humains,
  Près d'aller rejoindre ses pères,
Vous dira, vous pressant de ses mourantes mains :
  Crois-tu qu'il soit des cœurs sincères ? »

---

1. L'héliotrope. Clytie, fille de l'Océan, amoureuse d'Apollon, fut métamorphosée en cette fleur.

V[1]

Fanny, l'heureux mortel qui près de toi respire
Sait, à te voir parler, et rougir, et sourire,
De quels hôtes divins le ciel est habité.
La grâce, la candeur, la naïve innocence
     Ont, depuis ton enfance,
De tout ce qui peut plaire enrichi ta beauté.

Sur tes traits où ton âme imprime sa noblesse,
Elles ont su mêler aux roses de jeunesse
Ces roses de pudeur, charmes plus séduisants,
Et remplir tes regards, tes lèvres, ton langage,
     De ce miel dont le sage
Cherche lui-même en vain à défendre ses sens.

Oh! que n'ai-je moi seul tout l'éclat et la gloire
Que donnent les talents, la beauté, la victoire,
Pour fixer sur moi seul ta pensée et tes yeux!
Que, loin de moi, ton cœur soit plein de ma présence,
     Comme, dans ton absence,
Ton aspect bien-aimé m'est présent en tous lieux!

Je pense : Elle était là. Tous disaient : « Qu'elle est belle! »
Tels furent ses regards, sa démarche fut telle,

1. Édition 1819.

Et tels ses vêtements, sa voix et ses discours.
Sur ce gazon assise, et dominant la plaine,
     Des méandres de Seine,
Rêveuse, elle suivait les obliques détours [1].

Ainsi dans les forêts j'erre avec ton image ;
Ainsi le jeune faon, dans son désert sauvage,
D'un plomb volant percé, précipite ses pas.
Il emporte en fuyant sa mortelle blessure ;
     Couché près d'une eau pure,
Palpitant, hors d'haleine, il attend le trépas.

VI [2]

Mai de moins de roses, l'automne
De moins de pampres se couronne,
Moins d'épis flottent en moissons,
Que sur mes lèvres, sur ma lyre,
Fanny, tes regards, ton sourire,
Ne font éclore de chansons.

Les secrets pensers de mon âme
Sortent en paroles de flamme,
A ton nom doucement émus :
Ainsi la nacre industrieuse

---

1. Mme Laurent-Lecoulteux (Fanny) habitait Lucienne.
2. Notice de Sainte-Beuve, 1839.

Jette sa perle précieuse,
Honneur des sultanes d'Ormuz.

Ainsi sur son mûrier fertile
Le ver du Cathay mêle et file
Sa trame étincelante d'or.
Viens, mes Muses pour ta parure
De leur soie immortelle et pure
Versent un plus riche trésor.

Les perles de la poésie
Forment sous leurs doigts d'ambroisie
D'un collier le brillant contour.
Viens, Fanny ; que ma main suspende
Sur ton sein cette noble offrande [1]...

. . . .

VII [2]

A FANNY MALADE [3]

Quelquefois un souffle rapide
Obscurcit un moment sous sa vapeur humide

---

1. Envoi de quelque poésie à Mme Laurent-Lecoulteux. Le dernier vers est resté dans la plume de l'auteur, peut-être avec intention, car la rime était clairement indiquée.
2. Édition 1819.
3. Titre donné par le premier éditeur.

L'or, qui reprend soudain sa brillante couleur :
Ainsi du Sirius[1], ô jeune bien-aimée,
  Un moment l'haleine enflammée
De ta beauté vermeille a fatigué la fleur.

  De quel tendre et léger nuage
Un peu de pâleur douce, épars sur son visage,
Enveloppa tes traits calmes et languissants !
Quel regard, quel sourire, à peine sur ta couche
  Entr'ouvraient tes yeux et ta bouche !
Et que de miel coulait de tes faibles accents !

  Oh ! qu'une belle est plus à craindre
Alors qu'elle gémit, alors qu'on peut la plaindre,
Qu'on s'alarme pour elle. Ah ! s'il était des cœurs,
Fanny, que ton éclat eût trouvés insensibles,
  Ils ne resteraient point paisibles
Près de ton front voilé de ces douces langueurs.

  Oui, quoique meilleure et plus belle,
Toi-même cependant tu n'es qu'une mortelle ;
Je le vois. Mais du ciel, toi, l'orgueil et l'amour,
Tes beaux ans sont sacrés. Ton âme et ton visage
  Sont des dieux la divine image ;
Et le ciel s'applaudit de t'avoir mise au jour.

  Le ciel t'a vue en tes prairies
Oublier tes loisirs, tes lentes rêveries,
Et tes dons et tes soins chercher les malheureux ;

---

1. Sirius, astre caniculaire :
  Tum steriles exurere Sirius agros.
    (*Enéide*, III, 141.)

Tes délicates mains à leurs lèvres amères
    Présenter des sucs salutaires,
Ou presser d'un lin pur leurs membres douloureux.

    Souffrances que je leur envie!
Qu'ils eurent de bonheur de trembler pour leur vie,
Puisqu'ils virent sur eux tes regrets caressants!
Et leur toit rayonner de ta douce présence,
    Et la bonté, la complaisance,
Attendrir tes discours, plus chers que tes présents!

    Près de leur lit, dans leur chaumière,
Ils crurent voir descendre un ange de lumière,
Qui des ombres de mort dégageait leur flambeau;
Leurs cœurs étaient émus, comme aux yeux de la Grèce,
    La victime qu'une déesse
Vint ravir à l'Aulide, à Calchas, au tombeau[1].

    Ah! si des douleurs étrangères
D'une larme si noble humectent tes paupières
Et te font des destins accuser la rigueur,
Ceux qui souffrent pour toi, tu les plaindras peut-être ;
    Et les douleurs que tu fais naître
Ont-elles moins le droit d'intéresser ton cœur?

    Troie, antique honneur de l'Asie,
Vit le prince expirant des guerriers de Mysie[2]
D'un vainqueur généreux éprouver les bienfaits.

---

1. Iphigénie. Au moment où Calchas allait la frapper, d'après une fable suivie par Euripide, elle fut enlevée par Diane, qui mit une biche à sa place, et transportée en Tauride.
2. Télèphe, roi de Mysie, guéri par Achille, qui l'avait blessé.

D'Achille désarmé la main amie et sûre
    Toucha sa mortelle blessure,
Et soulagea les maux qu'elle-même avait faits.

    A tous les instants rappelée,
Ta vue apaise ainsi l'âme qu'elle a troublée.
Fanny, pour moi ta vue est la clarté des cieux ;
Vivre est te regarder, et t'aimer, te le dire[1] ;
    Et quand tu daignes me sourire,
Le lit de Vénus même est sans prix à mes yeux.

VIII[2]

VERSAILLES[3]

    O Versaille, ô bois, ô portiques,
    Marbres vivants, berceaux antiques,
Par les dieux et les rois Élysée embelli,
    A ton aspect, dans ma pensée,
Comme sur l'herbe aride une fraîche rosée,
    Coule un peu de calme et d'oubli.

---

1. Les éditions de 1826 et 1839 ont mis :

    Vivre est te regarder, t'aimer et te le dire.

2. Édition 1819.
3. Titre donné par le premier éditeur.

ODES.

Paris me semble un autre empire,
Dès que chez toi je vois sourire
Mes pénates secrets[1] couronnés de rameaux,
D'où souvent les monts et les plaines
Vont dirigeant mes pas aux campagnes prochaines,
Sous de triples cintres d'ormeaux.

Les chars, les royales merveilles,
Des gardes les nocturnes veilles,
Tout a fui; des grandeurs tu n'es plus le séjour :
Mais le sommeil, la solitude,
Dieux jadis inconnus, et les arts et l'étude,
Composent aujourd'hui ta cour.

Ah! malheureux! à ma jeunesse
Une oisive et morne paresse
Ne laisse plus goûter les studieux loisirs.
Mon âme, d'ennui consumée,
S'endort dans les langueurs. Louange et renommée
N'inquiètent plus mes désirs.

L'abandon, l'obscurité, l'ombre,
Une paix taciturne et sombre,
Voilà tous mes souhaits. Cache mes tristes jours,
Et nourris, s'il faut que je vive,
De mon pâle flambeau la clarté fugitive,
Aux douces chimères d'amours.

L'âme n'est point encor flétrie,
La vie encor n'est point tarie,

---

1. André Chénier s'était réfugié à Versailles.

Quand un regard nous trouble et le cœur et la voix.
    Qui cherche les pas d'une belle,
Qui peut ou s'égayer ou gémir auprès d'elle,
    De ses jours peut porter le poids.

    J'aime ; je vis. Heureux rivage !
    Tu conserves sa noble image,
Son nom, qu'à tes forêts j'ose apprendre le soir,
    Quand, l'âme doucement émue,
J'y reviens méditer l'instant où je l'ai vue,
    Et l'instant où je dois la voir.

    Pour elle seule encore abonde
    Cette source, jadis féconde,
Qui coulait de ma bouche en sons harmonieux.
    Sur mes lèvres tes bosquets sombres
Forment pour elle encor ces poétiques nombres,
    Langage d'amour et des dieux.

    Ah! témoin des succès du crime,
    Si l'homme juste et magnanime
Pouvait ouvrir son cœur à la félicité,
    Versailles, tes routes fleuries,
Ton silence, fertile en belles rêveries,
    N'auraient que joie et volupté.

    Mais souvent tes vallons tranquilles,
    Tes sommets verts, tes frais asiles,
Tout à coup à mes yeux s'enveloppent de deuil.
    J'y vois errer l'ombre livide

D'un peuple d'innocents qu'un tribunal perfide[1]
Précipite dans le cercueil.

IX[2]

Mais la haineuse ingratitude
A taire les bienfaits seule met son étude.
La reconnaissance aux doux yeux,
Au souris caressant, à la longue mémoire,
Parle, et des dieux chérie, est l'amour et la gloire
Des mortels semblables aux dieux.

Quel fugitif, d'un pied colère,
Va renverser l'autel qui lui fut tutélaire ?
Quel nageur sauvé du trépas
Brûle son bienfaiteur, le roseau du rivage ?
Quel rossignol ne chante, à couvert de l'orage,
L'ormeau qui lui tendit les bras ?

Ainsi pour ces molles prairies
Que Versaille, au retour des Pléiades fleuries[3],

---

1. Le tribunal révolutionnaire. Cette ode fut composée dans l'été de 1793.
2. Édition G. de Chénier.
3. Le manuscrit porte :

   Que V... au retour des Pléiades fleuries.

L'auteur a écrit en marge de cette strophe :

Étendit sous mes pas errants;
Pour ces zéphyrs, l'ombre fraîche et secrète,
Dont il a du Lion, sur ma douce retraite,
Tempéré les feux dévorants ;

Ma muse en poétique offrande
Lui tressa l'amarante, immortelle guirlande.
D'où vient donc, etc...[1]

X[2]

A CHARLOTTE DE CORDAY

EXÉCUTÉE LE 18 JUILLET 1793[3]

Quoi ! tandis que partout, ou sincères ou feintes,
Des lâches, des pervers, les larmes et les plaintes

Des Pl. Aratus, v. 263. — Ce qui veut dire : des Pléiades, voyez Aratus, v. 263. Puis il cite ainsi les vers du poète grec :

αι μέν ὁμῶς ὀλίγαι καὶ ἀφεγγέες, ἀλλ' ὀνομασταὶ
ἤρι (leur lever) καὶ ἑσπεριαι, ζεὺς δ' αἴτιος, εἰλίσσονται,
ὅ σφισι καὶ θέρεος καὶ πείματος ἀρχομένοιο,
σεμαίνειν ἐκέλευσεν ἐπερχόμενου τ' ἀρότοιο.

Et v. le scoliaste Théon, quoique interpolé. Eratosth. Catast. V. πλειάς μεγίστην δ'ἔχουσι δόξαν ἐν τοις ἀνθρώποις ἐπισήμωνοῦσαι καθ' ὥραν (de saison en saison).

1. Le manuscrit offre cette variante :

Ma lyre, naïve interprète,
Ainsi chanta V. (Versaille) et ma belle retraite,
D'où vient donc... etc...

Le poète avait passé un trait vertical sur ces trois vers, et les avait refaits ensuite plus bas tels qu'ils sont. (G. DE CH.)

2. Édition 1819.

3. Elle avait tué Marat le 13.

Consacrent leur Marat parmi les immortels,
Et que, prêtre orgueilleux de cette idole vile,
Des fanges du Parnasse un impudent reptile
Vomit un hymne infâme au pied de ses autels[1],

La vérité se tait ! dans sa bouche glacée,
Des liens de la peur sa langue embarrassée
Dérobe un juste hommage aux exploits glorieux !
Vivre est-il donc si doux ? De quel prix est la vie,
Quand, sous un joug honteux, la pensée asservie
Tremblante au fond du cœur, se cache à tous les yeux ?

Non, non, je ne veux point t'honorer en silence,
Toi qui crus par ta mort ressusciter la France
Et dévouas tes jours à punir des forfaits.
Le glaive arma ton bras, fille grande et sublime,
Pour faire honte aux dieux, pour réparer leur crime,
Quand d'un homme à ce monstre ils donnèrent les traits.

Le noir serpent, sorti de sa caverne impure,
A donc vu rompre enfin sous ta main ferme et sûre
Le venimeux tissu de ses jours abhorrés !
Aux entrailles du tigre, à ses dents homicides,
Tu vins redemander et les membres livides
Et le sang des humains qu'il avait dévorés !

Son œil mourant t'a vue, en ta superbe joie,
Féliciter ton bras et contempler ta proie.
Ton regard lui disait : « Va, tyran furieux,
Va, cours frayer la route aux tyrans tes complices.

---

1. L'hymne de Xavier Audoin.

Te baigner dans le sang fut tes seules délices,
Baigne-toi dans le tien et reconnais des dieux. »

La Grèce, ô fille illustre, admirant ton courage,
Épuiserait Paros pour placer ton image
Auprès d'Harmodius, auprès de son ami ;
Et des chœurs sur ta tombe, en une sainte ivresse,
Chanteraient Némésis, la tardive déesse,
Qui frappe le méchant sur son trône endormi.

Mais la France à la hache abandonne ta tête.
C'est au monstre égorgé qu'on prépare une fête
Parmi ses compagnons, tous dignes de son sort.
Oh ! quel noble dédain fit sourire ta bouche,
Quand un brigand, vengeur de ce brigand farouche,
Crut te faire pâlir aux menaces de mort !

C'est lui qui dut pâlir, et tes juges sinistres,
Et notre affreux sénat et ses affreux ministres,
Quand, à leur tribunal, sans crainte et sans appui,
Ta douceur, ton langage et simple et magnanime
Leur apprit qu'en effet, tout-puissant qu'est le crime,
Qui renonce à la vie est plus puissant que lui.

Longtemps, sous les dehors d'une allégresse aimable,
Dans ses détours profonds ton âme impénétrable
Avait tenu cachés les destins du pervers.
Ainsi, dans le secret amassant la tempête,
Rit un beau ciel d'azur, qui cependant s'apprête
A foudroyer les monts et soulever les mers.

Belle, jeune, brillante, aux bourreaux amenée,

Tu semblais t'avancer sur le char d'hyménée;
Ton front resta paisible et ton regard serein.
Calme, sur l'échafaud, tu méprisas la rage
D'un peuple abject, servile, et fécond en outrage,
Et qui se croit alors[1] et libre et souverain.

La vertu seule est libre. Honneur de notre histoire,
Notre immortel opprobre y vit avec ta gloire;
Seule, tu fus un homme et vengeas les humains!
Et nous, eunuques vils, troupeau lâche et sans âme,
Nous savons répéter quelques plaintes de femme;
Mais le fer pèserait à nos débiles mains.

Non, tu ne pensais pas qu'aux mânes de la France
Un seul traître immolé suffît à sa vengeance,
Ou tirât du chaos ses débris dispersés.
Tu voulais, enflammant les courages timides,
Réveiller les poignards sur tous ces parricides,
De rapine, de sang, d'infamie engraissés[2].

Un scélérat de moins rampe dans cette fange.
La Vertu t'applaudit; de sa mâle louange
Entends, belle héroïne, entends l'auguste voix.
O Vertu, le poignard, seul espoir de la terre,
Est ton arme sacrée, alors que le tonnerre
Laisse régner le crime et te vend à ses lois.

1. Et non *encore*, comme dans le texte de 1819. (B. DE F.)
2. Strophe omise jusqu'ici par les éditeurs, et relevée par M. Becq de Fouquières sur le texte fac-similé du manuscrit publié dans l'*Isographie des hommes célèbres* (deuxième édition, 1844).

XI[1]

STROPHE PREMIÈRE

O mon esprit ! au sein des cieux,
Loin de tes noirs chagrins, une ardente allégresse
　　Te transporte au banquet des dieux,
　　Lorsque ta haine vengeresse,
Rallumée à l'aspect et du meurtre et du sang,
Ouvre de ton carquois l'inépuisable flanc.
De là vole aux méchants ta flèche redoutée,
　　D'un fiel vertueux humectée,
Qu'au défaut de la foudre, esclave du plus fort,
　　Sur tous ces pontifes du crime,
Par qui la France, aveugle et stupide victime,
Palpite et se débat contre une longue mort,
　　Lance ta fureur magnanime.

ANTISTROPHE PREMIÈRE

Tu crois, d'un éternel flambeau
Éclairant les forfaits d'une horde ennemie,
　　Défendre à la nuit du tombeau

---

1. Édition 1819.

D'ensevelir leur infamie.
Déjà tu penses voir, des bouts de l'univers,
Sur la foi de ma lyre, au nom de ces pervers,
Frémir l'horreur publique*; et d'honneur et de gloire
    Fleurir ma tombe et ta mémoire ;
Comme autrefois tes Grecs accouraient à des jeux,
    Quand l'amoureux fleuve d'Élide
Eut de traîtres punis vu triompher Alcide ;
Ou quand l'arc Pythien d'un reptile fangeux
    Eut purgé les champs de Phocide.

ÉPODE PREMIÈRE

    Vain espoir ! inutile soin !
Ramper est des humains l'ambition commune ;
    C'est leur plaisir, c'est leur besoin.
Voir fatigue leurs yeux ; juger les importune ;
    Ils laissent juger la fortune,
Qui fait juste celui qu'elle fait tout-puissant.
Ce n'est point la vertu, c'est la seule victoire
    Qui donne et l'honneur et la gloire :
Teint du sang des vaincus, tout glaive est innocent.

STROPHE DEUXIÈME

    Que tant d'opprimés expirants
Aillent aux cieux enfin réveiller le supplice ;
    Que sur ces monstres dévorants

---

* Var. : *Tonner l'horreur publique.*

Son bras d'airain s'appesantisse;
Qu'ils tombent; à l'instant vois-tu leurs noms flétris,
Par leur peuple vénal leurs cadavres meurtris,
Et pour jamais transmise à la publique ivresse
    Ta louange avec leur bassesse?
Mais si Mars est pour eux, leurs vertus, leurs bienfaits,
    Sont bénis de la terre entière.
Tout s'obscurcit auprès de la splendeur guerrière;
Elle éblouit les yeux, et sur les noirs forfaits
    Étend un voile de lumière.

ANTISTROPHE DEUXIÈME

Dès lors l'étranger étonné
Se tait avec respect devant leur sceptre immense;
    Leur peuple à leurs pieds enchaîné,
    Vantant jusques à leur clémence,
Nous voue à la risée, à l'opprobre, aux tourments;
Nous, de la vertu libre indomptables amants.
Humains, lâche troupeau!... mais qu'importent au sage
    Votre blâme, votre suffrage,
Votre encens, vos poignards, et de flux en reflux
    Vos passions précipitées?
Il nous faut tous mourir. A sa vie ajoutées
Au prix du déshonneur, quelques heures de plus
    Lui sembleraient trop achetées [1].

---

1. Il existe une variante de la fin de cette antistrophe. Voici la première pensée du poète :

> Il sait qu'il doit *mourir. A sa vie ajoutées,*
> *Quelques heures de plus au prix du déshonneur*
> *Lui sembleraient trop achetées.*

ÉPODE DEUXIÈME

Lui, grands dieux! courtisan menteur,
De sa raison céleste abandonner le faîte,
  Pour descendre à votre hauteur!
En lui-même affermi, comme l'antique athlète,
  Sur le sol où son pied s'arrête
Il reste inébranlable à tout effort mortel,
Et laisse avec dédain ce vulgaire imbécile [1],
  Toujours turbulent et servile,
Flotter de maître en maître et d'autel en autel.

---

1. Le manuscrit porte les variantes que voici :

> Il voit avec mépris le vulgaire imbécile,
>   Toujours turbulent et servile,
> Flotter de maître en maître et d'autel en autel.
>   Comme l'antique athlète
>   Sur le sol où son pied s'arrête,
> Où ne peut l'ébranler nul effort d'un mortel.

Le poète a rendu avec le mouvement et la vigueur d'Horace : *Odi profanum vulgus* (Odes, liv. III, ode I).

> Et chaque jour à la fortune
> Demande à quel autel doit brûler son encens.
> Comme...
> Tel...
> Sous le joug du mépris un coupable abattu
> S'engourdit dans la honte ; et son pied sans courage
>   Que n'enhardit aucun suffrage
> Ne tente plus un pas qui mène à la vertu.
>
> (G. DE CH.)

XII[1]

Un vulgaire assassin va chercher les ténèbres ;
  Il nie, il jure sur l'autel ;
Mais nous, grands, libres, fiers, à nos exploits funèbres,
  A nos turpitudes célèbres,
Nous voulons attacher un éclat immortel.

De l'oubli taciturne et de son onde noire
  Nous savons détourner le cours.
Nous appelons sur nous l'éternelle mémoire,
  Nos forfaits, notre unique histoire,
Parent de nos cités les brillants carrefours[2].

O gardes de Louis, sous les voûtes royales
  Par nos ménades déchirés,
Vos têtes sur un fer ont, pour nos bacchanales,

---

1. Notice de Sainte-Beuve, 1839. Il s'agit de la fête du 14 juillet 1793.
2. Voici ce que porte le manuscrit :

> Un vulgaire ass. ss. va chercher les ténèbres ;
> Il nie, il jure sur l'autel ;
> Mais nous, grands, libres, fiers, à nos exploits fun.,
> A nos turp. t. d. célèbres
> Nous voulons attacher un éclat imm.
>
> De l'oubli tacit. et de son onde n.
> Nous savons détour. le cours.
> Nous appelons sur nous l'étern. m.m. ;
> Nos frf., notre unique hist.,
> Parent de nos cités les brillants carrefours.
>   (G. DE CH.)

ODES.

Orné nos portes triomphales,
Et ces bronzes hideux, nos monuments sacrés[1].

Tout ce peuple hébété que nul remords ne touche,
Cruel même dans son repos,
Vient sourire aux succès de sa rage farouche,
Et, la soif encore à la bouche,
Ruminer tout le sang dont il a bu les flots[2].

Arts dignes de nos yeux! pompe et magnificence
Dignes de notre liberté,
Dignes des vils tyrans qui dévorent la France,
Dignes de l'atroce démence

---

1. M. G. de Chénier met un point à la fin du vers précédent et écrit : « A ces bronzes hideux », liant ce vers à la strophe suivante.

Un passage des *Souvenirs d'un sexagénaire* par Arnault (Paris, 1833, t. III, p. 361) explique ces strophes : « La fête du 14 juillet 1793 semblait avoir été ordonnée par des cannibales. L'arc, élevé au milieu d'une voie triomphale dont les colonnes occupaient le boulevard Italien, était orné de bas-reliefs peints, qui retraçaient les massacres du 6 octobre et du 10 août, et de trophées modelés en pâte de carton, où se groupaient les dépouilles des gardes du corps, surmontées des têtes de ces malheureux auxquelles on avait laissé leurs cadenettes et leurs queues, de peur qu'on ne les reconnût pas. J'en parle pour l'avoir vu. »

2. Le texte du manuscrit est ainsi :
δορο?ορ.

O. g. d. de L. Sous les voûtes royales
Par nos μαιναδ. déchirés,
Vos têtes sur un fer ont, pour nos bacch.,
Orné nos portes τριομφ.
Et ces bronzes hideux, nos mon. m. sacrés.

Tout ce δημος hébété que nul rem. ne touche,
Cruel même dans son ἡσυχ.,
Vient sourire aux succès de sa r. f.
Et, la soif encore à la bouche,
Ruminer tout l'αἷμα dont il a bu les flots.

(G. DE CH.)

Du stupide David qu'autrefois j'ai chanté [1] !

De Barca, du Niger les désertes arènes
  Nourrissent cérastes ardents [2],
Tigres à l'œil de flamme, implacables hyènes:
  Le bitume flotte en leurs veines ;
Une rage homicide aiguillonne leurs dents.

A de tels compagnons votre juste message
  Devait ouvrir votre cité.
Se jeter sur le faible est aussi leur courage.
  Ils vivent aussi de carnage ;
Voir du sang est aussi leur seule volupté.

Mais n'osez plus flétrir de votre ignare estime
  Des mortels semblables aux dieux.
Dans leurs mâles écrits quel foudre magnanime
  Tonne sur vous et sur le crime !
Ah ! si le crime et vous pouviez baisser les yeux !... [3].

---

1. Ici s'arrête la publication de Sainte-Beuve. Le reste est donné pour la première fois par M. G. de Chénier.
Le manuscrit porte :

  Arts dignes de nos yeux ! pompe et magnif.
   Dignes de notre ἐλευθερία,
  Dignes des vils πυρ. qui dév. la Fr.,
   Dignes de l'atroce démence
  Du stupide D., qu'autrefois j'ai chanté.
      (G. DE CH.)

2. Vipères d'Égypte.

3. Ces dernières strophes paraissent contenir une allusion au titre de *citoyen français*, qui, après la chute de la monarchie, fut décerné à dix-sept étrangers, parmi lesquels se trouvait Schiller (sous le nom de Gille). (LÉO JOUBERT.)

XIII[1]

ÉCRIT A SAINT-LAZARE

. . . Il demande du pain,
On lui donne du sang. Il voit tomber des têtes;
Il chante et ne sent plus la faim.

Byzance, mon berceau, jamais tes janissaires
Du musulman paisible ont-ils forcé le seuil?
Vont-ils jusqu'en son lit, nocturnes émissaires,
Porter l'épouvante et le deuil?

Son harem ne connaît, invisible retraite,
Le choix, ni les projets, ni le nom des vizirs.
Là, sûr du lendemain, il repose sa tête,
Sans craindre, au sein de ses plaisirs,

Que cent nouvelles lois qu'une nuit a fait naître,
De juges assassins un tribunal pervers,
Lancent sur son réveil, avec le nom de traître,
La mort, la ruine, ou les fers.

1. Édition 1819, sauf les trois premiers vers.

Tes mœurs et ton Coran sur ton sultan farouche
Veillent, le glaive nu, s'il croyait tout pouvoir,
S'il osait tout braver, et dérober sa bouche
    Au frein de l'antique devoir.

Voilà donc une digue où la toute-puissance
Voit briser le torrent de ses vastes progrès.
Liberté qui nous fuis, tu ne fuis point Byzance ;
    Tu planes sur ses minarets[1].

XIV[2]

ÉCRIT A SAINT-LAZARE

Mon frère, que jamais la tristesse importune
    Ne trouble ses prospérités !
Qu'il remplisse à la fois la scène et la tribune ;

---

1. Voltaire a écrit dans son *Histoire de Charles XII* : « La rapacité et la tyrannie du Grand Seigneur ne s'étendent presque jamais que sur les officiers de l'empire qui, quels qu'ils soient, sont esclaves domestiques du sultan ; mais le reste des musulmans vit dans une sécurité profonde, sans craindre ni pour leurs vies, ni pour leurs fortunes, ni pour leur liberté. » (Liv. V, au commencement.)

2. Les deux premières strophes sont dans l'édition de 1819, mais à la deuxième personne, non à la troisième : *tes* prospérités,... *va remplir, te comblent...* De même dans la deuxième strophe *tes* travaux, *ton* vingtième lustre, *ton* tombeau. Les strophes suivantes ont été données pour la première fois par M. G. de Chénier. Elles changent bien le caractère du morceau.

Que les grandeurs et la fortune
Le comblent de leurs biens qu'il a tant souhaités[1] !

Que les muses, les arts, toujours d'un nouveau lustre
    Embellissent tous ses travaux ;
Et que, cédant à peine à son vingtième lustre,
    De son tombeau la pierre illustre
S'élève radieuse entre tous les tombeaux !

Mais. . . . .
    Infortune, honnêtes douleurs,
Souffrance, des vertus superbe et chaste fille,
    Salut. Mes frères, ma famille,
Sont tous les opprimés, ceux qui versent des pleurs ;

Ceux que livre à la hache un féroce caprice ;
    Ceux qui brûlent un noble encens
Aux pieds de la vertu que l'on traîne au supplice,
    Et bravent le sceptre du vice,
Ses caresses, ses dons, ses regards menaçants ;

Ceux qui, devant le crime, idole ensanglantée,
    N'ont jamais fléchi les genoux,
Et soudain, à sa vue impie et détestée,
    Sentent leur poitrine agitée,
Et s'enflammer leur front d'un généreux courroux.

---

1. Latouche avait mis : aux talents mérités.

XV[1]

LA JEUNE CAPTIVE[2]

Saint-Lazare.

« L'épi naissant mûrit de la faux respecté ;
Sans crainte du pressoir, le pampre tout l'été
    Boit les doux présents de l'aurore ;
Et moi, comme lui belle, et jeune comme lui,
Quoi que l'heure présente ait de trouble et d'ennui,
    Je ne veux point mourir encore.

« Qu'un stoïque aux yeux secs vole embrasser la mort,
Moi, je pleure et j'espère ; au noir souffle du nord
    Je plie et relève ma tête.
S'il est des jours amers, il en est de si doux !
Hélas ! quel miel jamais n'a laissé de dégoûts ?
    Quelle mer n'a point de tempête ?

« L'illusion féconde habite dans mon sein.
D'une prison sur moi les murs pèsent en vain,

---

1. *Décade philosophique,* 30 nivôse an III.
2. La jeune captive était une demoiselle Franquetot de Coigny, qui avait épousé le duc de Fleury en 1784 et qui, incarcérée à Saint-Lazare avec M. de Montrond, devint, après divorce, Mme de Montrond. Montrond et la citoyenne Franquetot (ex-duchesse de Fleury) furent effacés de la liste des prétendus conspirateurs moyennant une somme de cent louis en or.

J'ai les ailes de l'espérance :
Échappée aux réseaux de l'oiseleur cruel,
Plus vive, plus heureuse, aux campagnes du ciel
Philomèle chante et s'élance.

« Est-ce à moi de mourir? Tranquille je m'endors,
Et tranquille je veille, et ma veille aux remords
Ni mon sommeil ne sont en proie.
Ma bienvenue au jour me rit dans tous les yeux ;
Sur des fronts abattus mon aspect dans ces lieux
Ranime presque de la joie.

« Mon beau voyage encore est si loin de sa fin!
Je pars, et des ormeaux qui bordent le chemin
J'ai passé les premiers à peine.
Au banquet de la vie à peine commencé,
Un instant seulement mes lèvres ont pressé
La coupe en mes mains encor pleine.

« Je ne suis qu'au printemps, je veux voir la moisson;
Et comme le soleil, de saison en saison,
Je veux achever mon année.
Brillante sur ma tige et l'honneur du jardin,
Je n'ai vu luire encor que les feux du matin :
Je veux achever ma journée.

« O mort! tu peux attendre ; éloigne, éloigne-toi;
Va consoler les cœurs que la honte, l'effroi,
Le pâle désespoir dévore.
Pour moi Palès encore a des asiles verts,
Les amours des baisers, les Muses des concerts ;
Je ne veux point mourir encore. »

Ainsi, triste et captif, ma lyre toutefois
S'éveillait, écoutant ces plaintes, cette voix,
    Ces vœux d'une jeune captive ;
Et secouant le faix de mes jours languissants,
Aux douces lois des vers je pliai les accents [1]
    De sa bouche aimable et naïve.

Ces chants, de ma prison témoins harmonieux,
Feront à quelque amant des loisirs studieux
    Chercher quelle fut cette belle :
La grâce décorait son front et ses discours,
Et, comme elle, craindront de voir finir leurs jours
    Ceux qui les passeront près d'elle.

---

1. Cette nouvelle leçon *je pliai,* au lieu de *je pliais,* a été fournie par le manuscrit de cette pièce, qui est entre les mains de M. Dobrée, de Nantes. — *Lettres critiques,* p. 50.

ÏAMBES

ÏAMBES

I [1]

« Sa langue est un fer chaud. Dans ses veines brûlées
    Serpentent des fleuves de fiel. »
— J'ai, douze ans, en secret, dans les doctes vallées,
    Cueilli le poétique miel.
Je veux un jour ouvrir ma ruche tout entière.
    Dans tous mes vers on pourra voir
Si ma muse naquit haineuse et meurtrière.
    Frustré d'un amoureux espoir,

---

1. Notice de Sainte-Beuve, 1839.

Les ïambes d'André Chénier, composés d'un vers de douze syllabes suivi d'un vers de huit, avec croisement de rimes, rappellent par le ton amer, par le mouvement lyrique et le rythme, les épodes ïambiques ou ïambes d'Archiloque et d'Horace. Dans les épodes d'Archiloque un ïambe trimètre (de six pieds ou douze syllabes) est suivi d'un ïambe dimètre (de quatre pieds ou huit syllabes); en voici un exemple :

    πάτερ Λυκάμβα, ποῖον ἐφράσω τόδε;
    τίς σας παρήειρε φρένας;

Horace, chez les Latins, imita cette combinaison rythmique dans ses épodes, et André Chénier en a employé une analogue en français. (Léo Joubert.)

Auguste Barbier s'est également servi depuis lors du même mètre.

Archiloque aux fureurs du belliqueux ïambe
    Immole un beau-père menteur;
Moi, ce n'est point au col d'un perfide Lycambe
    Que j'apprête un lacet vengeur.
Ma foudre n'a jamais tonné pour mes injures.
    La patrie allume ma voix;
La paix seule aguerrit mes pieuses morsures;
    Et mes fureurs servent les lois.
Contre les noirs Pithons et les hydres fangeuses
    Le feu, le fer arment mes mains;
Extirper sans pitié les bêtes venimeuses,
    C'est donner la vie aux humains.

II[1]

Voûtes du Panthéon, quel mort illustre et rare
    S'ouvre vos dômes glorieux?
Pourquoi vois-je David qui larmoie, et prépare
    Sa palette qui fait des dieux?
O ciel! faut-il le croire! ô destins! ô fortune!...
    O cercueil arrosé de pleurs!
O que ne puis-je ouïr Barère à la tribune,
    Gros de pathos et de douleurs!
Quelle nouvelle en France! et quel canon d'alarmes
    Dans tous les cœurs a retenti!

---

1. Édition G. de Chénier. A propos de la translation du corps de Marat au Panthéon.

Les fils des Jacobins leur adressent des larmes.
        Brissot, qui n'a jamais menti,
Dit avoir vu dans l'air d'exhalaisons impures
        Un noir nuage tournoyer,
Du sang, et de la fange, et toutes les ordures
        Dont se forme un épais bourbier,
Et soutient que c'était la sale et vilaine âme
        Par qui Marat avait vécu.
De ses jours florissants, par la main d'une femme,
        Ce lien aimable est rompu !
Le Calvados en rit ; mais la potence pleure.
        Déjà par un fer meurtrier
Pelletier fut placé dans l'auguste demeure.
        Marat vaut mieux que Pelletier.
Nul n'aima tant le sang, n'eut tant de soif des crimes.
        Qu'on parle d'un vil scélérat,
Bien que Lacroix, Bourdon, soient des mortels sublimes,
        Nous ne pensons tous qu'à Marat.
Il était né de droit vassal de la potence ;
        Il était son plus cher trésor.
Console-toi, gibet, tu sauveras la France !
        Pour tes bras la Montagne encor
Nourrit bien des héros dans ses nobles repaires,
        Le Gendre, *élève de Caton*,
Le grand Collot d'Herbois, fier *patron* des galères,
        Plus d'un Robespierre, et Danton,
Thuriot, et Chabot ; enfin toute la bande ;
        Et club, commune, tribunal.
Mais qui peut les compter ? Je te les recommande ;
        Tu feras l'appel nominal.
Pour chanter à ces saints de dignes litanies,
        L'un demande Anacharsis Clotz ;

L'autre veut Cabanis, ou d'autres grands génies ;
    Et qui Grouvelle, et qui Laclos.
Mais non, nous entendrons ces oraisons funèbres,
    De la bouche du bon Garat ;
Puis tu les enverras tous au fond des ténèbres
    Lécher le c.. du bon Marat.
Que la tombe sur vous, sur vos reliques chères,
    Soit légère, ô mortels sacrés !
Pour qu'avec moins d'efforts, par les dogues vos frères,
    Vos cadavres soient déchirés.

Par le citoyen ARCHILOQUE MASTIGOPHORE[1].

III[2]

AUX MUSES[3]

On dit que le dédain froid et silencieux
    Devint une ardente colère,
Lorsque le *Moniteur* vous eut mis sous les yeux
    Le sot fatras du sot Barère[4] :
Qu'au Phœbus convulsif de l'ignare pédant,
    De honte et de terreur troublées,

---

1. *Mastigophore*, qui porte un fouet.
2. Édition G. de Chénier.
3. Composé dans les derniers jours du mois de janvier 1794.
4. Dans la séance du 7 pluviôse.

Votre front se souvint de ce Thrace impudent[1],
    Qui vous eût toutes violées.
On dit plus : mais je sais combien chez nos plaisants
    Grâce, pucelage et faconde
Exposent une belle à ces bruits médisants ;
    Ils veulent que sur cet immonde,
Vous ayez, mais tout bas, aux effroyables sons
    D'apostrophes trop masculines,
Joint : *pied-plat, gredin, cuistre,* et d'autres maudissons,
    Peu faits pour vos lèvres divines ;
Dignes de lui, d'accord ; mais indignes de vous.
    Ces gens n'ont point votre langage.
N'apprenez point le leur. Un ignoble courroux
    Justifie un ignoble outrage.

IV[2]

L'échafaud est pour eux une source féconde[3] ;
    Ils se travaillent à l'envi
A lui trouver cent noms les plus gentils du monde.

---

1. Pyrène. Voy. l'histoire de Pyrène et des Muses dans une lettre de Racine à La Fontaine. *OEuvres complètes de Racine,* édition Saint-Marc Girardin et Louis Moland, t. VII, p. 392. Barère était député des Hautes-Pyrénées.
2. Édition G. de Chénier.
3. André a écrit ce vers :

    Ὁ σταυρός est pour eux une πηγή féconde.
            (G. DE CH.)

L'un l'appelle la... l'autre la... Il rentre de ce spectacle. Il y mène sa femme et ceux de ses enfants qui ont été sages; les autres au retour quittent leur tambour et leurs jeux pour venir entendre. Il leur conte quelle mine il avait, etc... Tous trépignent de joie; on bénit... humanité héréditaire. Ceux qui l'ont vu sont l'objet de l'envie. Puis ils dorment contents... d'avoir vu couler aujourd'hui tant de... et la douce assurance d'en voir demain couler autant. Que Dieu les garde de mal; qu'à leur mort leur âme passe au corps des loups et des panthères, elle s'y trouvera bien mieux. Et pour moi, j'ai voulu que leur noble mémoire allât faire vomir un jour l'érudit qui lira cet hymne de leur gibet, monument d'estime et d'amour[1].

Il est vrai, plats bavards, canaille inepte et lâche,
  Vous êtes sujets du bâton,
. . . . du bourreau, de la hache,
 De l'infamie et de Couthon[2].

.

V[3]

Grâce à notre sénat, le ciel n'est donc plus vide!
  De ses fonctions suspendu,
Dieu. . . . .
  Au siège éternel est rendu.
Il va reprendre en main les rênes de la terre.

1. Le manuscrit porte ces mots ainsi écrits en abrégé :
  ... qui lira cet hymne de leur gb. monum. d'est. et d'am.
          (G. DE CH.)
2. L'auteur n'a mis que l'initiale C.
3. Édition G. de Chénier. Composé à propos de la fête de l'Être suprême.

IAMBES.

Il faut espérer qu'après un exil de plusieurs mois il se conduira mieux... et que sa première marque de repentance sera de punir ses nouveaux adorateurs... Quoi! Dieu tout-puissant, tu souffres que de pareils personnages te louent et t'avouent! Tu endures la dérision avec laquelle ils te bravent, et croient que tu existes quand ils vivent!

Tu ne crains pas qu'au pied de ton superbe trône,
    Spinosa, te parlant tout bas,
Vienne te dire encore : Entre nous, je soupçonne,
    Seigneur, que vous n'existez pas.

Que croiront les mortels, quand ils verront que sous tes yeux, le nom de vertu est prononcé par des bouches qui...; de probité, par des bouches qui...; d'humanité, par des bouches qui...; et que tout est le sujet de leur basse et dérisoire hypocrisie!

Quoi! ton œil qui voit tout, sans les réduire en cendre,

pénètre dans les antres affreux, où les Carrier, les Lequinio, couchés sur des cadavres, rongent des ossements humains! Quoi! tu ne fais point éclater la foudre, lorsque des hommes entassés sont écrasés sous leurs prisons par l'explosion du canon! Tu contemples la Loire, le Rhône, la Charente...

Ton œil de leurs pensers sonde les noirs abîmes,
    Ces lacs de soufre et de poisons,
Ces océans bourbeux où fermentent les crimes;
    Que de ses plus ardents tisons

dévore la plus lâche Euménide... car tu n'es pas réduit, comme nous, à reconnaître un Couthon à ses actions et à la bassesse de son affreux visage... Tu vois au lieu d'un cœur bouillir dans sa poitrine un fétide mélange de bitume, de rage, de

haine pour la vertu, de vol, de calomnie... et de fange... d'où,
par sa bouche impure, s'exhale la mort des gens de bien,
etc.[1]

. . . .

. . . .

Ils vivent cependant! et de tant de victimes
 Les cris ne montent point vers toi!
C'est un pauvre poète, ô grand Dieu des armées!
 Qui seul, captif, près de la mort,
Attachant à ses vers les ailes enflammées

---

1. La première rédaction de cette pièce continuait ainsi :

Et tu ne tonnes pas! et les cris de tant d'infortunés ne montent point jusqu'à toi! et tu laisses un pauvre diable de poète se charger de leur vengeance et tonner seul sur ces scélérats et sur l'horrible dicast... (tribunal)... et jur... (jury), etc.

Ils croyaient se cacher dans leur bassesse obscure.
. . . .
Sur ses pieds inégaux l'épode vengeresse
 Saura les atteindre pourtant.
Diamant ceint d'azur, Paros, œil de la Grèce,
 De l'onde Égée astre éclatant!
Dans tes flancs où nature est sans cesse à l'ouvrage,
 Pour le ciseau laborieux,
Germe et blanchit le marbre honoré de l'image
 Et des grands hommes et des dieux.
Mais pour graver aussi la honte ineffaçable,
 Paros de l'ïambe acéré
Aiguisa le burin brûlant, impérissable.
 Fils d'Archiloque, fier André,
Ne détends point ton arc, fléau de l'imposture.
 Que les passants, pleins de tes vers,
Les siècles, l'avenir, que toute la nature
 Crie à l'aspect de ces pervers :
« Hou, les vils scélérats! les monstres, les infâmes!
 De vols, de massacres nourris!
Noirs ivrognes de sang, lâches bourreaux de femmes,
 Qui n'égorgent point leurs maris;
Du fils tendre et pieux, et du malheureux père
 Pleurant son fils assassiné;
Du frère qui n'a point laissé dans la misère
 Périr son frère abandonné.
Vous n'avez qu'une vie... ô vampires,
 Et vous n'expierez qu'une fois
Tant de morts, et de pleurs, de cendres, de décombres,
 Qui contre vous lèvent la voix!

De ton tonnerre qui s'endort,
De la vertu proscrite embrassant la défense,
Dénonce aux juges infernaux
Ces juges, ces jurés qui frappent l'innocence,
Hécatombe à leurs tribunaux.
Eh bien, fais-moi donc vivre, et cette horde impure
Sentira quels traits sont les miens!
Ils ne sont point cachés dans leur bassesse obscure :
Je les vois, j'accours, je les tiens!

VI[1]

. . . .

Vingt barques, faux tissus de planches fugitives,
S'entr'ouvrant au milieu des eaux,
Ont-elles, par milliers, dans les gouffres de Loire
Vomi des Français enchaînés *,
Au proconsul Carrier, implacable après boire,
Pour son passe-temps amenés?
Et ces porte-plumets, ces commis de carnage,
Ces noirs accusateurs Fouquiers,
Ces Dumas, ces jurés, horrible aréopage
De voleurs et de meurtriers,
Les ai-je poursuivis jusqu'en leurs bacchanales,
Lorsque, les yeux encore ardents,

* Var.: *Vomi des captifs enchaînés.*
1. Édition G. de Chénier.

Attablés, le bordeaux de chaleurs plus brutales
    Allumant leurs fronts impudents,
Ivres et bégayant la crapule et les crimes,
    Ils rappellent, avec des ris,
Leurs meurtres d'aujourd'hui, leurs futures victimes;
    Et parmi les chansons, les cris,
Trouvent deçà delà, sous leur main, sous leur bouche,
    De femmes un vénal essaim
Dépouilles du vaincu, transfuges de sa couche,
    Pour la couche de l'assassin;
Car ce sexe, ébloui de tout semblant de gloire,
    Né l'héritage du plus fort [1],
Quel que soit le vainqueur, suit toujours la victoire;
    D'une lèvre arbitre de mort
Étale le baiser, le brigue avec audace;
    Et pour nulle oppressive main
Leur jupe n'est pesante, et l'épingle tenace
    N'a de pointe autour de leur sein.
Le remords est, dit-on, l'enfer où tout s'expie.
    Quel remords agite le flanc,
Tourmente le sommeil du tribunal [2] impie
    Qui mange, boit, rote du sang?
Car qui peut noblement de leur bande perverse
    Rendre les attentats fameux?
Ces monstres sont impurs, la lance qui les perce
    Sort impure, infecte comme eux [3].

---

1. L'auteur a d'abord écrit :
    Héritage né *du plus fort*.
        (G. DE CH.)

2. L'auteur a écrit : *dicastère*, du grec δικαστηριον, tribunal.

3. Ces deux vers et quelques traits des ïambes précédents avaient été cités par M. G. Guizot dans son cours du 3 février 1869.

VII[1]

Quand au mouton bêlant la sombre boucherie
    Ouvre ses cavernes de mort,
Pâtres, chiens et moutons, toute la bergerie
    Ne s'informe plus de son sort.
Les enfants qui suivaient ses ébats dans la plaine,
    Les vierges aux belles couleurs
Qui le baisaient en foule, et sur sa blanche laine
    Entrelaçaient rubans et fleurs,
Sans plus penser à lui, le mangent s'il est tendre.
    Dans cet abîme enseveli
J'ai le même destin. Je m'y devais attendre.
    Accoutumons-nous à l'oubli.
Oubliés comme moi dans cet affreux repaire,
    Mille autres moutons, comme moi,
Pendus aux crocs sanglants du charnier populaire,
    Seront servis au peuple-roi.
Que pouvaient mes amis ? Oui, de leur main chérie
    Un mot à travers ces barreaux
Eût versé quelque baume en mon âme flétrie ;
    De l'or peut-être à mes bourreaux...
Mais tout est précipice. Ils ont eu droit de vivre.
    Vivez, amis ; vivez contents.
En dépit de - - soyez lents à me suivre[2].

1. Édition 1819.
2. Probablement, en dépit de Fouquier.

Peut-être en de plus heureux temps
J'ai moi-même, à l'aspect des pleurs de l'infortune,
　　Détourné mes regards distraits ;
A mon tour, aujourd'hui ; mon malheur importune :
　　Vivez, amis ; vivez en paix.

VIII[1]

J'ai lu qu'un batelier, entrant dans sa nacelle,
　　Jetait à l'eau son aviron ;
J'ai lu qu'un écuyer noble et fier sur la selle,
　　Bien armé d'un double éperon,
D'abord ôtait la bride à son coursier farouche ;
　　J'ai lu qu'un sage renommé,
Avant de s'endormir, dans le fond de sa couche
　　Plaçait un tison allumé ;
J'ai lu que, pour franchir des routes difficiles,
　　Un Automédon pétulant
Enlevait les écrous des quatre orbes agiles
　　Qui roulaient sous son char brillant ;
J'ai lu qu'un Actéon, à son tour, sur l'arène,
　　Assouvit la rage et la faim
De ses chiens, par lui seul, pour bien servir sa haine*,
　　Accoutumés au sang humain.
L'Automédon meurtri devint un Hippolyte,

* Var. : *De ses chiens, par lui seul, comme instrument de haine.*
1. Édition G. de Chénier.

IAMBES.

>   Le sage . . . .
> ... l'écuyer à pied descendit au Cocyte.
>   Le nocher . . . .
> Un sot enfant jouait avec des grains de poudre
>   . . . .
>   . . . .
> . . . .
>
> Un docte à grands projets rassembla des vipères,
>   Et leur prêchait fraternité.
> Mais, déchiré bientôt par ce peuple de frères,
>   Il dit : « Je l'ai bien mérité.
> Un seul de ces serpents qui se cache sous l'herbe
>   Est terrible ; et moi . . . .
> Je les réunis tous. Je joins . . . . . superbe
>   Et l'audace aux mauvais penchants. »
> J'ai lu maints autres faits, tous fort bons à redire ;
>   Et tous ces beaux faits que j'ai lus,
> Barnave, Chapelier, Duport les devaient lire :
>   Ceux-ci[1] ne lisent pas non plus.

IX[2]

> . . . .
> On vit ; on vit infâme. Eh bien? il fallut l'être ;
>   L'infâme, après tout, mange et dort.

---

1. Ceux-ci, c'est-à-dire ceux qui ont la faveur du peuple en ce moment.
2. Édition G. de Chénier.

Ici, même en ces parcs où la mort nous fait paître,
  Où la hache nous tire au sort,
Beaux poulets sont écrits; maris, amants sont dupes.
  Caquetage, intrigues de sots.
On y chante; on y joue; on y lève des jupes;
  On y fait chansons et bons mots;
L'un pousse et fait bondir sur les toits, sur les vitres,
  Un ballon tout gonflé de vent,
Comme sont les discours des sept cents[1] plats bélîtres,
  Dont Barère est le plus savant[2].
L'autre court; l'autre saute; et braillent, boivent, rient
  Politiqueurs et raisonneurs;
Et sur les gonds de fer soudain les portes crient :
  Des juges tigres nos seigneurs
Le pourvoyeur paraît. Quelle sera la proie
  Que la hache appelle aujourd'hui?
Chacun frissonne, écoute; et chacun avec joie
  Voit que ce n'est pas encor lui.
Ce sera toi demain, insensible imbécile.

X[3]

Mais quel est ce grand brun (décrit en quatre, six, ou au plus huit vers)? ne l'ai-je pas connu jadis, le dos couvert de

---

1. L'auteur a écrit *heftsad plats bélîtres*.
2. L'auteur a désigné le nom de Barère par un caractère oriental. M. Becq de Fouquières a déchiffré avec beaucoup de sagacité les deux énigmes. Voy. *Documents nouveaux*, etc., p. 360 et suiv. La Convention était, en nombre rond, composée de sept cents membres.
3. Édition G. de Chénier.

longs cheveux dont il poudrait les fauteuils de Damas, et ricanant et ne disant rien, et ambitionnant le nom d'homme d'esprit, etc.? Et vraiment c'est H... C'est lui-même

Réputé Cicéron chez toute la bazoche
    Et bel esprit chez les catins.

Oh! qu'il se rend bien justice quand il se met au dernier rang des valets, etc.

Tu te croyais trop vil pour avoir rien à craindre,
    Et que je ne te verrais pas,
Et, peut-être, en effet, il eût mieux valu feindre,
    Et ne point descendre si bas.

ἴστω νῦν, θεῶν ὅρκος, etc.

Recevez tous ce serment, que je renonce à la paix, etc..., que toute ma vie je combattrai, etc.

XI[1]

Comme un dernier rayon, comme un dernier zéphyre
    Animent la fin d'un beau jour,

---

1. Édition 1819, complétée par M. G. de Chénier.
« Latouche, en publiant cet iambe, dit M. Léo Joubert, le coupa et le tronqua. Il supprima neuf vers après le quinzième ; de ce qui vient ensuite jusqu'à la fin, il fit un iambe séparé ; puis des quinze premiers vers, en

Au pied de l'échafaud j'essaye encor ma lyre.
    Peut-être est-ce bientôt mon tour.
Peut-être avant que l'heure en cercle promenée
    Ait posé sur l'émail brillant,
Dans les soixante pas où sa route est bornée,
    Son pied sonore et vigilant,
Le sommeil du tombeau pressera ma paupière.
    Avant que de ses deux moitiés
Ce vers que je commence ait atteint la dernière,
    Peut-être en ces murs effrayés
Le messager de mort, noir recruteur des ombres
    Escorté d'infâmes soldats,
Ébranlant de mon nom ces longs corridors sombres[1],
    Où seul, dans la foule à grands pas
J'erre, aiguisant ces dards persécuteurs du crime,
    Du juste trop faibles soutiens,
Sur mes lèvres soudain va suspendre la rime;
    Et chargeant mes bras de liens,
Me traîner, amassant en foule à mon passage
    Mes tristes compagnons reclus,
Qui me connaissaient tous avant l'affreux message
    Mais qui ne me connaissent plus.
Eh bien! j'ai trop vécu. Quelle franchise auguste[2],
    De mâle constance et d'honneur

---

modifiant le dernier, il composa les suprêmes accents d'André Chénier. Dans l'édition de 1826, ils furent donnés comme écrits par l'auteur le 7 thermidor, peu d'instants avant d'aller au supplice. Des points indiquaient l'endroit où le bourreau, d'après la fiction de l'éditeur, avait interrompu le poète ». Il y eut sans doute un peu de charlatanisme dans cette sorte de mise en scène, mais du reste assez innocent.

  1. L'édition de 1819 terminait la pièce par ce vers ainsi écrit :
    Remplira de mon nom ces longs corridors sombres.
  2. L'édition de 1819 commençait ici une nouvelle pièce en ces termes :
    Que promet l'avenir? Quelle franchise auguste.

Quels exemples sacrés doux à l'âme du juste,
    Pour lui quelle ombre de bonheur,
Quelle Thémis terrible aux têtes criminelles,
    Quels pleurs d'une noble pitié,
Des antiques bienfaits quels souvenirs fidèles,
    Quels beaux échanges d'amitié
Font digne de regrets l'habitacle des hommes?
    La peur blême et louche est leur dieu[1],
La bassesse, la honte...* Ah! lâches que nous sommes!
    Tous, oui, tous. Adieu, terre, adieu!
Vienne, vienne la mort! que la mort me délivre!...
    Ainsi donc, mon cœur abattu
Cède au poids de ses maux! — Non, non, puissé-je vivre,
    Ma vie importe à la vertu.
Car l'honnête homme enfin victime de l'outrage,
    Dans les cachots, près du cercueil,
Relève plus altiers son front et son langage,
    Brillant d'un généreux orgueil.
S'il est écrit aux cieux que jamais une épée
    N'étincellera dans mes mains;
Dans l'encre et l'amertume une autre arme trempée
    Peut encor servir les humains.
Justice, vérité, si ma main, si ma bouche,
    Si mes pensers les plus secrets

---

* VAR. : *La bassesse, la feinte.* AUTRE VAR. : *Le désespoir, la honte.*

1. L'auteur en écrivant ce vers en a donné trois variantes ; d'abord sa première pensée fut :

    La peur *tortueuse* est leur dieu.

Il mit au-dessus :

    La peur *blême et louche* est leur dieu.

Il écrivit au-dessous :

    La peur *fugitive* est leur dieu.

Ne froncèrent jamais votre sourcil farouche[1] ;
  Et si les infâmes progrès,
Si la risée atroce, ou, plus atroce injure,
  L'encens de hideux scélérats,
Ont pénétré vos cœurs d'une large blessure,
  Sauvez-moi. Conservez un bras
Qui lance votre foudre, un amant qui vous venge.
  Mourir sans vider mon carquois !
Sans percer, sans fouler, sans pétrir dans leur fange
  Ces bourreaux barbouilleurs de lois !
Ces vers cadavéreux de la France asservie,
  Égorgée ! ô mon cher trésor,
O ma plume ! Fiel, bile, horreur, dieux de ma vie !
  Par vous seuls je respire encor[2],
Comme la poix brûlante agitée en ses veines
  Ressuscite un flambeau mourant.
Je souffre ; mais je vis. Par vous, loin de mes peines,
  D'espérance un vaste torrent
Me transporte. Sans vous, comme un poison livide,
  L'invisible dent du chagrin,
Mes amis opprimés, du menteur homicide
  Les succès, le sceptre d'airain,
Des bons proscrits par lui la mort ou la ruine,
  L'opprobre de subir sa loi,
Tout eût tari ma vie, ou contre ma poitrine
  Dirigé mon poignard. Mais quoi !

---

1. André Chénier changea *farouche* en *sévère*, mais sans faire de correction au vers qui rimait avec celui-ci, de sorte que l'on est obligé de conserver la première leçon. Latouche avait fait la correction en imprimant :

  Justice, vérité, si ma bouche sincère.

2. L'édition de 1819 s'arrêtait ici.

Nul ne resterait donc pour attendrir l'histoire[1]
    Sur tant de justes massacrés !
Pour consoler leurs fils, leurs veuves, leur mémoire !
    Pour que des brigands abhorrés
Frémissent aux portraits noirs de leur ressemblance !
    Pour descendre jusqu'aux enfers
Nouer le triple fouet, le fouet de la vengeance
    Déjà levé sur ces pervers !
Pour cracher sur leurs noms, pour chanter leur supplice !
    Allons, étouffe tes clameurs ;
Souffre, ô cœur gros de haine, affamé de justice.
    Toi, vertu, pleure si je meurs.

1. Elle reprenait avec ce vers ainsi écrit :
    Quoi ! nul ne restera pour attendrir l'histoire.

MÉLANGES LITTÉRAIRES

MÉLANGES LITTÉRAIRES

I[1]

NOTE DE LECTURE

J'ai lu hier, 1ᵉʳ février 1786, un roman qui vient de paraître, nommé *Caroline de Lichtfield,* et qu'on dit fait par une dame de Lausanne. Il n'est pas très bien écrit ; mais c'est un de ces ouvrages charmants qui vous rendent la vertu si aimable et vous affermissent dans le vœu d'être homme de bien. Je me rappellerai toujours avec plaisir les émotions douces et délicieuses que m'ont fait éprouver mille détails pleins de vérité, de naïveté, de grâce, de délicatesse, dont fourmille ce petit ouvrage. — J'en voudrais connaître l'auteur [2]...

II[3]

London, Covent-Garden, hood's tavern.
Vendredi, 3 avril 1789, à 7 heures du soir.

Comme je m'ennuie fort ici, après y avoir assez mal dîné, et que je ne sais où aller attendre l'heure de se pré-

---

1. Publiée par M. G. de Chénier, 1874.
2. Mᵐᵉ de Montolieu.
3. Publié dans l'édition de 1819.

senter dans quelque société, je vais tâcher de laisser fuir une heure et demie sans m'en apercevoir, en barbouillant un papier que j'ai demandé. Je ne sais absolument point ce que je vais écrire, je m'en inquiète peu. Quelque absurde et vide et insignifiant que cela puisse être (et cela ne saurait guère l'être autant que la conversation de deux Anglais qui mangent à une table à côté de moi, et qui écorchent de temps en temps quelques mots de français afin de me faire voir qu'ils savent ou plutôt qu'ils ne savent pas ma langue), je reverrai peut-être un jour cette rapsodie, et je ne me rappellerai pas sans plaisir (car il y en a à se rappeler le passé) la triste circonstance qui m'a fait dîner ici tout seul.

Ceux qui ne sont pas heureux aiment et cherchent la solitude. Elle est pour eux un grand mal encore plus qu'un grand plaisir : alors le sujet de leur chagrin se présente sans cesse à leur imagination, seul, sans mélange, sans distraction ; ils repassent dans leur mémoire, avec larmes, ce qu'ils y ont déjà repassé cent fois avec larmes; ils ruminent du fiel; ils souffrent des souffrances passées et présentes; ils souffrent même de l'avenir ; car, quoique un peu d'espérance se mêle toujours au milieu de tout, cependant l'expérience rend méfiant, et cette inquiétude est un état pénible. On s'accoutume à tout, même à souffrir. — Oui, vous avez raison, cela est bien vrai. — Si cela n'était pas vrai, je ne vivrais pas, et vous qui parlez vous serie z peut-être mort aussi ; mais cette funeste habitude vient d'une cause bien sinistre : elle vient de ce que la souffrance a fatigué la tête et a flétri l'âme. Cette habitude n'est qu'un total affaiblissement : l'esprit n'a plus assez de force pour peser chaque chose et l'examiner sous son juste point de vue, pour en appeler à la sainte nature primitive, et attaquer de front les dures et injustes institutions humaines; l'âme n'a plus assez de force pour s'indigner contre l'inégalité factice établie entre les pauvres humains, pour se révolter à l'idée de l'injustice, pour repousser le poids qui l'accable. Elle est dégradée, descendue, prosternée; elle s'accoutume à souffrir, comme les morts s'accoutument à supporter la pierre du tombeau, car ils ne peuvent pas la soulever. Voilà ce que c'est que s'accoutumer à tout, même à souffrir. Dieu préserve mes amis de cette triste habitude! Les petits chagrins rendent tendre; les grands rendent dur et farouche. Les uns cherchent la société, les distractions, la conversation des amis; les autres fuient tout cela : car ils savent que tout cela n'a aucun pouvoir à les consoler, et ils trouvent injuste d'attrister les autres, surtout inutilement pour soi-même. Peut-être aussi ont-ils quelque pudeur de laisser voir à l'amitié qu'elle-même et son doux langage, et son regard caressant, et des serrements de main, ne peuvent pas guérir toutes les plaies; et cependant la vue et les soins de mes amis m'ont toujours fait du bien, même s'ils ne m'ont pas entièrement guéri.

Mais ici je suis seul, livré à moi-même, soumis à ma pesante fortune, et je n'ai personne sur qui m'appuyer. Que l'indépendance est bonne! Heureux celui que le désir d'être utile à ses vieux parents et à toute sa famille ne force pas à renoncer à son honnête et indépendante pauvreté! Peut-être un jour je serai riche : puisse alors le fruit de mes peines, de mes chagrins, de mon ennui, épargner à mes proches le même ennui, les mêmes chagrins, les mêmes peines! Puissent-ils me devoir d'échapper à l'humiliation! Oui, sans doute, l'humiliation. Je sais bien qu'il ne m'arrive rien dont mon honneur puisse être blessé. Je sais bien aussi que rien de pareil ne m'arrivera jamais, car cette assurance-là ne dépend que de moi seul ; mais il est dur de se voir négligé, de n'être point admis dans telle société qui se croit au-dessus de vous ; il est dur de recevoir, sinon des dédains, au moins des politesses hautaines ; il est dur de sentir... — Quoi? qu'on est au-dessous de quelqu'un?—Non ; mais il y a quelqu'un qui s'imagine que vous êtes au-dessous de lui. Ces grands, même les meilleurs, vous font si bien remarquer en toute occasion cette haute opinion qu'ils ont d'eux-mêmes ! Ils affectent si fréquemment de croire que la supériorité de la fortune tient à celle de leur mérite ! Ils sont bons si durement ! Ils mettent tant de prix à leurs sensations et à celles de leurs pareils, et si peu à celles de leurs prétendus inférieurs ! Si quelque petit chagrin a effleuré la vanité d'un de ceux qu'ils appellent leurs égaux, ils sont si chauds, si véhéments, si compatissants ! Si une cuisante amertume a déchiré le cœur de tel qu'ils appellent leur inférieur, ils sont si froids, si secs ! Ils le plaignent d'une manière si indifférente et si distraite ! comme les enfants qui n'ont point de peine à voir mourir une fourmi, parce qu'elle n'a point de rapport à leur espèce.

Je ne puis m'empêcher de rire intérieurement, lorsque dans ces belles sociétés je vois de fréquents exemples de cette sensibilité distinctive, et qui ne s'attendrit qu'après avoir demandé le nom. Les femmes surtout sont admirables pour cela : dès qu'un prince, qu'elles ont rencontré au bal, dès qu'un grand, qui est leur intime ami, car elles ont dîné avec lui deux fois, est malade ou affligé pour avoir perdu une place ou un cheval, elles y prennent tant de part ; elles déplorent son malheur de si bonne foi ! elles se récrient si pathétiquement ! et véritablement elles croient être au désespoir; car, presque toutes étant dépourvues de la sensibilité franche et vraie et naïve, elles croient que ces singeries et ces vaines simagrées sont en effet ce que l'on entend par ce nom.

Allons, voilà une heure et demie de tuée; je m'en vais. Je ne sais plus ce que j'ai écrit, mais je ne l'ai écrit que pour moi : il n'y a ni apprêt ni élégance. Cela ne sera vu que de moi; et je suis sûr que j'aurai un jour quelque plaisir à relire ce morceau de ma triste et pensive jeunesse. Puisse un jour tout lecteur en avoir autant à lire ce que j'aurai écrit pour tous les lecteurs!

III[1]

SUR LA PEINTURE D'HISTOIRE

Ce 20 mars 1792.

Quoique l'état de douleur et d'anxiété où se trouve dans ces moments la chose publique ne semble guère permettre à des citoyens de s'occuper et d'occuper les autres de dissertations sur la peinture, je pense que plusieurs lecteurs se plairont, ainsi que moi, à distraire un instant leurs regards de beaucoup d'objets affligeants, et trouveront bon que je réponde quelques mots aux Observations insérées dans le *Supplément au Journal de Paris* du dimanche 18. Elles ont rapport aux tableaux demandés,

---

1. Inséré dans le *Supplément* 35 du *Journal de Paris* de l'année 1792.

d'après un décret de l'Assemblée constituante, pour représenter aux yeux des Français le Roi acceptant l'acte constitutionnel.

« Cet ouvrage intéressant semblait, dit l'Observateur, être destiné à quelqu'un de nos plus célèbres artistes dans le genre du portrait, et, en effet, Mme Guyard vient d'en être chargée, etc. » Je ne cite les paroles où cette dame est nommée que pour avoir l'occasion de rendre hommage moi-même à ses talents. Mais j'oserai dire à l'Observateur que cette distinction, déjà reçue depuis longtemps entre les peintres de portraits et les peintres d'histoire, est ce qu'il y a au monde de plus futile et de plus étranger à l'esprit et à la perfection de l'art. Ceux qu'on appelait, il y a soixante ans, des *peintres de portraits* étaient, à très peu d'exceptions près, de véritables charlatans qui ne savaient qu'étourdir les yeux par des attitudes forcées et, pour ainsi dire, emphatiques ; par des figures raides, sans grâce, sans naturel, perdues dans un amas d'ornements sans goût et dans des draperies immenses, dont aucune raison ne déterminait les plis vastes et confus.

Que si l'on dit que cette manière n'est pas de l'essence des portraits et que rien n'empêche de les peindre avec vérité, je réponds qu'alors la distinction ne signifie plus rien, puisqu'elle se réduit à dire qu'un peintre est *peintre de portraits* lorsqu'il peint des *portraits ;* car la vérité, la simplicité, la naïveté ne sont pas autres pour un peintre de portraits que pour un peintre d'histoire. Elles sont l'essence de tous les tableaux où il entre des figures ; et même comme les peintres qui traitent des sujets historiques sont obligés de faire agir plusieurs figures ensemble, et que leur succès, par conséquent, dépend d'une justesse d'expression qui ne laisse rien de gêné, de vague ni d'incohérent dans leur ouvrage, il est clair que plus ils ont réussi dans ce genre, plus ils doivent être exercés à saisir sur la nature vivante ces traits presque imperceptibles qui rendent un portrait parfait.

Et c'est ce qui est confirmé par les exemples. Quelque opinion qu'on puisse avoir du style historique des peintres flamands, toujours est-il vrai que Rubens et Van Dyck, son élève, qui ont fait de si beaux portraits, étaient des peintres d'histoire. Du temps de la renaissance et de la perfection de l'art, cette distinction n'était pas même connue ; sous les Médicis, dans le plus beau siècle des arts et des lettres modernes, Corrège, Michel-Ange et le grand Raphaël lui-même laissèrent des portraits qui les auraient illustrés, si de beaucoup plus grands ouvrages n'avaient empêché de s'occuper des moindres. Le Titien a conservé sa réputation dans les deux genres. Et pour citer un exemple reconnu au dernier Salon, *Brutus*, *Socrate*, les *Horaces* n'empêchaient pas même d'admirer un portrait sorti du pinceau de David.

Le tableau proposé sera toujours un tableau historique, que l'on traitera d'une manière ou d'une autre, poétiquement ou sans poésie, et qui n'admettra jamais que la distinction du bon et du mauvais.

L'Observateur s'élève contre l'injustice d'admirer un grand artiste exclusivement à tous les autres, et je suis en cela fort de son avis ; mais je ne puis plus en être, et je doute que la postérité en soit, lorsqu'il ajoute que « M. Vincent marche le rival de M. David dans la carrière ». Je ne connais point M. Vincent ; je vois tous ceux qui le connaissent parler de son caractère avec estime ; j'honore beaucoup ses talents ; je le prie de n'attribuer qu'au désir de le voir travailler de plus en plus à la perfection d'un art dans lequel il a obtenu une si juste gloire, le peu de remarques que je vais me permettre ici.

Des ouvrages de cet artiste que cite l'Observateur, deux seulement sont assez présents à ma mémoire pour que je puisse en parler. *Les Filles de Crotone devant Zeuxis* ont-elles bien l'expression qu'elles devaient avoir? Ont-elles ce mélange de pudeur joint à un peu d'orgueil d'avoir été choisies pour représenter la beauté même? Ces vierges grecques ont-elles rien de ces formes grecques que les médailles, les sculptures, les peintures antiques nous ont transmises avec certitude? Ont-elles dans leurs attitudes, dans leurs draperies, cette simplicité naïve qui plaît et attache? Et un manque de grâces chez elles, et l'extrême froideur du peintre assis, qui semble attendre avec ennui qu'on soit prêt pour qu'il commence, n'ôtent-ils pas à ce sujet tout ce qu'il avait d'aimable et de séduisant?

La Clémence d'Auguste semble-t-elle un tableau qui parte de l'âme? La figure de Cinna, extrêmement ignoble, n'a-t-elle pas une attitude forcée, une expression grimaçante, chargée et presque inintelligible? Et l'empereur, au lieu d'être gravement assis comme s'il donnait audience, ne devrait-il pas avoir sur la bouche et dans les yeux ce sourire indulgent et caressant d'un homme outragé qui pourrait se venger, et qui pardonne et veut devenir ami? Enfin, n'y a-t-il pas dans tout cela une certaine pompe factice et théâtrale qui n'est pas de la noblesse?

Quant à M. David, quoiqu'il y eût une véritable injustice à humilier tous les autres artistes devant lui, il y en aurait, ce me semble, une aussi grande à lui contester le titre de chef de notre école, que son génie et ses travaux lui ont acquis déjà même chez les étrangers. Élevé par

M. Vien, qui avait conservé un goût sage et pur au milieu des extravagances de Boucher et de ses contemporains, il a mûri, il a nourri ce que la nature lui avait donné de grands talents, par l'étude constante des chefs-d'œuvre d'Italie, et surtout de ses magnifiques restes de sculpture antique échappés, je ne sais comment, au temps, aux barbares et aux fureurs du christianisme, pour venir former Le Poussin et l'École romaine. Ce n'est point là, sans doute, qu'il trouve ses grandes pensées ; le vieil Horace armant ses trois enfants, et son petit-fils, âgé de cinq ans, se mordant la lèvre et contemplant ce spectacle avec une sorte d'envie ; Brutus seul dans sa famille et comme exilé dans sa maison, et ne trouvant d'asile qu'à l'ombre de la déesse à qui il vient de faire de si grands sacrifices ; Socrate continuant son discours et tendant le bras au hasard pour recevoir la ciguë ; le *Serment du Jeu de paume*, une des plus belles compositions qu'aient enfantées les arts modernes, dans laquelle une multitude de figures, animées d'un même sentiment, concourent à une même action, sans confusion et sans monotonie : tout cela n'appartient sans doute qu'à l'âme et au génie de l'artiste. Mais ce qui est en grande partie produit par l'étude des modèles dont nous venons de parler, c'est la grandeur et la majesté des compositions ; la finesse et la vérité exquises des expressions, variées suivant l'âge et le sexe ; la fidélité dans tous les détails, et cette beauté de formes, cette simplicité facile dans les draperies, cette naïveté à la fois touchante et austère, et ces grâces franches et nobles qui sont de tous les temps et de tous les lieux.

Presque tous les tableaux qui paraissent depuis plusieurs années, même les moins bons, semblent cependant faits avec l'intention de se rapprocher de cette excellente manière, redevenue nouvelle, et manifestent par là l'utile influence que cet habile homme exerce sur notre École; et c'est une obligation de plus que lui ont les arts; puisque, outre les chefs-d'œuvre qu'il produit lui-même, tous les émules qui veulent le suivre rentrent sur ses pas dans la seule route qui ait mené jadis et qui puisse mener encore au grand et au vrai, qui sont le beau dans les arts.

Si je ne me suis pas conformé à l'usage de ne rendre justice aux hommes de talent qu'après leur mort, je l'ai fait moins encore par le désir de louer un grand artiste, que par celui d'inviter les hommes qui pensent et qui aiment les arts à en examiner les véritables principes.

Je terminerai par une réflexion qui s'applique à beaucoup d'objets : ce n'est point chez ceux des artistes qui ne sont qu'hommes de métier; ce n'est point dans les ateliers où les jeunes gens étudient le mécanisme de la peinture que l'on apprend à sentir et à juger les beautés et le but de cet art divin. Une foule d'hommes sortent de là, dont la main est très capable de couvrir une toile de couleurs harmonieuses, mais dont l'esprit est incapable de concevoir un tableau. Aussi de tout temps y a-t-il eu peu de peintres pour ceux qui ne louent qu'après avoir senti, et qui ne sentent que lorsque la simplicité de la composition, la pureté des formes, la naïveté des mouvements ont produit cette *expression complète*, cette parfaite représentation de la vie humaine, qui émeut l'âme et qui entraîne l'esprit. L'observation de la nature physique et morale, l'étude et l'expérience des passions humaines, cette sûreté et cette finesse des sensations qu'on appelle le goût, la lecture des poètes, voilà ce qui enseigne à connaître et apprécier cette autre espèce de poésie destinée à rappeler sans cesse à l'émulation des hommes la mémoire des belles actions et des grands talents, en faisant vivre jusqu'aux traits des mortels que l'on aime ou que l'on admire; et, sous ce point de vue, la peinture est digne d'intéresser l'attention des législateurs et des sages, autant qu'elle doit, par la douceur de ses prestiges et la fécondité de ses ressources, faire à jamais les délices des âmes passionnées, des imaginations faciles et des esprits justes et cultivés.

A. C.

IV[1]

PRÉFACE D'UN OUVRAGE POLITIQUE

Au reste, quelque jugement qu'on porte de cet écrit, je suis sûr qu'au moins on n'accusera l'auteur d'aucunes préventions injustes. Je me suis cité à mon tribunal, et je suis convenu avec moi-même que dans cet ouvrage, ainsi que dans tous ceux que j'ai osé mettre au jour, j'ai exprimé ma pensée toute nue et telle enfin qu'elle était née dans mon esprit, sans que l'engouement ou l'envie l'aient fait pencher d'aucun côté, ou aient altéré mon jugement. J'ai tâché de conserver un œil sain et incorruptible, afin qu'étudiant chaque chose en elle-même et dans tous ses rapports extérieurs, et aussi dans tous les rapports extérieurs qui l'attachent à d'autres choses, je pusse en prendre et en donner une idée vraie et fidèle. J'ai même, précaution à laquelle je n'étais point obligé, j'ai chassé de mon cœur tous les mouvements de colère et d'aversion qu'éprouve un

---

1. Publié dans l'édition des *OEuvres en prose* de 1840.

honnête homme à la vue ou à la lecture des excès et des injustices sans nombre de plusieurs Corps et de plusieurs particuliers. J'ai eu soin que ce sentiment, subit et involontaire, n'influât en rien sur mon style et ne perçât point dans mon expression, ne voulant écrire seulement que ce qui est arrivé, et comment cela est arrivé. Je ne me suis point fait le ministre des haines ni des intérêts de personne ; je n'ai point eu d'égard aux prétentions iniques, aux usurpations, aux préjugés qui flétrissent ce qui ne doit point être flétri. Sans intérêt moi-même, nulle passion, nul amour-propre n'a pu me fasciner la vue. Galba, Othon, Vitellius ne me sont connus ni par bienfait ni par injure[1].

Je désire que tous ceux qui liront ce livre et tous ceux qui le jugeront sans le lire, sachent aussi bien se dépouiller d'eux-mêmes, c'est-à-dire de leurs projets, de leur famille, de leur argent, de leurs places ; qu'ils ne m'accusent point de mensonge parce que je n'ai point voulu mentir pour eux ; qu'ils ne feignent point d'appeler la *vérité*, ce qu'ils ont intérêt qu'on prenne pour la vérité. Pour moi, j'ai dit ce qui m'a semblé être elle, avec franchise et candeur, aussi éloigné de flatter que d'offenser, désirant peu les suffrages, redoutant peu les critiques, très permises et trop justes peut-être si elles attaquent mon ouvrage ; méprisables et peu dangereuses si elles ne s'en tiennent point là. Enfin mon plus cher désir, en composant cet écrit, a été (puissé-je l'avoir rempli !) de faire trouver à mes lecteurs, que si une créature étrangère à l'espèce humaine, un habitant d'un autre globe, s'occupant néanmoins des hommes et les étudiant, eût voulu

---

1. Citation de Tacite, liv. Ier : « Mihi Galba, Otho, Vitellius nec beneficio nec injuria cogniti. »

écrire d'eux et de leurs institutions, son ouvrage ne pourrait point être fait dans un autre esprit que le mien; que la postérité, en le lisant, y cherche vainement qui j'étais, où j'ai vécu, à quel Corps, à quel parti j'ai pu tenir, et que la tranquillité modeste et hardie de mon style et de mes pensées lui fasse imaginer même que j'écrivais sans doute dans un de ces siècles heureux où, pour citer encore un de mes auteurs favoris[1], on est libre de penser ce que l'on veut et d'écrire ce que l'on pense.

V[2]

PREMIER CHAPITRE D'UN OUVRAGE

SUR LES CAUSES ET LES EFFETS DE LA PERFECTION

ET DE LA DÉCADENCE DES LETTRES

Il n'y a de bonheur pour aucune espèce vivante, qu'à suivre ce à quoi la nature la destine. Les hommes, d'après la perfection de leur voix et de leurs organes, et leur inquiétude à chercher toujours quelque chose, à se dégoûter du présent, à s'étendre en tous sens, à s'élancer en de nouvelles idées, et à laisser des vestiges de leur existence, doivent sentir que la nature ne les a point créés pour ne connaître que les soins et les appétits de la vie animale,

---

1. Tacite, I : « Rara temporum felicitate, ubi sentire quæ velis et quæ sentias dicere licet. »
2. Publié dans l'édition de 1819.

comme les bêtes, mais pour agir d'esprit non moins que de corps et pour vivre ensemble.

Nulle société ne pouvant durer sans l'équité et la justice, elle les a faits capables de moralité dans leurs actions ; ils sont donc composés de raison et de passions. Les unes, mal dirigées, aveuglent et perdent l'autre : mais quand les unes sont réglées par des mœurs saines et de bonnes lois, et que l'autre reste libre et vraie, alors la raison nous fait juger ce qui est bon et utile, et les passions nous échauffent d'un amour avide pour ce qui est beau et illustre. Quelques-uns, plus grands que tous, n'ont que le pur enthousiasme de la vertu ; d'autres y joignent le désir de la gloire. De ce désir ou de celui d'être utile naît l'émulation, source de mille biens dans toute société bien ordonnée, puisqu'alors elle aiguillonne chaque homme à se montrer parfait dans la vertu, et le meilleur entre les bons. Ce sentiment est bien loin de l'envie, car il est fondé sur la conscience de ses talents et de sa probité, et sur l'estime qu'on fait d'autrui ; et l'envie est un aveu d'impuissance et d'infériorité.

Deux choses étant plus que les autres le fruit du génie et du courage, et ordinairement de tous deux, mènent plus souvent à la vraie gloire : ce sont les grandes actions qui soutiennent la chose publique, et les bons écrits qui l'éclairent. Bien faire est ce qui peut le plus rendre un homme grand ; bien dire n'est pas non plus à dédaigner ; et souvent un bon livre est lui-même une bonne action ; et souvent un auteur sage et sublime, étant la cause lente de saines révolutions dans les mœurs et dans les idées, peut sembler avoir fait lui-même tout ce qu'il fait faire de bien. Mais dans les commencements des républiques, la vertu étant encore un peu rude et agreste, et chacun ne veillant qu'à s'établir sûrement, à travailler sa terre, à maintenir sa famille, à protéger le pays par le glaive, on ne songeait point aux lettres, on s'évertuait chez soi, on suait à l'armée ; avec peu d'expérience on n'avait que peu à dire dans la place publique ; on laissait de hauts faits à narrer, sans s'occuper de narrer ceux d'autrui ; et pour toutes lettres, on chantait et on se transmettait de bouche des poésies chaudes et populaires, toujours le premier fruit de l'imagination humaine, où les rythmes harmonieux et les vives descriptions de guerres patriotiques et de choses saintes et primitives exaltaient la pensée et enflammaient le courage. Puis, quand, les établissements fixés, les fortunes assurées, les ennemis chassés, on goûta le loisir et l'abondance, les arts de la paix naquirent en foule. Le temps et les révolutions étrangères ou domestiques avaient éclairé sur plus d'objets : on chercha la célébrité par les monuments de l'esprit. On trouva juste de donner et d'obtenir l'immortalité pour récompense du mérite ; on raconta d'autrui avec enthousiasme, ou de soi avec fidélité ; et joignant, pour le bien public, celle-ci aux autres institutions salutaires, les poètes, par leurs peintures animées, les orateurs, par leurs raisonnements pathétiques, les historiens, par le récit des grands exemples, les philosophes, par leurs discussions persuasives, firent aimer et connaître quelques secrets de la nature, les droits de l'homme et les délices de la vertu.

Certes, alors les lettres furent augustes et sacrées, car elles étaient citoyennes. Elles n'inspiraient que l'amour des lois, de la patrie, de l'égalité, de tout ce qui est bon et admirable ; que l'horreur de l'injustice, de la tyrannie, de tout ce qui est haïssable et pernicieux ; et l'art d'écrire ne consistait point à revêtir d'expressions éblouissantes et recherchées des pensées fausses ou frivoles, ou point de pensées du tout, mais à avoir la même force, la même simplicité dans le style que dans les mœurs, à parler comme on pensait, comme on vivait, comme on combattait. Alors aussi les lettres furent honorées, car elles méritaient de l'être. On se plut à révérer des hommes qu'on voyait travailler dans les travaux communs, et travailler encore quand les autres se reposaient; se distinguer de leurs concitoyens par un talent de plus; veiller sur les dangers encore lointains; lire l'avenir dans le passé; employer leur étude, leur expérience, leur mémoire au salut public; aussi vaillants que les autres et plus éclairés, servir la patrie par la main et par le conseil. Comme ils étaient respectables, ils furent respectés, et ils devenaient magistrats, législateurs, capitaines.

Les choses furent ainsi tant que l'on conserva les bonnes institutions, qu'il n'y eut parmi les hommes d'inégalité que le mérite, et que les talents, le travail et une vie innocente menaient à tout ce qu'un citoyen peut désirer justement. Bientôt, lorsque l'avarice, la mollesse, la soif de dominer et les autres pestes qui précipitent les choses humaines eurent perverti le bon ordre et corrompu la République; qu'un petit nombre se partagea tout; que les ancêtres et les richesses se mirent au-dessus des lois; que les nations purent se vendre et s'acheter, et que la bassesse des uns et l'insolence des autres se liguèrent pour que la vertu pauvre fût obscure et méprisée, elle fut contrainte à se replier sur soi-même et à tirer d'elle seule son éclat et sa vengeance. Alors donc, plus qu'auparavant, des hommes vécurent uniquement pour les lettres. Exclus de l'honneur de bien faire, ils se consolèrent dans la gloire de bien dire. Des écrivains employèrent une éloquence véhémente à rappeler les antiques institutions, à tonner sur les vices présents, à servir au moins la postérité, à pleurer sur la patrie ; et ne pouvant, à travers les armes et les satellites, la délivrer avec le feu, ils soulagèrent leur bile généreuse sur le papier, et firent peut-être quelquefois rougir les esclaves et les oppresseurs.

Mais ce courage fut rare et ne dura point ; car à mesure que le temps, l'argent et l'activité affermirent les tyrannies, les écrivains, effrayés par le danger ou attirés par les récompenses, vendirent leur esprit et leur plume aux puissances injustes, les aidèrent à tromper et à nuire, enseignèrent aux hommes à oublier leurs droits ; et se disputant à qui donnerait les plus illustres exemples de servitude, l'art d'écrire ne fut désormais que l'art de remplir de fastidieuses pages d'adulations ingénieuses, et par là plus ignominieuses ; et par cette bassesse mercantile, les saintes lettres furent avilies et le genre humain fut trahi. De là les esprits généreux, si ces siècles ignobles en produisirent quelques-uns, à qui une nature meilleure eût donné une âme plus forte et un jugement plus sain, méprisèrent la littérature, n'ayant lu que les écrits de ces temps de misère, et négligeant d'étudier les lettres antiques, qui n'avaient point appris la vertu à ceux qui faisaient profession de les savoir ; mais ensuite, après avoir erré dans les projets, dans les charges, dans les voluptés ; las d'une vie agitée et vide, et ne sachant où paître leur âme avide de connaissances et de vrais honneurs, ils retournèrent aux lettres, les séparèrent des lettrés, étendirent leurs lectures, et voyant, par la méditation, que, la tyrannie s'usant elle-même, des circonstances pouvaient naître où les lettres pourraient seules réparer le mal dont elles avaient souffert et qu'elles avaient propagé, ils prirent quelquefois la plume pour hâter cette résurrection autant qu'il était en eux. Pour moi, ouvrant les yeux autour de moi au sortir de l'enfance, je vis que l'argent et l'intrigue sont presque la seule voie pour aller à tout : je résolus donc, dès lors, sans examiner si les circonstances me le permettaient, de vivre toujours loin de toute affaire, avec mes amis, dans la retraite et dans la plus entière liberté. Choqué de voir les lettres si prosternées et le genre humain ne pas songer à relever sa tête, je me livrai souvent aux distractions et aux égarements d'une jeunesse forte et fougueuse ; mais, toujours dominé par l'amour de la poésie, des lettres et de l'étude ; souvent chagrin et découragé par la fortune ou par moi-même ; toujours soutenu par mes amis, je sentis au moins dans moi que mes vers et ma prose, goûtés ou non, seraient mis au rang du petit nombre d'ouvrages qu'aucune bassesse n'a flétris. Ainsi, même dans les chaleurs de l'âge et des passions, et même dans les instants où la dure nécessité a interrompu mon indépendance, toujours occupé de ces idées favorites, et, chez moi, en voyage, le long des rues, dans les promenades, méditant toujours sur l'espoir, peut-être insensé, de voir renaître les bonnes disciplines, et cherchant à la fois, dans les histoires et dans la nature des choses, *les causes et les effets de la perfection et de la décadence des lettres*, j'ai cru qu'il serait bien de resserrer en un livre simple et persuasif ce que nombre d'années m'ont fait mûrir de réflexions sur ces matières.

Mais quand j'y ai regardé de bien près, j'ai trouvé que ces vérités-ci ne sont pas moins périlleuses et moins odieuses que les autres ; car dans nos définitions des diverses manières du bien et du mal écrire, il ne se peut guère que beaucoup de mauvais écrivains ne se croient désignés ; et les lecteurs qui sont auteurs ou qui ont des amis auteurs, n'approuvent dans vos préceptes que ce qu'eux ou leurs amis ont fait ou peuvent faire. Tout le reste ou les blesse comme au-dessus d'eux, ou les fait rire comme folle vision ; et, en outre, quand vous posez comme il convient, la fierté de l'âme et la liberté de la pensée pour les seuls fondements des bonnes lettres, tous ceux dont la vie et les écrits sont bas et serviles, et tous ceux aussi qui les paient pour cet avilissement, haïssent un auteur dont ils se sentent méprisés : ainsi, quoi qu'on fasse, le vrai, souvent inutile, produit sûrement des ennemis. J'ai cru cependant pouvoir me fier à la conscience que l'intention de profiter à tous, sans nuire à personne, se fera voir assez dans la naïve simplicité de cet écrit, et me donne droit de l'entreprendre : sûr de n'avoir jamais ni la richesse au prix de la liberté, ni l'amitié ou la familiarité des princes et des grands, ni les éloges privés, ni l'association à aucun musée ou académie, ou autre confrérie savante, ni enfin aucune espèce de récompense royale ou littéraire; déterminé à ne point vivre partout où la pensée ne sera point libre ; à ne connaître de guide que la raison, de maître que la justice, et de protecteur que les lois. Je puis, autant que ma nature m'aidera, chercher la vérité sans déguisement, la trouver sans que des préjugés me l'obscurcissent, et la dire sans que ni désir, ni espérance, ni crainte, viennent altérer ma franchise ou la rendre muette. Je n'ai même pas voulu que des intérêts plus honnêtes pussent retenir ma plume ; j'ai fui, par cette raison, de me lier avec quantité de gens de bien et de mérite, dont il est honorable d'être l'ami et utile d'être l'auditeur, mais que d'autres circonstances ou d'autres idées ont fait agir et penser autrement que moi. L'amitié et la conversation familière exigent au moins une conformité de principes : sans cela les disputes interminables dégénèrent en querelles et produisent l'aigreur et l'antipathie. De plus, prévoir que mes amis auraient lu avec déplaisir ce que j'ai toujours eu dessein d'écrire, m'eût été amer : je n'avais donc que ce moyen d'éviter, en écrivant, le reproche de prévarication ou d'ingratitude ; car, ou l'amitié vous empêche de dire ce que vous croyez vrai, ou, si vous le dites toujours, on vous accuse de dureté, et l'on vous regarde et l'on vous peint comme un homme intraitable et farouche, sur qui la société n'a point de pouvoir, et l'amitié point de droit.

Tels sont les motifs et la fin de cet écrit ; et comme ce qui se dit bien en trois mots n'est jamais si bien dit en quatre, et qu'un bon livre n'est pas celui qui dit tout, mais qui fait beaucoup penser, j'établirai mes idées premières sans en épuiser les conséquences ; je laisserai le lecteur se développer bien des choses à lui-même ; et me renfermant de bon gré dans les bornes de mes talents, je ne serai point orné, mais clair ; point véhément pour entraîner, mais évident pour convaincre ; et je chercherai moins la gloire d'une éloquence abondante, qu'une nerveuse et succulente brièveté, content si l'on trouve plutôt cet ouvrage trop court que trop long, et si les penseurs vertueux en approuvent le but, le ton, les principes, si ma précision leur cause quelques regrets, si, en le lisant, il leur en fait faire un plus beau, et s'ils disent qu'on y peut ajouter beaucoup, mais qu'il est impossible d'en rien ôter.

VI[1]

[Écrit en 1788.]

Ils étaient façonnés tellement à la servitude, qu'ils semblaient incorporés avec elle, ne vivre que dans elle, ne pas concevoir un autre état. Ils s'en estimaient heureux ; ils étaient féconds en beaux raisonnements, en excellentes plaisanteries contre les peuples qui avaient eu le malheur de n'être pas, comme eux, asservis sous un joug bien tyrannique. Ils regardaient comme un scélérat ou comme un fou tout homme convaincu de n'être pas un vil esclave. Plus l'esclavage était muet et rampant, plus ils en faisaient cas. Ce n'est point une exagération, cela est vrai à la lettre, et les expressions familières à leur langue en font foi ; car les manières de parler proverbiales, étant toujours le fruit des usages d'une nation, de ses habitudes, de ses mœurs publiques et de sa façon de parler et de sentir, ne sont pas des témoins récusables. Il est bon que la postérité sache donc que jusqu'aujourd'hui la liberté n'était pas chez nous, comme chez les anciens, une vertu sans laquelle il n'est point de vertu ; elle était un vice ; le désir de la posséder un crime ; son nom seul une injure : si bien que lorsqu'un homme était accusé de *penser librement* (c'est l'expression qu'on employait et non pas une autre), on l'évitait, on recommandait aux jeunes gens de le fuir, on déplorait pathétiquement le sort des malheureux

---

1. Publié par M. de Latouche, dans la *Revue de Paris*, numéro de mars 1830. Selon M. de Latouche, ce fragment est daté en 1788.

qui suçaient le poison d'une société si dangereuse ; et lorsqu'un Montaigne, un Bayle, un Rousseau, un Montesquieu réclamaient contre l'excès des tyrannies royales ou ecclésiastiques, ou seulement en indiquaient la véritable source qu'on avait tant d'intérêt à cacher, la plupart des lecteurs anathématisaient l'ouvrage, en disant qu'il était plein de *pensées libres :* honorable reproche que trop peu d'auteurs ont mérité.

VII[1]

SUR LE MARQUIS DE VILLETTE

... Et pour vous montrer que l'on peut suivre ce parallèle, jusque dans les minuties les plus imperceptibles, quand on lit dans les journaux des lettres signées Charles Villette[2], où l'on voit ce petit homme qui babille et remue sans cesse afin qu'on l'aperçoive, et qui se travaille à paraître avoir de l'esprit aux dépens de quiconque n'est pas en faveur à la cour des Jacques, ne faut-il pas être frappé d'un aveuglement profond pour méconnaître dans ce personnage le bouffon en titre dont les gambades faisaient rire les anciennes cours féodales, et qu'on appelait *le fou du roi?*

1. Publié dans l'édition de 1840.
2. Le marquis de Villette, un ci-devant grand seigneur, devenu le plus pétulant des Jacobins.

VIII[1]

SUR LES FLATTEURS DU PEUPLE

J'ai aussi, pour descendre à de moindres objets, visité tous nos spectacles; et dans la plupart des nouveaux chefs-d'œuvre qui nous inondent, drames, chansons, pot-pourris, facéties, atrocités souterraines et monacales, j'ai reconnu, sinon le style et les talents, au moins l'esprit de flagornerie qui remplissait les comédies, opéras, ballets, dont Louis XIV, *dit le Grand,* s'enivrait sur ses théâtres de Versailles et de Marly. Les Naïades, les Neptunes, les Apollons de ces beaux ouvrages qui avaient soin de diriger tout cet encens poétique vers le monarque qui les payait, ne feraient aujourd'hui que changer de costume et donner à leurs adulations un ton plus sentencieux et plus philosophique. Le parterre, qui est à la fois le pouvoir législatif et le pouvoir exécutif de ces sortes d'assemblées, saisit toutes les applications qui le flattent d'une manière vraiment royale; il les applaudit avec une indulgence admirable; il les fait même ordinairement répéter, et cette naïveté m'a rappelé souvent celle du même Louis XIV, qui fredonnait bonnement les prologues de Quinault pendant qu'on lui mettait ses souliers et sa perruque.

[1] Publié dans l'édition de 1840.

IX[1]

Comme autrefois, le gouvernement est entre les mains des femmes. Comme autrefois, les ministres sont faits et défaits, les emplois arrachés et envahis, les grandes accusations préparées, les procès intentés par des intrigues de catins. La Majesté nationale comme la Majesté royale se trouve sans cesse invoquée pour des querelles d'antichambre, et n'est employée qu'à servir les haines et les vengeances de quelques effrontés avides et de quelques fripons trop puissants.

X[2]

Les hommes ont toujours les mêmes passions ; mais chaque siècle a ses mœurs, et dans chaque siècle les mêmes passions ont une nouvelle manière de se montrer. Jadis, quand la société avait moins appris à avoir de l'empire sur soi, les rivalités étaient sanglantes, et rarement une fête finissait sans voir briller le fer, et les coupes servaient d'armes.

C'est ainsi que l'Olympe[3], etc.

1. Publié dans l'édition de 1840.
2. *Ibid.* Comparez ce fragment avec un fragment de l'*Hermès,* tome Ier, p. 104.
3. Voy. *l'Aveugle,* t. Ier, p. 45, v. 21 et la note.

XI[1]

La jeunesse, la beauté, la pudeur qui ailleurs inspirent même de l'indulgence pour les fautes, là irritaient[2] la colère, l'insulte, la haine, et leur inspiraient l'idée de ces sortes d'outrages[3] qui... La débauche est toujours cruelle... La faiblesse de l'âme, la caducité, objet de vénération pour tout mortel digne du nom d'homme, et la faiblesse des femmes qui est leur défense chez tous les peuples civilisés, excitaient la bravoure de ces héros... et le plus souvent leurs attaques ou leurs vengeances ne savaient que prostituer la pudeur ou ensanglanter des cheveux blancs.

XII[4]

..... Ressemblaient à des troupes de furieux armés de poignards et renfermés ensemble dans la plus épaisse nuit, et qui, courant au hasard les uns sur les autres, donneraient et recevraient la mort aveuglément, sans sa-

---

1. Publié dans l'édition de 1840.
2. Ce fragment et les six suivants paraissent avoir été destinés à un ouvrage narratif et historique, à en juger par l'emploi répété de l'imparfait. (B. DE F.)
3. Il fait allusion dans ce fragment aux excès commis en 1791 contre les religieuses.
4. Publié dans l'édition de 1840.

voir quelle poitrine ils auraient ouverte, ni quelle main les aurait frappés.

XIII[1]

..... Ils croyaient avoir secoué le joug de la servitude, mais ils se trompaient ; car ils n'avaient pas secoué celui des vices.

XIV[2]

..... Furent gouvernés par des hommes dont la vie était un tissu de crimes et l'âme un tissu de vices.

XV[3]

..... Tous étaient désunis : on ne marchait point, on ne frappait point, on ne mourait point ensemble[4].

1. Publié dans l'édition de 1840.
2. *Ibid.*
3. *Ibid.*
4. Imité de Voltaire, dans *la Henriade* :
>Français, Anglais, Lorrains, que la fureur rassemble,
>Avançaient, combattaient, frappaient, mouraient ensemble.

XVI[1]

... Alors accoururent de toutes parts des essaims de sophistes... de ceux qui... et de ces philosophes... qui... ne regardent l'humanité, l'honnêteté, la justice, toutes les vertus que comme de vains noms, et comme des pièces de monnaie auxquelles les hommes sont convenus d'attacher une valeur, et qu'il faut leur donner en payement, au taux qu'il leur a plu d'y mettre.

XVII[2]

Ces vils sophistes, à chaque excès, etc... disaient : C'est bien [3]. (*En citer plusieurs exemples et ses propres paroles, surtout quand il s'extasie sur le bon sens du faubourg Saint-Antoine*[4]). Tous, dans les calamités publiques, semblaient se consoler en faisant beaucoup de calamités particulières, etc... etc..., et se croyaient moins malheureux quand ils avaient...

1. Publié dans l'édition de 1840.
2. *Ibid.*
3. Comparez avec un passage du *Jeu de paume*, t. Ier, p. 19. Voyez, dans *l'Orateur du peuple*, au sujet du sac de l'hôtel de Castries, le 13 novembre 1790, un article qui débute ainsi : « Gloire immortelle au peuple de la capitale! Il vient de déployer une seconde fois l'appareil imposant de sa puissance! »
4. C'est Brissot dont parle André Chénier.

XVIII[1]

Sire, tant pis pour vous si vous croyez qu'il existe dans votre royaume des gens de bien malheureux et persécutés, qui lèvent leurs innocentes mains vers le ciel contre des ministres qui les oppriment, contre des magistrats qui les calomnient, contre des prêtres qui les insultent et contre vous qui ne les défendez pas[2].

XIX[3]

SUR LE SERMENT CIVIQUE

En effet, quand le poète de Naziance dit : « Fuis le serment. — Qu'employerai-je donc pour persuader? — Ta parole et des mœurs qui rendent ta parole croyable. » Semble-t-il imiter le langage de son divin maître, ou de ses maîtres profanes? Et quand Isidore de Peluze écrit : « Tous les hommes s'accordent à donner plus de crédit à la vie des hommes de bien qu'à un serment. Si donc nous

1. Publié dans l'édition de 1840.
2. Ce petit fragment pourrait dater de 1785 ou 1786. Chénier semble y faire allusion aux protestants, qui étaient sans état civil et, en quelque sorte, hors la loi, jusqu'à l'édit enregistré le 24 novembre 1787. (B. DE F.)
3. Publié dans l'édition de 1840. Ce fragment date probablement de 1791.

voulons qu'on nous croie, nous n'avons qu'à bien vivre. »
Ne dirait-on pas que Jean Chrysostome, dont il était le
disciple, lui avait fait moins étudier saint Matthieu que les
philosophes?

XX[1]

Les Chinois avouent que leurs fondateurs étaient
étrangers. D'ailleurs ils leur attribuent des institutions en
tout genre qui décèlent la plus longue expérience. (*Montrer et détailler cela.*)

XXI[2]

Dans les conseils, dans les fêtes, dans les spectacles,
la jeunesse est arrogante et injurieuse; l'âge mûr, timide
et pusillanime; la vieillesse pétulante et inconsidérée;
l'enfance même déjà cruelle et corrompue.

XXII[3]

De grands patriotes ont remarqué que des littérateurs
qui écrivaient en hommes libres sous le règne du despo-

---

1. Publié dans l'édition de 1840.
2. *Ibid.*
3. *Ibid.*

tisme, ne s'expriment plus qu'en esclaves depuis que nous avons la liberté.

XXIII[1]

Les calomnies, même réfutées, n'en laissent pas moins de longues traces dans les cœurs passionnés qui les ont recueillies avec joie et qui les voient détruire avec regret.

XXIV[2]

C'est un bienfait du ciel que les hommes qui ne sentent pas et qui ne pratiquent pas la vertu ne sauraient la peindre sans grimace et ne plaisent qu'à leurs pareils.

XXV[3]

SOUVENIR D'ENFANCE[4]

En me rappelant les beaux pays, les eaux, les fontaines, les sources de toute espèce que j'ai vus dans un âge où

1. Publié dans l'édition de 1840.
2. *Ibid.*
3. Publié par H. de Latouche, dans *la Revue de Paris*, décembre 1839.
4. Ce souvenir se rapporte à l'âge de huit ans, et il y avait quinze ans de cela quand il écrivait ces lignes. Elles datent donc de l'année 1785.

je ne savais guère voir, il m'est revenu un souvenir de mon enfance que je ne veux pas perdre. Je ne pouvais guère avoir que huit ans ; ainsi il y a quinze ans (comme je suis devenu vieux !) qu'un jour de fête on me mena monter une montagne. Il y avait beaucoup de peuple en dévotion. Dans la montagne, à côté du chemin à droite, il y avait une fontaine dans une espèce de voûte creusée dans le roc ; l'eau en était superbe et fraîche, et il y avait sous la petite voûte une ou deux madones. Autant que je puis croire, c'était près d'une ville nommée Limoux, au bas Languedoc. Après avoir marché longtemps, nous arrivâmes à une église bien fraîche, et dans laquelle je me souviens bien qu'il y avait un grand puits. Je ne m'informerai à personne de ce lieu-là, car j'aurai un grand plaisir à le retrouver, lorsque mes voyages me ramèneront dans ce pays. Si jamais j'ai, dans un pays qui me plaît, un asile à ma fantaisie, je veux y arranger, s'il est possible, une fontaine de la même manière avec une statue aux nymphes, et imiter ces inscriptions antiques : *De Fontibus sacris,* etc.

XXVI[1]

Je me souviens qu'étant à Montigny[2] à l'âge de quatorze ou quinze ans, la veille de notre départ, je trouvai sous ma main les *Lettres persanes.* Je me mets à lire. A la

---

1. Publié par M. Gabriel de Chénier, 1874.
2. Montigny, magnifique terre de la famille Trudaine, qui dépendait de la commune de Valence-en-Brie, arrondissement de Melun, canton du Châtelet, département de Seine-et-Marne.

fin de la première lettre, arrivant à cette phrase : *Sois sûr qu'en quelque lieu du monde où je sois, tu as un ami fidèle*, j'en fus ému et frappé fortement, et j'aurais donné tout au monde pour avoir un ami Rustan dont il fallût me séparer, afin de la lui répéter. Il y avait là un bon et honnête curé qui me voulait beaucoup de bien, mais qui sûrement n'avait jamais trouvé sous sa main les *Lettres persanes*; au moment que je montais en voiture, il arrive pour m'embrasser et me souhaiter bon voyage. Je me retourne, je l'embrasse, et, lui serrant la main, je lui récite d'un ton sublime et pathétique la phrase de Montesquieu, et je pars.

XXVII[1]

NOTE ÉCRITE SUR LE MALHERBE

J'ai prêté, il y a quelques mois, ce livre à un homme qui l'avait vu sur ma table et me l'avait demandé instamment. Il vient de me le rendre (en 1781) en me faisant *mille excuses*. Je suis certain qu'il ne l'a pas lu. Le seul usage qu'il en ait fait a été d'y renverser son écritoire, peut-être pour me montrer que lui aussi il sait *commenter* et couvrir les marges d'encre. Que le bon Dieu lui pardonne et lui ôte à jamais l'idée de me demander des livres!

1. Publié par M. Gabriel de Chénier, 1874. André Chénier avait annoté un exemplaire des poésies de Malherbe publiées par Barbou en 1776, petit in.8°. Un importun lui emprunta ce volume et le lui rendit taché d'encre. A l'endroit où le livre était taché, André Chénier mit la note ci-dessus.

Le commentaire d'André Chénier sur les poésies de Malherbe a été plusieurs fois publié avec ces poésies.

XXVIII[1]

NOTE LATINE

Cujusnam viri cura prodiisset hic liber quem ego apud londinensem bibliopolam inveni, dum ante hos tres aut quatuor annos in Britannia degerem, nuper sum edoctus; idque ut alia innumera, debeo batavo homini cujus operum assidua lectio mihi quotidie novos Græcarum musarum ac venerum recessus aperit. Is est magnus Valckenarius, qui supremis suis temporibus gravi morbo vix elapsus, Callimachi elegiarum fragmenta illustranda susceperat; nam ille Ernesti industriam in hac parte haud multi faciebat. Igitur cum jam dimidia pars voluminis, quasi ex tempore effusi, typis excusa foret, fato occubuit vir egregius. Tum ab ejus unico filio, Jano Valckenario jurisconsulto, quasi paternæ memoriæ consulente, nam et ipse multarum litterarum homo est, typotherarum operæ intermissæ sunt,

---

1. Cette note latine a été publiée par Chardon de la Rochette, dans le *Magasin encyclopédique*, 5ᵉ année, t. Iᵉʳ, p. 388, pour rétablir un passage que Luzac avait omis dans les *Fragmenta elegiarum Callimachi*, ouvrage posthume de Valckenaer. André Chénier, lié avec le fils de Valckenaer, professeur en droit public à l'université d'Utrecht, avait eu connaissance des quelques feuilles imprimées du vivant de l'auteur, et détruites (sauf un exemplaire) après sa mort. Il avait transcrit sur son exemplaire des *Arati phenomena*, qu'en 1672 J. Fell avait publiés sans y attacher son nom, ce passage, relatif au trop modeste J. Fell, et que Luzac n'avait pas jugé à propos de reproduire dans les *Frag. eleg. Callimachi*.

Cette note, dont la dernière ligne est bien touchante et la signature bien curieuse, fut écrite à Versailles, le 11 novembre 1793. (B. DE F.)

autoris apographum domi reportatum, quodque jam excusum fuerat pecunia redemptum cujus UNICUM EXEMPLAR a se asservatum mihi legendum permisit vir humanissimus. Enimvero libellus iste non eadem lima elaboratus atque perpolitus videtur qua tot acuti ingenii, et inexhaustæ doctrinæ monimenta, quibus Valckenarii nomen innotuit. Nam neque clara satis aut nitida oratione conscriptus est, et incondita eruditionis copia laborat, et in immensa digressionum spatia hinc inde effluit. Est autem non raro ubi, licet senem, Valckenarium agnoscas tamen. Atque ibi dum veterum *de Coma Berenices* testimonia meminit, prolatis etiam Eratosthenis verbis, quæ Leonis extrema sunt, et hic[1] leguntur p. 5, hæc addit quæ exscribere visum est. » (Suit la note de Valckenaer, dont une partie seulement avait été conservée par l'éditeur de l'œuvre posthume et dans laquelle il faisait les plus grands éloges du modeste J. Fell, qui n'avait pas signé son édition des *Arati Phænomena*. Enfin la note d'André se termine ainsi) : « Scribebam Versaliæ, animo et corpore æger, mœrens, dolens, die novembris undecima 1793, Andreas C. Byzantinus. »

---

1. La note était écrite sur le verso du titre de la seconde partie de l'*Aratus*, de Fell.

CORRESPONDANCE

CORRESPONDANCE

I

PROJET DE LETTRE OU D'ÉPITRE A MM. DE PANGE

Commencement.

O mes amis, dans tous les plaisirs de mon voyage, je vous regrette; ils me seraient plus doux... Je vous y appelle en idée. Oh! quand je serai de retour, combien j'aurai de choses à vous conter!... J'étais ici, j'étais là... il y eut telle circonstance... *hic ego mendacem...* Mon Dieu, le bon vin que nous bûmes en tel endroit... Les habitants de tel pays sont les plus..., il n'y a nulle part d'aussi belles femmes qu'en telle ville. Oh! si vous entendiez l'opéra de telle autre!...

II

LETTRE DE MARIE-JOSEPH CHÉNIER.

Paris, 13 février 1788.

Je n'ai pu, mon cher frère, répondre plus tôt à votre lettre du 4 de ce mois; elle m'a été remise quelques jours après l'ar-

1. Pendant son voyage en Suisse et en Italie en 1784.

rivée du courrier, et j'ai employé quelques autres jours à chercher la tragédie d'*Agis*[1] que je vous envoie, et qui ne se trouvait point chez la veuve Duchesne, à qui l'on s'adresse ordinairement pour les pièces de théâtre. Je n'ai, d'ailleurs, jamais eu tant d'occupations. Je faisais imprimer une ode sur la rentrée des protestants en France, quand un petit événement m'a engagé à m'occuper d'un autre ouvrage. Il a paru, dans cette ville des facéties, une facétie intitulée : *Almanach des Grands Hommes.* On accuse de ce chef-d'œuvre anonyme un comte de Rivarol et un M. de Champcenets, que trop vous connaissez. C'est une longue satire en prose où l'on insulte les vivants par ordre alphabétique. Dans cette liste de six cents auteurs, la plupart absolument ignorés, on en trouve quelques-uns qui ne le sont pas : l'abbé Delille, par exemple, et d'autres. Ces messieurs m'ont fait l'honneur de penser à moi ; ils n'ont point parlé des ouvrages que j'ai publiés jusqu'ici, mais ils assurent que je dirige les *Étrennes de Polymnie.* C'est un recueil de vers qui paraît tous les ans au mois de janvier et dont ils m'ont appris le nom. J'ai fait à l'occasion de cette satire, qui n'a pas laissé d'avoir de la vogue, précisément parce qu'elle blâmait quantité de personnes, j'ai fait, dis-je, un *Dialogue du public et de l'anonyme.* C'est une pièce d'environ trois cents vers ; elle est d'un goût assez nouveau ; et ces messieurs, qui n'y sont point nommés, seront, à ce qu'on dit, passablement corrigés. Je me suis nommé, car c'est une satire. Je suis d'avis qu'on ne doit attaquer personne ; mais il est bon de se venger, surtout lorsqu'en se vengeant on peut se faire autant d'amis. Quelque forte que soit la vengeance, le tort est toujours à l'agresseur. Cela paraîtra dans la semaine, et ma nouvelle ode quelques jours après. Je vous enverrai les deux ouvrages.

Vous vous plaisez à Londres, et je m'y attendais. Je voudrais bien un jour pouvoir vous aller embrasser dans cette belle ville, avant de vous revoir à Paris. C'est de tous les ouvrages celui qui me plairait davantage ; mais jusqu'ici mon espérance à cet égard est un peu éloignée.

1. C'est une tragédie de Laignelot, représentée en 1782 sur le Théâtre-Français.

Vous me paraissez indulgent pour Shakespeare; vous trouvez qu'il a des scènes admirables. J'avoue que, dans tous ses drames, je n'en connais qu'une seule qui mérite à mon gré ce nom, du moins d'un bout à l'autre : c'est l'entretien de Henri IV mourant, avec son fils, le prince de Galles. Cette scène m'a toujours semblé parfaitement belle. Ailleurs, et dans la même pièce, il y a des morceaux qui unissent la noblesse à l'énergie: mais il m'a paru qu'ils étaient courts. Dans *Jules César,* par exemple, la scène vantée de Brutus et de Cassius, avant la bataille de Philippes, est, selon moi, très vicieuse. Ces deux philosophes, les derniers Romains, c'est tout dire, ont la colère de deux hommes du peuple. Ce que Shakespeare a copié de Plutarque est fort bon; mais je ne saurais admirer ce qu'il y a ajouté. Les Anglais diront que c'est naturel : ce n'est point là le naturel des *Œdipe* et des *Philoctète.*

Je vous parle de *Jules César,* parce qu'il m'est fort présent. J'ai relu cette pièce attentivement à l'occasion de ma tragédie de *Brutus et Cassius,* que je fais aussi imprimer[1]. J'y ai fait des corrections qui, je crois, étaient nécessaires. J'ai trouvé le moyen de supprimer le long monologue de Porcie au troisième acte. Enfin, j'ai retranché beaucoup de fautes; il en restera toujours assez. J'ai aussi changé quelque chose à l'épître dédicatoire qui vous est adressée : je pense qu'elle en vaudra mieux. Je m'étais exprimé sur *Spartacus*[2] d'une manière trop dure : j'ai fort adouci mes expressions, sans rien changer à mon jugement.

Vous voyez que j'aime à vous rendre compte de mes travaux; j'espère que vous en userez de même : vous savez combien je suis sensible aux marques de votre amitié, et combien vous devez compter sur la mienne; un des grands plaisirs que je puisse avoir, est de recevoir de temps en temps de ces beaux vers que vous savez faire. Adieu, prenez bien soin de votre santé qui est précieuse aux lettres et à tous ceux qui vous connaissent.

1. La date de cette lettre nous donne donc celle de l'impression de *Brutus et Cassius,* celle de l'Épître dédicatoire, et celle de la réponse d'André Chénier.

2. *Spartacus* est une tragédie de Saurin; elle fut représentée sur le Théâtre-Français en 1760. Voyez, à propos de Saurin, la lettre de Palissot à André Chénier.

Je ne vous écris point de nouvelles politiques ; je présume qu'elles vous parviennent plus rapidement et plus sûrement, car je vois fort peu de monde. Je vous embrasse en bon frère, en bon ami.

III

LETTRE DE PALISSOT A M. DE SAINT A... (SAINT-ANDRÉ[1])

(1788.)

Vous redoublez, monsieur, l'envie que j'ai de m'entretenir avec vous, et l'intérêt qu'il est impossible de ne pas prendre à ce qui vous regarde, quand on a l'avantage de vous connaître. Votre lettre est pleine d'esprit et, ce que j'en estime encore plus, d'amour pour la vérité. Avec de pareilles dispositions, j'ose vous prédire que, vous et moi, nous finirons par être d'accord sur les choses même où nos sentiments paraissent le plus opposés. Entre deux personnes qui aiment sincèrement la vérité, il ne peut exister que des contradictions apparentes.

Certainement, je regarde M. de Voltaire comme un des plus beaux génies qui aient honoré l'Europe ; cependant, je ne changerais pour rien au monde la phrase qui a paru vous blesser dans son Éloge. Elle est le fruit d'une expérience de trente

---

1. Cette lettre se trouve dans les OEuvres de Palissot, tome II, page 523. Elle n'est pas datée ; c'est pourquoi nous lui avons donné la date de l'ouvrage, bien qu'elle soit antérieure. Elle est éminemment curieuse, car elle nous introduit dans l'étroit cénacle littéraire, où se renfermait la jeune renommée d'André Chénier, qui avait alors vingt-cinq ans. Elle est une réponse à une lettre dans laquelle André Chénier l'avait accusé de confondre les abeilles avec les frelons ; et il semble, en effet, que Chénier avait raison de défendre Diderot contre le jugement de Palissot. Cette lettre ouvre bien des horizons sur l'enthousiasme poétique d'André, ainsi que sur l'indulgence de sa critique. On y voit en même temps combien il prenait part au mouvement littéraire de son époque. Quant au nom de Saint-André, que Palissot lui donne, c'était celui sous lequel on le désignait alors dans sa famille et dans le monde. (B. DE F.)

années; et ce qui m'enhardit à vous dire que je ne changerai jamais d'avis, c'est qu'autrefois je pensais précisément comme vous. Votre opinion est ce qu'elle doit être, elle est de votre âge; mais j'en appelle à votre maturité. M. de Voltaire lui-même avait le mérite d'être aussi juste que moi envers Racine; je pourrais vous en donner des preuves qui vous étonneraient. Croyez, monsieur, que pour oser mettre au jour ma façon de penser avec tant de confiance, il a fallu que ma persuasion fût bien forte, car M. de Voltaire était le seul homme en faveur de qui je me serais permis d'adoucir une vérité qui m'eût paru trop sévère.

Votre lettre m'a fait faire l'examen de conscience le plus rigoureux. Vous m'accusez quelquefois d'avoir été impitoyable, et d'avoir trop souvent confondu les abeilles avec les frelons. Je vous avoue pourtant que je n'ai pas le plus léger remords.

J'ai eu l'honneur d'être le contemporain de Voltaire, de Montesquieu, de Fontenelle, de Rousseau (de Genève), d'Helvétius, et il me semble que dans tous mes ouvrages on trouverait des preuves de mes justes égards pour ces noms célèbres. Je vous expliquerai ce qui a pu vous paraître équivoque dans ma conduite avec M. d'Alembert, sur qui, d'ailleurs, je suis complètement de votre avis.

Si je descends à une classe de gens de lettres très recommandables encore, quoique inférieurs à ceux que je viens de nommer, je crois leur avoir rendu toute la justice que méritaient leurs talents.

Les Destouches, les Marivaux, le vieux Crébillon, que j'aurais dû placer avant eux, son fils, Piron, Gresset, Boissy même, l'abbé d'Olivet et beaucoup d'autres sont, ce me semble, assez bien traités dans mes mémoires sur notre littérature. Ni M. de la Harpe ni M. l'abbé Delille n'ont eu à se plaindre de moi. Quelles sont donc les abeilles que j'aurais eu le malheur de confondre avec les frelons?

Mettriez-vous au rang des abeilles MM. Marmontel, Diderot, Saurin, Suard, l'abbé Morellet? Je vous avoue qu'il me serait impossible de penser comme vous. M. Marmontel n'est pas, j'en conviens, un médiocre littérateur; mais vous faites trop bien des vers pour ne pas le regarder comme un poète très sec et très dur. Il suffirait, d'ailleurs, qu'il ait eu la présomption de se moquer de Boileau, pour mériter les oreilles que je lui ai données dans *la Dunciade*. M. Diderot est une tête exaltée, qui se perd continuellement dans les brouillards, et à qui on pourrait appliquer ce que Virgile a dit de la Discorde : *Caput inter nubila condit*. M. Thomas, son imitateur, a le mérite de penser et de faire penser, mais il est en prose ce que Brébeuf était en vers : et quiconque sera nourri du style de Cicéron, de Bossuet ou de Pascal, ne pourra jamais se familiariser avec une éloquence emphatique et boursouflée.

La petite pièce des *Mœurs du temps,* de M. Saurin, est une jolie bagatelle. Que n'a-t-il toujours écrit en prose? Je ne vous parle pas de ses vers, vous les connaissez. Peut-on lire de pareils vers, quand on a présente à l'oreille l'harmonie enchanteresse de Racine? Est-ce donc ma faute, si le charme de cette poésie m'a rendu difficile !

J'ai loué les pièces fugitives de M. de Saint-Lambert; j'ai loué même son poème des *Saisons*, quoiqu'il me paraisse annoncer plus de talent que de génie. Il est pur, élégant, correct, mais froid et monotone : voilà ce que j'ai dit avec modération, et je ne trouve là rien d'impitoyable.

A l'égard de MM. Suard et l'abbé Morellet, j'avoue que je ne les estime ni ne les aime, et ils savent bien pourquoi; cependant, j'ai parlé du dernier sans aucune passion dans mes mémoires littéraires, et à peine ai-je articulé le nom de l'autre dans *la Dunciade*. Il est vrai qu'ils n'en sont peut-être pas plus contents, mais le moyen de leur faire jouer un grand rôle, même dans une satire !

La main sur la conscience, monsieur, et en m'examinant le plus sévèrement possible, je ne me trouve pas si coupable. Vous en conviendrez, si vous voulez réfléchir à l'espace immense qui sépare tous ces messieurs de nos bons écrivains du siècle de Louis XIV. Ce sont ces grands hommes qui vous réconcilieront un jour avec ma façon de penser.

Vous avez dit que ma plume avait été trop souvent, en mes mains, un instrument de vengeance. Je vous jure que je n'ai presque jamais connu ce sentiment, si ce n'est en écrivant contre les folliculaires et les antiphilosophes hypocrites et délateurs.

J'espère que, du moins, vous me les abandonnerez, et que mon profond mépris pour eux me vaudra, de votre part, l'absolution de quelques-unes de mes peccadilles envers les écrivains pour qui vous vous sentiriez plus d'indulgence.

Quand nous causerons dans cette retraite que vous avez la politesse d'appeler mon *Tivoli,* je vous ouvrirai mon cœur aussi franchement que dans cette lettre, mais je donnerai plus de développement à mes idées, et, comme vous le dites, monsieur, nous nous éclairerons mutuellement Ce que je peux vous dire avec vérité, c'est que, de tous nos jeunes gens de lettres, vous êtes un de ceux que je distingue le plus, et dont l'estime me flatte davantage.

J'ai l'honneur d'être, etc.

IV

ÉPITRE DÉDICATOIRE DE LA TRAGÉDIE DE BRUTUS
ET CASSIUS A ANDRÉ CHÉNIER [1]

(1788.)

Voici, mon frère, une tragédie qui doit intéresser, du moins par son sujet, tous ceux qui, comme vous, aiment l'histoire et la politique. Rien de plus imposant dans les annales du monde que les derniers temps de la République romaine...

Vous qui connaissez si bien la langue et la littérature anglaise, vous n'ignorez pas que les deux derniers actes de ce drame (*Jules César,* de Shakespeare) ne sont pas moins bizarres que les trois premiers...

Il me reste, mon cher frère, à vous parler de l'ouvrage que je vous dédie...

---

1. Cette épître dédicatoire parut avec la tragédie qu'elle précède, seulement *après* la mort de Marie-Joseph Chénier. Elle roule tout entière sur les tragédies sans amour et sur la critique de Shakespeare opposé aux classiques de notre théâtre.

Puisse cet ouvrage sévère obtenir l'estime des gens de lettres !
Puisse-t-il obtenir la vôtre, mon cher frère ! Ce n'est pas seulement aux liens du sang qui nous unissent, que j'en fais hommage, c'est à l'amitié qui nous unit plus étroitement, c'est à l'amour des lettres qui nous unit encore, et surtout c'est à votre mérite dont je connais toute l'étendue.

MARIE-JOSEPH CHÉNIER.

V

LETTRE D'ANDRÉ A MARIE-JOSEPH CHÉNIER[1]

(1788.)

Mon frère,

Le beau présent que tu m'as fait en m'adressant cette tragédie que j'ai toujours aimée ! Que j'ai eu de plaisir à entendre parler en vrai langage romain ces deux hommes illustres ! Sans doute le grand Brutus, qui écrivit un livre sur la vertu qu'il avait si bien pratiquée, ne s'était pas exprimé autrement. Qu'il m'a été doux de voir sur le théâtre les âmes de ces grands hommes, de ces nobles meurtriers, ces grands tyrannicides avec qui l'histoire m'a fait vivre et que les bavards d'aujourd'hui jugent si bêtement sans les connaître !

Ne crois pas toutefois voir le peuple sentir et applaudir cet ouvrage comme il le mérite. Ces vertus mâles, austères, ne sont point faites pour des peuples asservis qui ignorent tout ce qui les regarde, qui ne savent pas même comment on les gouverne, aux yeux de qui cet ardent amour de la liberté est une passion chimérique, une vertu

---

1. Publiée dans l'édition de 1840, avec la date de 1791, mais celle de 1788, donnée par M. Becq de Fouquières, est plus probable.

LETTRE D'ANDRÉ DE CHENIER.

Je suis arrivé ici le 19, mon très cher père, après un voyage qui n'a rien eu de remarquable, et le plus doux passage de mer que j'aie encore eu. Je n'ai pas à regretter Paris; car ici les inquiétudes sur nos aff[aires] ne sont pas moindres et sont plus désagréables, parce qu[e] plus vagues, et qu'on est plus long tems à savoir à qu[oi s'en] tenir. Ajoutez que les mauvaises nouvelles dont l'on a[bu]se grossies et exagérées, non seulement par les mauvais [sujets] des Anglais, mais encore plus par les plus peureux des [nôtres ?] qui sont ici, et qui ne voyent pas que leur odieuse envers leur patrie les rend méprisables et ridicules.

Adieu, mon très cher père. Je prie ma mère d'agréer [l'hommage] de mon respect, j'embrasse mes frères de tout mon cœur, [et les] prie de compter à jamais sur ma tendresse respectueuse.
                                              Chenier de St André

Londres 24. nov.bre 1787

de roman ; qui, ne cherchant que l'amour, ou plutôt la galanterie, aiment et idolâtrent

D'un cothurne indolent la rampante mollesse,

et qui semblent ne pardonner à Corneille, à Racine, à Voltaire, les sublimes chefs-d'œuvre qu'ils ont produits, qu'en faveur des scènes où ils ont été assez faibles pour se prêter à ce mauvais goût. Mais remonte de plusieurs siècles. Imagine-toi que tu vois jouer ton ouvrage à Rome, sur le théâtre de Pompée, devant Chærea, Thraseas, Tacite, les Pline, etc. Vois quels applaudissements, et combien tous les gens de bien se réjouissent d'entendre parler les derniers des Romains. Et pour comble de gloire, Caïus, Domitien, Néron, ces monstres te récompensent par leur honorable haine. Poursuis, fais revivre la tragédie, ne l'amollis jamais, qu'elle soit encore la leçon du genre humain, et ajoute sur notre théâtre une quatrième palme aux trois qui font à notre nation tant d'honneur chez les étrangers et lui en feront tant chez la postérité.

VI

A SON PÈRE[1]

Londres, 24 novembre 1789.

Je suis arrivé ici le 19, mon très cher père, après un voyage qui n'a rien eu de remarquable, et le plus doulou-

---

1. Cette lettre fut publiée pour la première fois dans l'édition de 1862, d'après le manuscrit d'André Chénier. Elle est adressée à M. de Chénier, ancien chargé d'affaires de France à Maroc, rue du Sentier n° 24.

reux passage de mer que j'aie encore eu. Je n'ai pas tardé à regretter Paris ; car ici les inquiétudes sur nos affaires ne sont pas moindres et sont plus désagréables, parce qu'elles sont plus vagues, et qu'on est plus longtemps à savoir à quoi s'en tenir. Ajoutez que les mauvaises nouvelles sont toujours grossies et exagérées, non seulement par la mauvaise volonté des Anglais, mais encore plus par la plupart des Français qui sont ici, et qui ne voyent pas que leur odieuse animosité envers leur patrie les rend méprisables et ridicules. Hier on nous a annoncé que des lettres, en date du 19 ou du 20, arrivées par un courrier extraordinaire, portaient que ce jour-là même tout Paris était en combustion[1], que les tocsins sonnaient de toute part, etc... Je fais tout ce que je peux pour douter de ces funestes nouvelles, et il me tarde bien d'être éclairci. Car ceux qui nous ont annoncé ce soulèvement ne disaient aucun détail, ni ne lui assignaient aucune cause, ni enfin n'ajoutaient rien qui pût donner un objet déterminé aux alarmes qu'ils faisaient naître. Il n'y a ici aucune nouvelle qu'on puisse vous mander. Les affaires de France sont ici comme en France l'objet qui occupe seul les conversations. Adieu, mon très cher père, je prie ma mère d'agréer l'assurance de mon respect. J'embrasse mes frères de tout mon cœur et vous prie de compter à jamais sur ma respectueuse tendresse.

Chénier de Saint-André[2].

1. Ces nouvelles étaient fausses.
2. La signature est remarquable. Dans la famille, on n'appelait jamais André Chénier que Saint-André.

VII

A SON PÈRE[1]

Londres, 19 janvier 1790.

Les nouvelles qui nous arrivent de France, moitié bonnes, moitié mauvaises, m'inquiètent par rapport à vous, mon très cher père. Je désire savoir ce qui se passe au sujet de votre pension, et si vous avez déjà préparé quelque chose à mettre sous les yeux de l'Assemblée nationale, quand il s'agira d'examiner les motifs de toutes les pensions. On a pris sur cet article un parti qui semble bien violent[2]. Plaise au ciel que les affaires s'arrangent! ce qui ne peut guère avoir lieu que par les finances, qui vont bien lentement. Outre la honte qu'entraînerait une faiblesse, quelles horribles convulsions n'en seraient pas la suite dans Paris! car les provinces s'en ressentiraient moins. Mais il est sûr que Paris serait un enfer pendant quelque temps. Je ne puis songer à cela sans frémissement.

J'apprends que le temps a été fort beau à Paris. Je m'en réjouis; car je m'imagine que cela peut vous entretenir en bonne santé, et c'est toujours cela. L'ouvrage de mon frère[3] a toujours un grand succès à ce qu'on me

---

1. Publié dans l'édition de 1840.
2. Par son décret du 4 janvier 1790, l'Assemblée nationale avait différé jusqu'au 1er juillet le payement de toutes les pensions à échoir dans le courant de cette année, et nommé un comité de douze membres pour examiner les motifs de toutes les pensions. (B. DE F.)
3. La tragédie de *Charles IX*, représentée pour la première fois sur le

mande. C'est un bien véritable et bien sensible plaisir pour moi. Je viens de lire dans un papier français un interrogatoire de M. de Favras, où je vois que ce Monsieur avait aussi conspiré contre *Charles IX*. Dites, je vous supplie, à mon frère, que je le supplie de ne pas tarder à m'envoyer cet ouvrage aussitôt qu'il sera imprimé; et aussi que M. Dutens[1] désire qu'il le place au rang des souscripteurs pour deux exemplaires. Vous avez lu ou bien je vous conseille de lire un excellent écrit que le chevalier de Pange m'a fait passer, où il traite de la délation et du Comité des recherches[2]. C'est un écrit plein de justice, de noblesse, de raison et d'éloquence, et qui ne peut déplaire qu'au faubourg Saint-Antoine.

Adieu, mon très cher père, je vous embrasse avec la plus respectueuse tendresse, et vous prie de présenter mes respects à ma mère, et mes tendres amitiés à tous mes frères et à ma sœur quand vous lui écrirez.

VIII

LETTRE DE LA COMTESSE ALFIERI A ANDRÉ CHÉNIER

Le 5 mai 1790[3].

J'ai eu soin de remettre votre lettre au bon général Paoli, qui a plus l'air d'un homme que d'un héros, cependant on le

---

théâtre de la Nation, le 4 novembre 1789. La vingt-cinquième représentation avait eu lieu le 15 janvier 1790.

1. Dutens, littérateur et érudit français, ou du moins né en France; il était protestant, s'expatria et se fixa en Angleterre.

2. Il s'agit sans doute d'un article inséré dans un journal du temps, ou lu à la Société de 1789.

3. Publiée par M. G. de Chénier, édition de 1874, mais avec la date du 5 mai 1791, qui ne peut être exacte.

regarde comme tel à Paris ; il a fait son salamalec à l'assemblée législative, où son discours a été applaudi ; le pouvoir exécutif l'a bien traité aussi ; pour le véritable exécutif qui est M. de la Fayette, il l'a fêté parce que dans ce moment tout ce qui a eu l'air de connaître la liberté ou de sacrifier pour elle doit être distingué par lui ; ainsi le général est content et j'en suis bien aise parce que je l'aime aussi. Je le vois quelquefois ; mais, étant sur le pinacle, il n'a guère de temps à lui. Notre liberté s'établit lentement. Je crois que nous serons encore longtemps dans l'anarchie. C'est une belle et bonne chose que cette liberté ; mais il est bien dur de la voir prendre possession d'un pays. Quel spectacle affligeant elle occasionne ! Toutes les choses même les meilleures dans ce monde doivent être vues de bien loin. La comparaison n'est pas noble, mais pour vous qui êtes gourmand elle ne vous déplaira pas ; c'est comme un bon dîner qui a un coup d'œil excellent sur la table, mais si on l'avait vu préparer, il aurait dégoûté ; je crois qu'il en est de même de la liberté.

A propos de dîner, je crois que vos maux viennent de trop manger ; vous êtes gourmand, l'ambassadeur fait bonne chère, vous êtes faible, vous vous y livrez, de là dérivent tous les petits maux et les grandes mélancolies dont vous souffrez. La sobriété préserve de tout cela, elle tient le cœur content et l'esprit joyeux ; l'esprit et le cœur dépendent beaucoup du physique, ne vous en déplaise ; nous ne sommes pas aussi spirituels que bien vous croyez ; ainsi donc, pour être maître de ce physique, il faut de la sobriété. Je vois d'ici toutes les objections que vous avez à me faire, parce que je connais votre penchant naturel pour la bonne chère.

Comme je me suis trouvée dans le livre rouge[1], j'attends ce que l'Assemblée nationale fera de ceux qui y sont, pour me déci-

---

1. C'était comme veuve du dernier des Stuarts (Charles-Édouard), qui avait pris le nom de comte d'Albany, que la comtesse d'Albany (devenue, après la mort de son mari, en 1788, la femme du comte Alfieri) avait reçu une pension de la cour de France. C'est pour cela que son nom se trouvait sur le livre rouge, dont l'Assemblée nationale constituante avait demandé la communication par un décret rendu le 5 mars 1790. (GAB. DE CHÉNIER.)

der à mon voyage d'Angleterre. Ainsi, si vous arrivez bientôt, vous me trouverez encore à Paris, attendant les décrets de ses législateurs sur ma fortune. S'ils me traitent mal, j'aurai un peu moins de serviteurs et de coursiers ; mais j'aurai toujours des anchois et de l'huile de Provence à vous donner, et un dîner bien sobre qui vous remettra l'estomac. La diminution de fortune ne fera aucun changement à mon bonheur ; je ne fais pas grand cas du luxe que tout le monde estime tant ; mes amis, des livres et mon dessin me tiennent lieu de tout ; la moitié de ma vie est écoulée, il m'en reste assez pour arriver à la fin. Revenez bien vite, puisque vous ne pouvez pas passer l'été en Angleterre, soyez persuadé que j'aurais un grand plaisir à vous voir et à vous entendre. Le comte Alfieri me charge de vous dire la même chose. Si vous voyez lady Payne, dites-lui mille choses tendres de ma part, et dites-lui que, d'abord que j'aurai fixé le jour de mon départ, je le lui manderai, pour qu'elle me charge de ses commissions, fussent-elles même de la charge d'un mulet ; je suis à ses ordres.

L'intrigue contre M. Hermann est un peu assoupie, mais le *Monsieur* qui a envie de sa place n'en démordra pas, c'est un bas valet des commis des bureaux qui mine sous terre. Adieu, ayez soin de votre santé, je vous en prie, et croyez que je m'intéresse sincèrement à vous. Le chevalier de Pange est à la campagne en Bourgogne, il va aller en Suisse ; j'en suis bien fâchée, car je l'aime de tout mon cœur.

IX

PROJET DE LETTRE OU D'ÉPÎTRE D'ANDRÉ CHÉNIER
AU CHEVALIER DE PANGE[1]

(Fin de mai ou commencement de juin 1790.)

De Pange, tu es parti pour la Suisse. Je m'ennuie de ne plus te voir, et j'attends avec impatience le moment où nous nous retrouverons chez toi en Champagne. L'ami près de son ami est content et ne songe à rien. Mais quand son ami est parti, il le regrette. Il en parle à ses muses consolatrices et il écrit en vers à son ami... Eh bien! que t'apporterai-je? Tu sais combien mes muses sont vagabondes[2]... elles ne peuvent achever promptement un seul projet; elles en font marcher cent à la fois. Elles font un pied à ce poème et une épaule à celui-là; ils boitent tous et ils seront sur pied tous ensemble. Elles les couvent tous à la fois; ils sortiront de la coque à la fois, ils s'envoleront à la fois. Souvent tu me crois occupé à faire des découvertes en Amérique, et tu me vois arriver une flûte pastorale sur les lèvres. Tu attends un morceau d'Hermès, et c'est quelque folle élégie... C'est ainsi que je suis maîtrisé par mon

---

1. Publié par M. G. de Chénier, édition de 1874. La date de la lettre VIII étant changée, nous devons rectifier également celle de ce morceau, que le premier éditeur place en 1791.

2. André devait reporter tout ce passage ailleurs; il y avait passé un trait de plume et écrit ces mots : « Il faut mettre cela ailleurs, c'est-à-dire dans l'épître où je parle de mes plagiats. » (G. DE CHÉNIER.)

imagination. Elle est capricieuse et je cède à ses caprices. Je vais me promener dans le dessein de m'occuper d'un objet; à peine ai-je fait dix pas, mon esprit est frappé d'un objet nouveau; soudain il s'élance, il monte à cheval sur ce bâton et il va, il va... et là souvent il en rencontre un autre, il remonte encore sur ce nouveau bâton et il court à droite, à gauche... et l'argile, que j'avais amollie et humectée pour en faire un pot à l'eau, sous mon doigt capricieux devient une tasse ou une théière[1]... Irai-je me contraindre? Non; d'autant que mon esprit n'abandonne jamais ses premiers projets et que par un grand circuit il y revient toujours. Comme un cheval que l'on veut faire passer dans l'eau, en arrivant au bord, recule, se cabre, se lève, caracole, s'enfuit. Le maître lui laisse faire ses grands détours, puis le ramène pas à pas et il passe... De quelque manière que je m'occupe, en ai-je moins eu le plaisir d'aller poétisant au bord de l'eau, sous les bois de Montigny, etc.? Dieu veuille que publiés ils amusent autant le lecteur; mais toujours ils m'auront bien amusé moi-même en les faisant, et c'est beaucoup. Mais ensuite, quand le moment de l'enthousiasme est passé, quand on relit de sang-froid... quel dégoût! C'est alors que les amis, etc. Ainsi, quelque chose que je t'envoie, reçois-le, reconnais-y celui qui t'aime,

> Le fils de la nature
> Qui ne sait point rougir d'aucune des faiblesses
> Que lui dicte sa mère et qui n'ont jamais nui
> Au bonheur des humains, à ses amis, à lui.

[1]. Souvenir et imitation de ce passage d'Horace :

> . . . . . . amphora cœpit
> Institui, currente rota, cur urceus exit?
>   *Ars poetica*, v. 21, 22.

X

A SA MAJESTÉ STANISLAS-AUGUSTE, ROI DE POLOGNE, GRAND-DUC DE LITHUANIE[1]

Paris, 18 octobre 1790.

Sire,

J'ai reçu des mains de M. Mazzai la médaille dont Votre Majesté m'a destiné l'honorable présent. Il me fait connaître aussi avec quelle indulgence Elle s'est exprimée sur mon compte, en jugeant digne d'une traduction en langue polonaise l'*Avis aux Français* que j'ai publié depuis quelques mois.

Ma surprise a égalé ma respectueuse reconnaissance; mais attentif depuis longtemps à tout ce qui se fait sur la terre pour le rétablissement de la raison et l'amélioration de l'espèce humaine, je n'étais pas assez étranger aux affaires de la Pologne pour ne pas connaître le caractère de Votre Majesté, et le prix dont un pareil suffrage doit être aux yeux d'un honnête homme : aussi dois-je avouer que l'inscription de la médaille ne peut manquer de m'enorgueillir un peu, car elle me rappelle que c'est uniquement la pureté de principes que j'ai essayé de développer, et le desir ardent que j'ai eu d'être utile, qui m'ont valu l'hon-

---

1. « Le livre de M. Chénier, écrivait le roi de Pologne, m'a paru si modéré, si sage, si propre à calmer l'effervescence, et si applicable même à d'autres pays, que je le fais traduire. J'ai pensé que la médaille ci-jointe serait une marque convenable du cas que je fais de cette production, et de l'opinion que j'ai de l'auteur. » (*Note écrite de la main d'André Chénier, au bas d'une copie autographe de cette lettre.*)

neur que je reçois, et qui vous ont fait chercher dans la foule un inconnu pour le prévenir par des marques aussi flatteuses de votre approbation. Vous avez, Sire, applaudi aux souhaits et compati aux chagrins d'un homme pour qui il ne sera point de bonheur, s'il ne voit point la France libre et sage; qui soupire après l'instant où tous les hommes connaîtront toute l'étendue de leurs droits et de leurs devoirs; qui gémit de voir la vérité soutenue comme une faction, les droits les plus légitimes défendus par des moyens injustes et violents, et qui voudrait enfin qu'on eût raison d'une manière raisonnable.

Si l'ouvrage, quel qu'il soit, que j'ai publié dans ces intentions, survit aux circonstances qui l'ont fait naître (et il n'est pas impossible que le souvenir des distinctions dont Votre Majesté l'a honoré lui assure cet avantage), ce sera, je n'en doute pas, un des traits dont on se servira pour caractériser notre siècle et l'époque où nous vivons, qu'un pareil écrit ait été une recommandation auprès d'une tête couronnée. Mais cette particularité sera à peine remarquable dans l'histoire d'un homme-roi, dont la vie entière, animée du même esprit, n'aura été qu'un enchaînement d'efforts pour rappeler les hommes, ses concitoyens, à des institutions saines et les élever à la hauteur de la liberté; et qui, dans le dessein de poser ou d'affermir dans sa patrie les fondements d'une constitution équitable et forte, aura mis en œuvre autant de soins, de ressources et d'activité que les rois en auraient employé jusqu'ici à outrager la nature humaine, et à éterniser son esclavage et sa honte. Les fables nous racontaient de semblables choses d'un Thésée; et si les historiens antiques y joignent les noms d'un ou deux rois, à qui elles attribuaient aussi cette divine pensée de rendre les peuples heureux par la liberté, et de circonscrire eux-mêmes leur pouvoir dans les justes limites de la loi et de la félicité publique, le spectacle de ce qui s'était passé dans notre Europe nous faisait rejeter ces histoires parmi les fables. Cette incrédulité ne sera plus permise à ceux qui de nos jours tourneront les yeux vers la Pologne.

Je reconnaîtrais mal la bienveillance honorable que Votre Majesté m'a témoignée, si je l'embarrassais ici par des louanges que ceux qui les méritent n'aiment pas à recevoir en face. Je crois d'ailleurs que les princes capables de concevoir et d'exécuter de si belles entreprises goûtent dans leur conscience une satisfaction trop au-dessus des louanges. Après ce témoignage intérieur, quel autre plaisir pourrait vous toucher, si ce n'est la réussite complète de ces vues humaines et bienfaisantes, et la douceur de sentir un jour et d'entendre tous les Polonais avouer que leur bonheur est votre ouvrage? Et il ne manquerait rien sans doute à la récompense qui vous est due, si ce noble exemple fructifiait à vos yeux dans tous les empires, et pouvait être imité par tous les rois. Puisse ce dernier succès vous être aussi assuré que les bénédictions de vos contemporains et de la postérité!

Agréez avec bonté, Sire, l'expression de mon respect et de ma reconnaissance, et les vœux ardents que je fais pour votre prospérité, que vous avez inséparablement attachée à celle de votre brave nation.

XI[1]

A...

Paris, 21 avril 1792.

Comme j'ai passé la semaine presque entière à la campagne, je n'ai reçu qu'hier au soir, Monsieur, la lettre que vous m'avez fait l'honneur de m'écrire au nom de plusieurs bons citoyens comme vous. Souffrez que je commence par les remercier bien sincèrement ainsi que vous, Monsieur, de tout ce que vous voulez bien me dire d'obligeant. Il m'est très doux de voir que je ne perds point mes peines, lorsque je travaille à mériter l'estime des hommes de bien, et des patriotes qui ne sont ni Jacobins ni Feuillants, mais simplement constitutionnels, pour me servir de vos excellentes expressions.

Je vais maintenant vous exposer en très peu de mots quelles sont mes idées sur le projet dont vous voulez bien me faire part[2]. Je n'ai pas besoin de vous dire à quel point j'en approuve l'esprit et le but; mais je ne sais pas s'il renferme tout ce qui peut en assurer le succès, et dans le moment où nous sommes, lorsqu'on tente une chose de cette nature, il faut absolument réussir. Un grand nombre de citoyens, imaginant ne voir là qu'une espèce de rivalité, prendraient vivement parti pour ou contre, et cela même donnerait un certain lustre au plat triomphe qui s'est vau-

---

1. Publié dans l'édition de 1840.
2. La personne à qui André Chénier répond proposait une fête civique en l'honneur des gardes nationales, en opposition à la scandaleuse fête des Suisses de Châteauvieux.

tré dans la fange dimanche dernier. Tout cet amas de drôles qui prétendaient qu'on voulait exciter la garde nationale contre les autres citoyens, ne manqueraient pas d'exciter la populace contre la garde nationale. Ce triomphe des assassins, s'il a été sot et plat, a du moins été paisible. Vous sentez combien il serait facile à ceux qui en ont été les auteurs, d'empêcher que celui dont vous me parlez le fût également, et combien cette comparaison jetterait de défaveur sur cette fête, aux yeux de ceux qui réfléchissent peu, ce qui n'est pas le petit nombre. Beaucoup de brouillons, parmi lesquels se trouvent plusieurs magistrats, se verraient attaqués indirectement, et ils auraient, pour nous faire reculer, tous les moyens que les fripons auront toujours pour l'emporter dans toutes les petites choses, et quelquefois dans les grandes, sur les honnêtes gens qui se respectent et qui respectent leurs concitoyens.

Mais il me semble qu'en attendant un peu, il ne tardera pas à se présenter des occasions de fêtes, toutes naturelles, dans lesquelles on pourra d'une manière éclatante repousser les insultes de ces gens-là, en même temps qu'on honorera la patrie et les bonnes mœurs : se voyant attaqués de toutes parts, ils ont eu la bêtise de dire que la fête qu'ils donnaient n'était point en l'honneur des Suisses voleurs et assassins, mais en l'honneur de la liberté. Or le 21 juin, jour anniversaire de la séance du Jeu de Paume, est le vrai jour où l'on doit donner une fête en l'honneur de la liberté. Que des citoyens la proposent, d'autres citoyens s'écrieront qu'une pareille fête ne doit pas être une fête privée, etc. Vous sentez avec quelle amertume et quelle dérision on peut rappeler alors ce qui s'est passé. L'Assemblée nationale, aucune administration, aucun corps constitué ne pourront se refuser d'y assister et de la rendre imposante et magnifique, et voilà déjà l'injure que ces polissons ont faite à la liberté, en prétendant qu'ils la fêtaient, entièrement lavée. D'autre part, pour honorer la mémoire du frère de M. Gouvion, et de Désilles, et des gardes nationales, etc., le 31 d'août, jour anniversaire du combat de Nancy, est l'époque du monde la plus favorable. C'est là que l'on peut et l'on doit honorer la mort de ces braves gens, maudire la perfidie du général Bouillé, etc. Cette fête devient aussi une fête publique, où la garde nationale joue le rôle qui lui convient, et où les assassins et ceux qui la fêtent sont mis à leur place: et observez qu'il n'est pas un magistrat qui puisse se refuser à cette fête, sous peine de se perdre et de se démasquer sans retour.

Veuillez excuser, Monsieur, tout ce griffonnage, que je vous ai écrit fort à la hâte, et qui n'est pas aussi court que je vous l'avais annoncé; si vous le croyez digne d'être communiqué aux personnes au nom desquelles vous m'avez fait l'honneur de m'écrire, et si vous jugez à propos de me faire connaître leurs observations et les vôtres sur ces réflexions que je vous soumets, ayez la bonté de m'adresser votre lettre chez M. Trudaine, place Louis XV; elle me sera rendue à la campagne où je retourne ce soir.

Agréez, je vous prie, et faites agréer à vos amis mes remerciements et ma reconnaissance.

XII[1]

LETTRE D'ANDRÉ CHÉNIER A SON PÈRE

Le Havre, 24 septembre 1792.

J'ai reçu avec bien de la joie, ici, dans le lieu même où vous me l'avez adressée, votre chère lettre du 18. En l'ouvrant, je me suis aperçu que le cachet n'était pas intact, et que probablement je n'étais pas le premier à l'ouvrir. Ce dont je vous avertis soigneusement, parce que la franchise, trop grande pour le moment présent, avec laquelle vous écrivez, me fait juger que vous ne connaissez pas encore assez dans quel temps et sous quelles gens nous vivons. Dans les temps comme celui-ci, les amis les plus intimes gardent un silence presque absolu sur les affaires publiques, et osent à peine se parler de leurs affaires privées, en mots couverts et inintelligibles pour d'autres que pour eux...

XIII[2]

LETTRE D'ANDRÉ CHÉNIER A SON PÈRE

Rouen, 29 septembre 1792.

Je suis ici depuis quelques jours, depuis le 26. J'y ai trouvé Constantin[3] qui m'a remis votre lettre. Elle m'a fait

---

1. Édition G. de Chénier, 1874.
2. *Ibid.*
3. Son frère, l'aîné de tous les enfants.

bien grand plaisir; et je vous remercie de tous les détails que vous voulez bien me donner, quoiqu'ils ne soient rien moins que satisfaisants. J'ai été au Havre chez le bon vieux excellent homme à qui vous m'aviez adressé. Dès que je vous ai eu nommé, il m'a reçu avec une politesse amicale et une bonhomie extrême. Il m'a invité à dîner, et à un dîner dont il a arrangé les convives exprès pour moi. Il s'est prêté à tout ce que j'ai voulu. Il m'a parlé de vous quand nous avons été seuls avec beaucoup d'effusion de cœur. J'ai été on ne peut pas plus content de lui. Je n'ai pas été chez la dame dont vous m'aviez donné le nom, parce que je ne me souciais pas de voir beaucoup de monde. Les nouvelles que nous avons ici de Paris sont telles, qu'il vaut mieux n'en point parler que d'en dire peu de chose. Car elles sont d'une haute importance et de conséquences infinies. Quant aux nouvelles des armées, nous n'en avons comme vous que ce qu'on en laisse pénétrer. Dieu veuille que tout cela finisse bien! Je vous conjure d'avoir bien soin de vous, et s'il y avait à craindre que la tranquillité de votre vieillesse fût troublée, de sortir de Paris et venir ici. Je vous recommande aussi tous les écrits et ouvrages et papiers que vous savez[1]. S'ils se perdaient, tous les plaisirs, les études, les amusements d'une vie entière seraient perdus.

1. Il s'agit des manuscrits d'André, qui restèrent toujours chez son père.

XIV[1]

LETTRE D'ANDRÉ CHÉNIER A SON PÈRE

Rouen, 2 octobre 1792.

Constantin est parti hier. Je lui ai donné un mot de lettre pour le brave et honnête vieillard auquel vous m'aviez adressé. Les étrangers et nouveaux venus dans cette ville-ci ont eu une inquiétude ces jours passés qui n'est pas entièrement finie. Les commissaires du pouvoir exécutif, en retournant à Paris, ont fait une réquisition à la municipalité pour faire partir d'ici tous les étrangers qui n'y sont pas pour affaire de commerce, disant que cela augmentait la consommation des subsistances (la population de cette ville est de quatre-vingt mille âmes, et les étrangers sont de deux ou trois mille), disant en outre que cette ville *est un port assuré pour les citoyens tièdes.* Ce sont leurs expressions. La municipalité a, en conséquence, fait faire tous les recensements et dénombrements nécessaires. Mais on assure et l'on ne doute point que tout cela se civilisera. Les sections sont pour les étrangers, qui se conduisent fort paisiblement, et qui font nécessairement une dépense utile à tous les ouvriers. Ainsi il paraît que tous les hommes bien intentionnés, qui n'ont eu, en venant ici, d'autre but que d'être tranquilles, seront laissés tranquilles en effet. J'ai envie d'aller voir Nantes; car dans les inquiétudes où l'on est pour plusieurs personnes chères, je ne vois d'autres

1. Édition G. de Chénier, 1874.

distractions que de courir et changer de lieu. Cependant je reste ici, et ne suis point déterminé à faire ce voyage. Vous pouvez m'écrire comme à l'ordinaire chez MM. Le C. et comp. Adieu. Je vous embrasse. Je me dis souvent que dans l'état et dans la maison où vous êtes, respecté de tous, excellent citoyen dans toute la force du terme, vous n'avez rien à redouter, et cependant je ne puis me défaire des inquiétudes que je vous ai déjà témoignées sur votre séjour à Paris.

XV

LETTRE DU CITOYEN BRODELET[2] A ANDRÉ CHÉNIER

Citoyen,

Un habitant célèbre de l'Allemagne désire savoir de vos nouvelles. Il s'est adressé, pour en avoir, à ma fille qui vient de faire un petit voyage en Saxe. Je crois ne pouvoir mieux faire, citoyen, que de vous communiquer la lettre qu'elle m'a écrite. Veuillez, je vous en supplie, en me renvoyant cette lettre, me mettre en état d'y répondre, je vous en serai obligé.

. Sans des occupations multipliées qui me retiennent constamment chez moi, je me serais fait un devoir d'aller chercher moi-même votre réponse.

1. Édition G. de Chénier, 1874.
2. Administrateur des subsistances militaires.

XVI[1]

LETTRE D'ANDRÉ CHÉNIER AU CITOYEN BRODELET

Paris, ce 28 octobre 1792.

Citoyen,

J'ai appris avec étonnement par la lettre que vous m'avez écrite, que mon existence était parvenue jusqu'aux oreilles de l'illustre Wiéland, dont je ne connais que le nom et la célébrité, car je n'ai pas le bonheur de comprendre la langue allemande. Quoique je ne devine pas quel motif peut l'intéresser à s'informer de moi, je vais répondre en peu de mots aux questions que vous me faites de sa part.

Il demande *si je suis encore en vie,* et *ce que je fais dans ce monde* et *dans la révolution ?*

Je suis encore en vie. Je pourrais ajouter qu'ayant fait du bien à plus d'un homme et n'ayant jamais fait de mal à qui que ce soit, je ne dois avoir couru aucun risque ni avoir eu rien à craindre. Mais M. Wiéland, qui connaît les hommes et les révolutions, me répondrait sans doute que ce n'est pas une raison.

Ce que je fais dans la révolution ? Rien, grâce au ciel, absolument rien. C'est ce que je m'étais bien promis dès le commencement. Sachant déjà que le moment des révolutions n'est jamais celui des hommes droits et invariables dans leurs principes, qui ne veulent ni mener ni suivre

---

1. Édition de 1840.

des partis, et qui abhorrent toute intrigue. Affligé des maux que je voyais et de ceux que je prévoyais, j'ai, dans le cours de la révolution, publié de temps en temps des réflexions que je croyais utiles, et je n'ai point changé d'opinion. Cette franchise, qui n'a rien empêché, ne m'a valu que beaucoup de haines, de persécutions et de calomnies. Aussi suis-je bien déterminé à me tenir toujours à l'écart, ne prenant aucune part active aux affaires publiques, et me bornant dans ma solitude à faire, pour la liberté, la tranquillité et le bonheur de la république, des vœux qui, à dire vrai, surpassent de beaucoup mes espérances.

Je suis fort embarrassé pour répondre à la troisième question, *ce que je fais dans ce monde*. Si je voulais être sincère, je répondrais, comme à la question précédente, *rien*. Cependant, comme aux yeux de M. Wiéland un loisir employé aux lettres et à l'étude ne saurait passer pour une oisiveté complète, je lui dirai que, me livrant tout entier aux goûts que j'ai toujours eus, je m'attache, dans la retraite, à une étude approfondie des lettres et des langues antiques, et je consacre ce qui me reste de jeunesse à me mettre en état de suivre un jour ses traces : heureux si je puis, comme lui, faire quelque honneur à ma langue et à mon pays et à moi-même.

L'élégante et ingénieuse lettre de madame votre fille, que vous avez jointe à la vôtre et que je vous renvoie, me fait voir qu'elle est fixée à Gottingue, et qu'elle aime les hommes de talents. Pourrais-je la prier de faire parvenir mes respectueux compliments au savant et judicieux M. Heyne, professeur en cette ville[1]. Je ne suis point

---

1. André avait l'édition de Tibulle commentée par le célèbre Heyne.
(G. DE CHÉNIER.)

connu de lui, mais je voudrais qu'il sût que, dans un coin de France, il existe un homme qui, sans l'avoir jamais vu, oserait presque se dire un de ses disciples, tant il se flatte d'avoir profité à la lecture de ses écrits, pleins d'une érudition immense, d'un goût exquis et d'une critique infaillible.

Je voudrais bien aussi qu'elle ne m'accusât pas d'indiscrétion, si je lui demandais la permission de m'adresser quelquefois à vous pour obtenir par son moyen des livres qui sont communs dans le pays qu'elle habite et qu'on ne peut pas se procurer dans celui-ci.

Je suis charmé que des occasions aussi imprévues m'aient procuré votre connaissance, et je vous prie d'agréer mes salutations.

XVII

LETTRE D'ANDRÉ CHÉNIER A SON PÈRE[1]

Versailles, septembre 1793.

Je vous prie, mon très cher père, de faire mettre, ou plutôt de mettre vous-même à la petite poste le paquet ci-joint, sans en parler à qui que ce puisse être. Faites-moi savoir aussi des nouvelles de votre santé; car je ne compte point aller à Paris de plusieurs jours. Mes tendres amitiés à mes frères[2], et mes respects à ma mère.

1. Édition G. de Chénier, 1874.
2. Constantin-Xavier, l'aîné des quatre frères, consul à Alicante, était revenu depuis peu de temps chez son père. — Marie-Joseph demeurait rue de Grammont, n° 23. — Louis-Sauveur était à l'armée du Nord en qualité d'adjudant général, chef de brigade.

XVIII

LETTRE D'ANDRÉ CHÉNIER A SON PÈRE[1]

Versailles, le 1ᵉʳ octobre 1793.

Je suis infiniment mieux, mon très cher père, j'aurai le plaisir de vous voir jeudi matin. Je vous prie de m'attendre. Je voudrais bien que nous puissions aller faire quelque chose à la section. J'aurai sur moi le certificat de médecin. Adieu, mon très cher père, je vous embrasse de tout mon cœur.

1. Édition G. de Chénier, 1874.

APPENDICE

APPENDICE

I

PREMIÈRES POÉSIES

IMITATION D'HOMÈRE[1]

Le beau Xanthus succombe et rend avec effort
Son âme en flots de sang sur la terre épandue.
Du mont Ida jadis au Xanthe descendue,
Sa mère mit au jour ce tendre nourrisson;
Le Xanthe le vit naître, et lui donna son nom.
Il expire loin d'elle, et sa reconnaissance
Ne paiera pas les soins que coûta son enfance;
Faible, à peine allumé, le flambeau de ses jours
S'éteint : dompté d'Ajax, le guerrier sans secours
Tombe, un sommeil de fer accable sa paupière,
Et son corps palpitant roule sur la poussière.

Octobre 1877.

1. *Iliade*, liv. IV, v. 473. Édition G. de Chénier.

IMITATION DE VIRGILE[1]

Hâte-toi, Lucifer, que ta marche trop lente
Nous ramène du jour la clarté bienfaisante.
Trahi d'une perfide indigne de mes soins,
Dieux, quoique de son crime inutiles témoins,
C'est cependant à vous qu'à mon heure dernière
Je viens contre l'ingrate adresser ma prière.
Amour, tu me fus cher entre les immortels ;
De roses mille fois décorant tes autels,
Et couronnant ton front de pieuses guirlandes,
A tes pieds j'épandis mes plus belles offrandes.
Que Mopsus, s'il le peut, t'en vienne dire autant.
Ta faveur m'était due ; une ingrate pourtant
Goûte avec ce perfide une infidèle joie ;
A des bras étrangers ses charmes sont en proie.
Nise unie à Mopsus ! pour quels vœux désormais,
Amants, pourriez-vous craindre un funeste succès ?
Bientôt au noir corbeau s'unira l'hirondelle ;
Bientôt à ses amours la colombe infidèle
Loin du nid conjugal portera sans effroi
Au farouche épervier et son cœur et sa foi.
O de ton digne époux, de Mopsus digne épouse,
C'est ainsi qu'autrefois, quand ma flûte jalouse,
Pleurant, te reprochait ton ingrate rigueur,
Fière et d'un rire amer tu déchirais mon cœur.
Tu raillais ma pâleur et ma langue glacée,
Mes cheveux négligés, ma barbe hérissée ;

1. VIIIᵉ églogue. Édition G. de Chénier.

Et moi faible, crédule, impuissant de mes feux,
Tu m'étais chère encore et possédais mes vœux...
Ah! je connais l'amour; son enfance cruelle
D'une affreuse lionne a sucé la mamelle;
Et depuis, n'inspirant que troubles et malheurs,
Sa rage ne se plaît qu'à nager dans les pleurs.
Dans le sang de ses fils, par l'amour égarée,
Une mère trempa sa main dénaturée;
Et l'Amour, l'Amour seul avait conduit sa main.
Mère, tu fus impie, et l'Amour inhumain.
Qui d'elle ou de l'Amour eut plus de barbarie?
L'Amour fut inhumain; mère, tu fus impie!

10 octobre 1778[1].

Quand à peine Clothon, mère des destinées,
A mes trois lustres pleins ajoute quatre années,
Mon cœur s'ouvre avec joie à l'espoir glorieux
De chanter à la fois les belles et les dieux.
Né citoyen du Pinde et citoyen de Cnide,
Avide de plaisirs et de louange avide,
Aux antres d'Apollon pontife initié,
Aux banquets de Vénus convive associé,
Au temple de Paphos, sur la lyre d'Orphée,
Mes chants vont à Vénus consacrer un trophée.
Peuple, sur nos climats le printemps couronné
A fait luire son front de roses couronné.
Ses yeux de la déesse ont ranimé l'empire.

---

1. Dix ans plus tard, l'auteur, relisant cette petite pièce faite au collège, écrivait au bas: « J'avais seize ans. Il y a quelques bons vers. » (G. DE CH.). — Il en a même utilisé les six derniers, comme on le voit, t. Ier, page 114.

Connaissez son génie aux feux qu'elle m'inspire.
Tant que la lyre d'or va chanter sous mes doigts,
D'un silence sacré favorisez ma voix.

Quant au profane qui en troublerait les chants,

Que jamais la beauté ne daigne lui sourire ;
. . . . . . qu'il meure, qu'il expire,
Sans que Délie en pleurs . . . . . .
Veuille arrêter son âme ou partir avec lui* ;
Sans que . . . .
. . . .
Sans que pâle et mourante elle suive son deuil ;
Sans que le voyageur pleure sur son cercueil
Et souhaite, en quittant cette terre étrangère,
Qu'à ses mânes heureux la tombe soit légère.

1781.

Ah ! quand presque en naissant, hier, presque mon cœur
Se nourrissait au loin d'un avenir flatteur ;
Quand le charme qui suit les premières années
Ne m'offrait devant moi que belles destinées,
Assuré de mes dieux, quand mes jeunes projets
Me promettaient un nom, des plaisirs, des succès ;
. . . .
Au sein de mes amis une vieillesse heureuse :
Ah ! je ne pensais pas, faible et naissant flambeau,
Sitôt m'aller éteindre en un obscur tombeau[1].

---

* Var. : ....Ou le suivre au tombeau.

1. Ce vers était suivi des deux ci-après, que l'auteur a rayés :
   Sans apprendre mon nom à la gloire, à l'envie ;
   Sans avoir illustré ni ma mort ni ma vie.
   (G. DE Ch.)

De maux prématurés la foule qui m'assiège
Méconnaît de mes ans le faible privilège ;
Et je vivrais aux pleurs, aux tourments condamné,
Esclave volontaire à la vie enchaîné,
Pour maudire mon sort, mes douleurs, ma faiblesse,
Pour traîner à vingt ans une infirme vieillesse !
Dans mes reins agités quand des sables brûlants
S'ouvrent un dur passage et déchirent mes flancs,

. . . .

Il vaut mieux n'être pas que d'être misérable.

Finir par plusieurs pensées mélancoliques et un peu sombres, et enfin par ce mot ancien que le premier bonheur est de ne pas naître, et le second....., etc.....[1]

1782.

Pourquoi, me suis-je dit, quand chacun travaille, que Bailly retrouve dans le ciel l'histoire de la terre,

Pourquoi, dans des écrits médités à l'écart,
Ne pas aussi tenter un honnête hasard ?
Par le zèle du vrai, sinon par les lumières,
Recommander aussi nos travaux à nos frères,
Honorer nos loisirs, justifier le choix
Des amis qui toujours nous ont donné leurs voix,
Et forcer, s'il se peut, dans l'âge qui doit naître,
La curieuse étude à vouloir nous connaître ?

. . . .
. . . .

1. De mourir bientôt. V. Plutarque, *De Consolatione ad Apollonium* c. XXVII, et *passim*, dans les chœurs d'Euripide, etc.

Doit-il donc, à l'aspect de l'aigle ambitieux,
Qui pénètre la nue et la voûte des cieux,
L'aiglon intimidé, dans un nid, sans courage,
Doit-il ensevelir et sa force et son âge?
Et n'oser, immobile en un obscur sommeil,
S'aller perdre jamais dans les feux du soleil[1]?

1782.

FRAGMENT INÉDIT[2]

Ah! ne le croyez pas que par moments j'oublie
Et mon cœur et l'amour, extase, poésie,
Vous surtout, belle et douce à mes rêves secrets,
Vous dont les purs regards font les miens indiscrets.
Sans doute c'est plaisir d'oublier à son aise
La tenace douleur qui déchire ou qui pèse,
Les ennuis au fiel noir, l'argent que l'on nous doit,
L'avenir, et la mort qui nous montre du doigt,
Tout ce qui se résout en larmes chez les femmes...
Les petits maux souvent veulent de fortes âmes.
Mais aussi dans la paix, voluptueux penseur,
Je suis de ma mémoire absolu possesseur;
Je lui prête une voix : puissante magicienne,
Comme aux brises du soir une harpe éolienne!
Et chacun de mes sens résonne à cette voix.
Mon cœur ment à mes yeux, absente je vous vois.

---

1. Ce fragment paraît se rattacher à l'épître à M. Bailly. Voy. page 21.

2. Ces vers ont été imprimés sous ce titre et avec la signature du poète dans les *Annales romantiques* (1832), retrouvés par M. Becq de Fouquières dans ce recueil, et réimprimés dans le *Temps* du 29 octobre 1878. Quoiqu'ils n'aient point de date, la faiblesse de ces vers permet de les ranger parmi les œuvres de jeunesse.

Alors je me souviens des amis que je pleure,
Des temps qui ne sont plus, d'un espoir qui me leurre,
De la riche nature apparue à mes yeux,
De mes songes d'hier toujours vains, mais joyeux,
De mes projets en l'air... Que sais-je? Galathée
De marbre, qui s'anime aux feux de Prométhée...
Ce qui me rit un jour, plus tard je m'en souvien,
Trop oublieux du mal, et souvenant du bien.

II

VERS GRECS, LATINS ET ITALIENS

COMPOSÉS EN ANGLETERRE

1788-1790

VERS GRECS[1]

παρθενικαι νυμφαι τε βρετανιδες, ας ποτι κυμα
διου θαμεσεος, λονδεινῳ εν εὐρυἀγυια,
ποσειδῶν κατεχει αμφιρροος εννοσιγαιος,
ειδεῖτε μεγετει τε θεαι, λευκωλενες, αιδους
ομματα πληθομεναι, ξανθοτριχες, αβρα γελουσαι,
γαια κορας, φημι, ου καλλιονας τρεφει αλλη.
παρθενικης δ' υμων ουκ υστατιης Καρολινης
ταυτην εικον' εγω αμωμητοιο γυναικος
εγραφον ὤνδρειας, γαλατωνγενος, ον τεκε μητηρ
βιστονις, ευξεινοιο παρ ἠιονεσσι θαλασσης.

και ταυτα ανδρειας βυζαντειος ζωγραφων.

---

1. Nous reproduisons ces vers, tels qu'ils ont été donnés par M. G. de Chénier, pages LIX et LX de son premier volume; nous n'avons pu les collationner sur les manuscrits.

ἀνδρειας ο θραξ νωτα της ερωμενης
ουτως εγραψε, πολλα κυσας την πογην.

———

τρις μακαρ ανδρεια την αγλαϊην ροδομαζον
    γυμνην, λαμποπογην, ως ιδες, ως εμανης·
ως δε τε πολλα μιγεις εν σεισοπογη φιλοτητι
    μειλιχα στηθεσσιν, χειλεσι, χερσ' επαθες·
ως νυν κ' εγραψας ηδο πνειουσαν εταιραν
    ομμασι βακχευθεις τας φρενας ηδε ποθω.

———

τήν δ' υπ' ερωτι δαμεις ανδρειας ο ροδοπειος
    βυβλιδα λευκοπογην θηκατο κουριδιην.

———

ταυτην πεος μεν ουδε χειρ' γραφ' εικονα.

———

TRADUCTION.[1]

Vierges et nymphes britanniques, que Neptune qui environne et ébranle la terre a fait naître près des flots de la divine Tamise, dans Londres aux larges rues, vous qui avez un visage et un port de déesse, nymphes aux bras blancs, aux candides regards, aux blonds cheveux, au mol sourire, non, une autre terre ne nourrit pas de plus belles jeunes filles. De la jeune Caroline, qui n'est point la dernière de vous, j'ai dessiné cette image d'une belle sans défaut, moi, cet André, d'origine française, qu'une mère thrace mit au monde près des rivages de l'Euxin.

1. Ces traductions, sauf quelques modifications légères, sont de M. Becq de Fouquières, dans ses *Documents nouveaux*.

Dessiné sur le vif par André, peintre byzantin.

André le Thrace a dessiné les .... de son amante et les a bien des fois couvertes de ses baisers.

Trois fois heureux, André, lorsque tu as vu sans voile Aglaé au sein de rose, aux..... brillantes ! quel délire, lorsque, maintes fois livré à des ardeurs qui agitent les sens, ta poitrine, tes lèvres et tes mains ont tressailli de bonheur ! et maintenant encore lorsqu'ayant dessiné la belle qui soupire doucement, tu sens déjà en la regardant tes esprits surexcités par le désir !

Subjugué par l'amour, André, fils du Rhodope, a peint ici la jeune Biblis aux blanches .....

Ce n'est pas la main qui a dessiné cette image .....

VERS LATINS[1]

« ANDRÉ LE FRANÇAIS BYZANTIN.
« Londres, le 31 janvier 1789.

φαμί το δ'ἀρκαδίας πρώτον μετα πανα συρικταν[2]
βωκόλος ανδρειας, βωκολον ακτιαδην[3]
Acti, romanæ magnum decus addite musæ[4],

---

1. Édition G. de Chénier.
2. Φαμί pour φημι. — André emploie ici le dialecte dorien. (G. DE CH.)
3. βωκολος dialecte dorien, pour βουκόλος.
4. En parlant ici d'*Actius*, André désigne le poète napolitain Sannazar, dont les poésies bucoliques sont écrites en latin. Jacques Sannazar a publié

Acti, et Tyrrheni tu decus eloquii,
Pan etiam Arcadia dicit se judice victum [1]
Dum ludis patriis pastor arundinibus.
Dumque iteras latiam per littora primus avenam,
Delphis arionius jam tibi terga parat,
Emerguntque freto, perque æquora summa choreas
Ducunt cœruleæ, candida turba, deæ.

TRADUCTION

Moi, le bouvier André, je prétends que, dans l'Arcadie, le premier joueur de flûte après Pan est le bouvier Actius.

Actius, qui accrois l'honneur de la muse latine, Actius, qui honores aussi la langue italienne, Pan se déclare lui-même vaincu dans l'Arcadie, lorsque tu joues un air pastoral sur le chalumeau de ta patrie. Quand sur les rivages tu reprends les pipeaux du Latium, le dauphin d'Arion te prépare son dos, et la blanche troupe des nymphes de la mer apparaît, en dansant, sur la cime des vagues.

VERS ITALIENS

A LA LOUANGE DE Mrs COSWAY [2]

Pall-Mall, London.

Senna e Tamigi, unite al fine sorelle,
D'Arno la figlia ammirano, aurea lira
Cui diè il Febo toscan; cui lasció Apelle

---

ses églogues latines sous les noms d'ACTIUS SINCERUS. Voilà pourquoi André dit qu'Actius est un ornement, un grand honneur ajouté à la muse romaine; et, comme ce poète est le premier qui ait composé des églogues maritimes, André fait sortir des flots le dauphin d'Arion et les chœurs des Néréides pour l'écouter chanter. C'est un tableau antique. (G. DE CH.)

1. Vers 59 de l'églogue IV de Virgile.
2. Déjà cités en note, tome Ier, page 41.

Vivo pennel per cui la tela spira ;
Che dolce canta, e sulle chiavicelle
La dotta mano, o sulle corde gira.
Tue son le muse, o Coswai, in Pindo amata,
Tu grata a Senna, a Tamigi tu grata.

TRADUCTION

La Seine et la Tamise, ces deux sœurs, s'unissent enfin pour admirer la fille de l'Arno, à qui le Phébus toscan donna une lyre d'or, à qui Apelle légua ce vivant pinceau qui fait respirer la toile; dont le chant est doux, et dont la main savante se promène sur le clavecin ou sur les cordes sonores. Tu es agréée des Muses, ô Cosway, aimée sur le Pinde, chère à la Seine et chère à la Tamise.

III

PIÈCES ADRESSÉES A ANDRÉ CHÉNIER

ÉPITRE A ANDRÉ CHÉNIER

PAR LE BRUN[1]

Oui, l'astre du génie éclaira ton berceau :
La gloire a sur ton front secoué son flambeau ;
Les abeilles du Pinde ont nourri ton enfance.
Phébus vit à la fois naître aux murs de Byzance,
Chez un peuple farouche et des arts ennemi,
A la gloire un amant, à mon cœur un ami.

Que le nom de Péra soit vanté d'âge en âge !
Dans ces mêmes instants, sur ce même rivage,
Qui donnèrent Sophie[2] à l'amour enchanté,
Apollon te vouait à l'immortalité.
Lui-même sur les flots guida la nef agile
Qui portait des neuf Sœurs l'espérance fragile ;
Lui-même sur nos bords, dans ton sein généreux

---

1. Voy. tome Ier, page 286, note 2.
2. Sophie de Tott, fille du baron de ce nom, qui habitait aussi Constantinople, et à laquelle Le Brun a dédié plusieurs pièces de vers.

Souffla l'amour des arts, l'espoir d'un nom fameux.
Le vulgaire jamais n'eut cet instinct sublime.
Sur les arides monts que voit au loin Solyme,
Le cèdre, dans son germe invisible à nos yeux,
Médite ces rameaux qui toucheront les cieux.

Ton laurier doit un jour ombrager le Parnasse ;
J'entrevois sa hauteur dans sa naissante audace,
Si, modeste en son luxe, et docile aux neuf Sœurs,
Il permet de leurs soins les heureuses lenteurs.
Non, non ; j'en ai reçu ta fidèle promesse :
Tu ne trahiras point les nymphes du Permesse :
Non, tu n'iras jamais, oubliant leurs amours,
Adorer la fortune et ramper dans les cours.
Ton front ne ceindra pas la mitre et le scandale ;
Tu n'iras point, des lois embrouillant le dédale,
Consumer tes beaux jours à dormir sur nos lis,
Et vendre à ton réveil les arrêts de Thémis.

Ton jeune cœur, épris d'une plus noble gloire,
A choisi le sentier qui mène à la victoire.
Les armes sont tes jeux : vole à nos étendards ;
Les Muses te suivront sous les tentes de Mars.
Les Muses enflammaient l'impétueux Eschyle.
J'aime à voir une lyre aux mains du jeune Achille.
Un cœur ivre de gloire et d'immortalité
Porte dans les combats un courage indompté ;
Du vainqueur des Persans la jeunesse guerrière
Toujours à son épée associait Homère.
Frédéric, son rival, n'a-t-il pas sous nos yeux
Fait parler Mars lui-même en vers mélodieux ?
Couché sous un drapeau noir de sang et de poudre,

N'a-t-il pas, d'une main qui sut lancer la foudre,
Avec grâce touché la lyre des neuf Sœurs,
Et goûté dans un camp les paisibles douceurs?
Son camp fut leur séjour, son palais fut leur temple.
Imite ces héros, suis leur auguste exemple.
Laisse un oisif amas de braves destructeurs,
De l'antique ignorance orgueilleux protecteurs,
Ériger en vertu leur stupide manie,
Dégrader l'art des vers et siffler le génie :
Le langage des dieux n'est point fait pour les sots,
L'art qui rend immortel ne plaît qu'à des héros.
Insensés! que du moins vos fureurs indiscrètes
Sachent des vils rimeurs distinguer les poètes!
A ces fils d'Apollon, ingrats! n'en doutez plus,
Vous devez des plaisirs, des arts et des vertus.
Eh! sans ressusciter les merveilles antiques,
Les chênes de Dodone et leurs vers prophétiques,
Et la lyre d'Orphée assemblant l'homme épars,
Et la voix d'Amphion lui créant des remparts,
Quel autre qu'un poète, en ses vives images,
Sut rendre à la vertu de célestes hommages,
La placer dans l'Olympe, et, sur les sombres bords,
Des supplices du crime épouvanter les morts?
Les cieux à nos accents s'ouvrirent pour Alcide,
Et l'Érèbe engloutit la pâle Danaïde.
Un monde juste est né des vers législateurs,
Et l'homme dut une âme à leurs sons créateurs.

Avant que la parole à nos yeux fût tracée,
Et qu'un papier muet fît parler la pensée,
Par un art plus divin les vers ingénieux
Fixèrent dans l'esprit leur sens harmonieux.

L'âme, en sons mesurés, se peignit à l'oreille ;
La mémoire retint leur frappante merveille.
Seuls fastes des mortels, ce langage épuré
Des usages, des lois, fut le dépôt sacré.
Grâce aux vers immortels, la seule Mnémosyne
Des siècles et des arts conserva l'origine.
Nul art n'a précédé l'art sublime des vers :
Il remonte au berceau de l'antique univers ;
Et cet art, le premier qu'inspira la nature,
S'éteindra le dernier chez la race future.
Aime cet art céleste, et vole sur mes pas
Jusqu'aux lieux où la gloire affronte le trépas.
Soit que ton Apollon, vainqueur dans l'épopée,
T'honore d'une palme à Voltaire échappée ;
Soit que de l'élégie exhalant les douleurs,
De Properce, en tes vers, tu ranimes les pleurs ;
Soit qu'enivré des feux de l'audace lyrique,
Tu disputes la foudre à l'aigle pindarique ;
Ou soit que, de Lucrèce effaçant le grand nom,
Assise au char ailé de l'immortel Buffon,
Ta Minerve se plonge au sein de la nature,
Et nous peigne des cieux la mouvante structure,
Tu me verras toujours applaudir tes succès
Et du haut Hélicon t'aplanir les accès.
Que du faîte serein de ce temple des sages
Tu verras en pitié le monde et ses orages,
Tant d'aveugles mortels s'agiter follement,
Aux sentiers de la vie errer confusément,
Se croiser, se choquer, disputer de richesse,
Combattre d'insolence ou lutter de bassesse,
S'élever en rampant à d'indignes honneurs,
Et se précipiter sur l'écueil des grandeurs !

Mais, tandis qu'agité du souffle de l'envie,
Fuyant, touchant à peine aux rives de la vie,
Ce torrent de mortels roule à flots insensés
A travers les débris des siècles entassés,
La gloire et l'amitié, plus douce que la gloire,
Fixeront nos destins au temple de Mémoire.

Le Brun.

VERS ESPAGNOLS DE FLORIAN

VERSOS AL REYNO DE ESPAÑA.

Dichosa tierra, en verdad,
De tus hijos el valor,
El genio, la habilidad,
Tu grande fertilidad,
Devrian darte el honor
De sujetar á la tierra.
Mas la comun libertad
En tus costumbres se encierra;
Porque se opone en razon
A fertilidad pereza,
Despoblacion á grandezza,
Al genio la Inquisicion.

« Ces vers du chevalier de Florian m'ont été donnés par lui, hier mardi, 7 février 1786, après dîner, chez le marquis de Moriolles. »

TRADUCTION

Heureuse terre, en vérité, la valeur, le génie, l'habileté de tes fils, ta grande fertilité, te devraient donner l'honneur d'assujettir le monde; mais la commune liberté est sauvée par tes mœurs, car en bonne raison la paresse est ennemie de la fertilité, le dépeuplement s'oppose à la grandeur, et au génie l'Inquisition.

FRAGMENT D'UNE POÉSIE

ADRESSÉE A Mrs COSWAY, PAR NIEMCEWICZ.

. . . .
. . . .

Trop heureux Niemcewicz dont la muse fidelle
Ouvre à ta renommée une porte nouvelle,
À sa langue étrangère enseignant tes vertus,
Te présente à l'encens de peuples inconnus,
Et fait luire tes traits et ton âme et ta grâce
Jusqu'aux bords nébuleux que la Baltique embrasse.
Les sept astres du Nord, parmi les chênes verts,
Le verront, aux pasteurs de fourrures couverts,
Tel qu'Orphée au milieu de sa troupe farouche
Apprendre ce doux nom qui vivra sur sa bouche,
Ton nom, ton nom si doux, l'honneur de sa chanson.
Pour entendre sa voix, et redire ton nom,
De l'âpre Niémen les Naïades sacrées,
Brisant les durs remparts de glaces azurées,
Lèveront à l'envi leurs beaux visages blancs,

Ceints d'humides roseaux et de glaçons brillants.
Ton nom réveillera, chanté par les feuillages,
L'écho de Podolie en ses grottes sauvages.
Les belles, dont la martre au noir duvet luisant
Presse le jeune sein, quand sous leur char glissant
Le froid hiver durcit la Vistule écumante,
Diront : Cette étrangère est donc bien séduisante !
Prêts à braver le Russe en un combat mortel
Les Polaques guerriers invoqueront le ciel
Pour qu'une autre Cosway, comme toi noble et pure,
De son écharpe blanche entoure leur armure.

« Niemcewicz sera toujours ami de Saint André. »

ÉPITRE D'ALFIERI

A ANDRÉ CHÉNIER

Parigi, 29 aprile 1789.

Eccola al fin quella si a lungo attesa
Dolce epistola tua, Chenier diletto,
Ch' io avrei bramata un pocolin più estesa.
 Ma la tua pigrizietta in blando aspetto
Si ben sapesti appresentar, ch' io credo
Che il tuo tacer non fu per scarso affetto.
 Io, che in pigrizia pure a nullo cedo
Vo' non solon risponderti, ma in versi,
Che assai magri saran, per quanto io vedo :
 Ma perchè appunto so che gli alti e tersi
Piacciono a te, che bevitor del fonte
Carmi scrivi di mele attico aspersi;

APPENDICE.

Vogl' io percio queste rimaccie impronte
Farti ingojare, in pena del silenzio
Cui guisto è pur che in modo alcun tu sconte.

Odo che amara è a te più che l'assenzio
Codesta Londra, ove stranier ti trovi:
Ed è in vero il supplizio di Mezenzio[1]

Lo star fra gente, ove nessun ti giovi
Co' bei legami d' amistà giuliva.
Ah! ben tu osservi, che di ferro ha i chiovi

Necessitade inesorabil Diva:
Solo nume, a cui cede anco il tiranno,
Quand' ella a farsi gigantessa arriva.

Di quanto io dico, un bello esempio or danno
Questi tuoi Galli, a libertà vicini
Perchè appunto il servir logorato hanno.

Qui non s' ode altro omai, grandi e piccini,
Uomini e donne, e militari, e abati,
Tutti *Soloneggiano*[2] i Parigini.

Altro grido or non s'ode che: GLI STATI!
E, se risponde al buon desio l'alena,
Cessera, spero, il regno dei soldati.

La trista gente, onde ogni corte è piena,
Mormora pure, ed in se stessa spera
Che risaldar potrassi la catena.

Che ne avverrà, non so: ma trista sera
Giunger non puovvi omai, che essai men trista
Della notte non sia che in Francia v' era.

Io frattanto, cui l' alma non contrista,

---

1. Mézence, roi d'Étrurie, chassé de ses États pour ses cruautés, se réfugie près de Turnus, roi des Rutules, et l'aide dans sa lutte contre Énée. — Voy. Virgile, *Énéide*, liv. VII, VIII, IX, X, XI, et Macrobe, *Saturnales*, liv. III, chap. v. — Ovide, *Fast.*, lib. IV, v. 891.

2. C'est-à-dire font les Solons, les législateurs.

Nè stolta ambizione, ni avara sete,
Traggo mia vita dolcemente mista

Di gloria ed amor, presso alle luci liete
Di quella onesta[1], a cui tu pure hai scritto;
E imparo che fra' spini allor si miete.

Ma instancabile sto, tenace e invitto
Nel sublime proposto; e giorno e notte
Limo, cangio, riscrivo il già riscritto,

Perchè alle mie tragedie non si annotte,
Quand' io poi muto giacerommi in tomba,
Come accader vuol delle carte indotte.

E ci vuol molto a far suonar la tromba
Della ciarliera che appelliam noi Fama,
Cui de' secoli poi l' eco rimbomba.

Pur, puo in me tanto questa insana brama
Ch' io supporto per essa anco i tormenti
Di cio che a torto morte non si chiama:

Del riveder gli stolti mancamenti
De' stampatori, e correttori, e proti,
L' un più dell' altro a gara disattenti.

Ond' io tra' punti, e come ed effi, e joti
Vo' consumando e giorni e mesi ed anni,
Perch' a intender pur m' abbian gl' idioti.

Ma tu, che fai tra i torpidi Britanni,
La di cui mesta taciturna faccia
Delle spesse lor nobbie addoppia i danni?

Non v' è fra i loro dotti un che ti piaccia?
E il credo anch' io: da loro è d' uopo a stento
Uncinar la parola che ti agghiaccia.

---

1. La belle modeste, c'est la comtesse d'Albany, femme du dernier des Stuarts. Devenue veuve en 1788, le comte Alfieri venait de l'épouser. Il régnait une grande amitié entre les deux époux et André.

Ma, costà si prepara, a quel ch'io sento,
Pel rinsavito re, pomposa festa,
Che di letizia egli è ricco argomento.

E maraviglia espressa, in ver, fu questa,
(E tale anche a te par) non ch' ei trovasse,
Ma ch' ei perder potesse un re la testa.

Se ne rallegri or dunque Londra; e passe
Il bel nuovo miracolo ai futuri
Per tornagusto a quei che un re nojasse.

Tu caccia intanto i pensamenti oscuri;
E allo scriver sol pensa, a scriver nato;
Che non è cosa al mondo altra che duri.

Amami; e riedi ove ognor sei bramato.

TRADUCTION

La voici donc enfin ta douce lettre, cher Chénier, cette lettre si longtemps attendue et que j'aurais souhaitée un peu plus longue.

Mais tu as su présenter ta petite paresse sous un jour si aimable que je suis convaincu que ton silence ne provient pas d'un manque d'affection.

Moi, qui pourtant ne le cède à personne en paresse, je veux non seulement te répondre, mais encore te répondre en vers, qui seront fort maigres à ce que je vois.

Mais comme je sais que tu aimes les lettres antiques, que tu t'es abreuvé à la fontaine et que tu écris des vers trempés de miel attique,

Je veux te faire avaler ces méchants vers, pour te punir de ton silence, qu'il est bien juste de te faire payer d'une façon ou d'une autre.

J'apprends qu'elle est pour toi plus amère que l'absinthe,

cette Londres où tu te trouves étranger : et véritablement c'est le supplice de Mezence

Que d'habiter chez une nation où personne ne vous favorise des beaux liens de la joyeuse amitié. Ah! tu as bien raison de dire qu'elle a des clous de fer,

La nécessité, déesse inexorable, seule divinité à qui le tyran cède, lui aussi, quand elle devient géante.

De ce que je dis, un bel exemple est donné maintenant par tes Français, qui sont voisins de la liberté, précisément parce qu'ils ont usé la servitude.

Ici maintenant on n'entend qu'un seul cri ; grands et petits, hommes et femmes, militaires et prêtres, tous les Parisiens *solonisent*.

On n'entend que ce cri : les États! et si le souffle répond au désir, je crois que le règne des soldats touche à sa fin.

La triste gent, dont toute cour est pleine, murmure, elle aussi, et elle pense que la chaîne rompue pourra se ressouder.

Je ne sais ce qui en résultera, mais quelque tristes que soient les soirées qui adviendront, elles le seront beaucoup moins que la nuit qui régnait en France.

Cependant moi, dont l'âme n'est affligée ni par une sotte ambition ni par la soif de l'avarice, je traîne une vie doucement mêlée

De gloire et d'amour, près des yeux riants de cette vertueuse femme à qui tu as écrit, et j'apprends à moissonner des lauriers parmi les épines.

Mais je suis infatigable, tenace et invaincu dans mon sublime dessein : jour et nuit, je lime, je change, et ce que j'ai écrit deux fois je l'écris encore,

Pour que mes tragédies, quand je serai couché muet dans le sépulcre, ne tombent pas dans la nuit de l'oubli, comme il arrive aux écrits des ignorants.

Et que d'efforts pour faire résonner la trompette de cette bavarde que nous appelons Renommée, et faire retentir ensuite l'écho des siècles !

Ce désir insensé me domine tellement qu'il me fait supporter les tourments de cette chose qu'on a bien tort de ne pas appeler mort,

C'est-à-dire de revoir les sottes erreurs des imprimeurs, correcteurs et protes, tous à l'envi plus inattentifs les uns que les autres.

Parmi les points et les virgules, les *f* et les *j*, je consume donc les jours, les mois et les années, pour que les ignorants puissent me comprendre.

Mais toi, que fais-tu chez ces flegmatiques Anglais, dont la triste et taciturne face redouble les désagréments de leurs épais brouillards ?

N'y a-t-il point parmi leurs savants quelqu'un qui te plaise ? Je crois qu'un croc serait bien utile pour leur arracher du gosier les paroles qui te glacent.

Mais il se prépare chez eux, à ce que j'apprends, une fête pompeuse, en l'honneur du roi qui a recouvré la raison, ce qui est un grand sujet de réjouissance.

En vérité, c'est une grande merveille, et qui doit paraître telle, et non seulement qu'un roi ait retrouvé sa raison, mais encore qu'il ait pu la perdre.

Que Londres s'en réjouisse donc maintenant, et que ce miracle nouveau passe à la postérité, pour raviver le royalisme de ceux qui se dégoûteraient d'un roi.

— En attendant, chasse tes sombres pensées. Toi qui es né pour écrire, ne pense qu'à écrire. C'est la seule chose au monde qui soit durable.

Aime-moi et reviens où tu es toujours désiré.

(Trad. B. de F.)

NOTICE SUR ANDRÉ CHÉNIER

PAR PALISSOT[1]

(1788.)

Chénier (Marie de Saint-André), frère aîné du précédent. C'est à son insu que nous nous permettons de le

---

1. *OEuvres de Palissot*, Paris, 1788. — Cette notice sur André Chénier,

révéler à la renommée, persuadé qu'il voudra bien nous pardonner de le comprendre dans cette espèce de tableau de famille que nous venons de tracer, et dont nous aurions trop de regret de l'exclure, en cédant à sa modestie. Avec moins d'empressement de se produire, et un désir de gloire non moins vif que celui de son frère, mais auquel il sait commander, jusqu'à présent il ne paraît occupé, si nous l'osons dire, qu'à méditer sa réputation dans le silence. Qu'il nous permette, cependant, l'expression du plaisir que nous ont fait le peu d'ouvrages qu'il a bien voulu nous communiquer. Peut-être avons-nous été moins frappé des talents qu'ils annoncent pour la poésie que d'un caractère de pensée mâle et profonde, qui ne peut appartenir qu'à l'homme de génie.

Lorsque tout semble nous précipiter vers la ruine des arts, c'est pour nous une satisfaction bien pure et bien douce que de pouvoir encore annoncer à notre patrie des jours de gloire, et de trouver dans une même famille les motifs de tant d'espérances.

qui vient après celles consacrées à M. Louis de Chénier et à Marie-Joseph, se trouve au tome III, pages 123 et 124. Elle est très remarquable par la date à laquelle elle a été écrite. Le Brun, dans son Épître, et Palissot, dans cette notice, ont tous deux présagé le génie d'André Chénier, et devancé le jugement de la postérité. (B. DE F.)

NOTICE BIBLIOGRAPHIQUE

NOTICE BIBLIOGRAPHIQUE

Le *Jeu de paume* et *l'Hymne aux Suisses de Château-vieux* furent publiés du vivant de l'auteur.

La *Jeune captive* parut dans la *Décade philosophique* du 20 nivôse an III (1795), avec cette note :

« Il avait beaucoup étudié, beaucoup écrit, et publié fort peu. Fort peu de gens aussi savent quelle perte irréparable ont faite en lui la poésie, la philosophie et l'érudition antique. »

La *Jeune Tarentine* parut dans le *Mercure* du 1er germinal an IX (1801).

Quelques fragments :

Accours, jeune Chromis, je t'aime et je suis belle...
Néère, ne va point te confier aux flots...
Souvent las d'être esclave et de boire la lie...

furent cités par Chateaubriand dans le *Génie du Christianisme*, en 1802 (2e partie, livre III, chapitre vj). Chateaubriand donnait sur le poète les notes suivantes :

La Révolution nous a enlevé un homme qui promettait un rare talent dans l'églogue : c'était M. André Chénier. Nous avons vu de lui un recueil d'idylles manuscrites où l'on trouve des choses dignes de Théocrite. Cela explique le mot de cet infortuné jeune homme sur l'échafaud; il disait en se frappant le front : *Mourir ! J'avais quelque chose là !* C'était la muse qui lui révélait son talent au moment de la mort.

Les écrits de ce jeune homme ses connaissances variées, son courage, sa noble proposition à M. de Malesherbes, ses malheurs et sa mort, tout sert à répandre le plus vif intérêt sur sa mémoire. Il est remarquable que la France a perdu, sur la fin du dernier siècle, trois beaux talents à leur aurore : Malfilâtre, Gilbert et André Chénier; les deux premiers sont morts de misère, le troisième a péri sur l'échafaud.

En 1811, à la mort de Marie-Joseph Chénier, les manuscrits d'André passèrent entre les mains de Daunou, avec ceux de Marie-Joseph, dont ce savant était l'ami intime.

Des fragments du *Mendiant* furent insérés en 1816 dans les « *Mélanges littéraires* composés de morceaux inédits de Diderot, de Caylus, de Thomas, de Rivarol, d'André Chénier, etc., recueillis par M. Fayolle. Paris, Pouplin, 1816. »

Première édition en 1819, sous ce titre : « *OEuvres complètes d'André de Chénier*. Paris, Beaudouin frères, Foulon et Cie, libraires, 1819, in-8°. » H. de Latouche avait été chargé du travail de cette édition.

En 1819, H. de Latouche inséra à la suite des Poésies des *Mélanges de prose*, composés d'articles publiés du vivant de l'auteur et de quelques morceaux et fragments posthumes.

En 1820, réimpression de l'ouvrage, in-18.

Nouvelle réimpression en 1822.

NOTICE BIBLIOGRAPHIQUE.

En 1824 et 1826, les œuvres d'André Chénier furent imprimées à la suite des OEuvres de Marie-Joseph, sous ce titre : « *OEuvres posthumes d'André Chénier*, revues, corrigées et mises en ordre par D. Ch. Robert. Paris, Guillaume, 1826. » Il y avait deux volumes comprenant des poésies et des œuvres en prose. Le texte de cette édition a subi des altérations nombreuses.

Les deux Chénier.... Talent neuf et original d'André Chénier — ses principaux essais — caractère distinctif de sa poésie. Dans le cours de littérature française par M. Villemain : *Tableau de la littérature au* XVIIIe *siècle.* LVIIIe leçon, publiée pour la première fois en 1827.

H. de Latouche publia dans deux articles de la *Revue de Paris*, en décembre 1829 et en mars 1830, plusieurs fragments inédits d'André Chénier. En 1833, une nouvelle édition des œuvres du poète fut augmentée des fragments publiés dans la *Revue de Paris*, et d'autres dont la copie fut donnée par la famille. Elle portait le titre : *André Chénier, poésies posthumes et inédites.* Nouvelle et seule édition complète ; 2 vol. in-8. Paris, Charpentier et Eug. Renduel, 1833. »

H. de Latouche disait dans la notice :

André Chénier avait classé ses manuscrits en trois portefeuilles, et les avait numérotés de sa main. Le premier contenait ceux de ses ouvrages qu'il jugeait terminés ; du moins selon la portée de son talent, et, dans son respect pour le public, il ne destinait que ceux-là à une prochaine publication. Le portefeuille n° 2 renfermait des ébauches très avancées, lesquelles pourtant paraissaient à l'auteur manquer des profits d'une méditation plus longue, d'un plus assidu travail, ou de quelque inspiration fortuite d'une de ces matinées qui viennent illuminer votre esprit. Ce que la vie est à l'argile, le poète l'attendait encore de la part d'un ami sans complaisance, ou de cette émulation plus mystérieuse qu'il avait coutume de puiser dans le sourire de Fanny ou de Néère. Enfin le dernier portefeuille n'était qu'un recueil d'esquisses indécises et de vagues projets. C'est celui-là, et celui-là seul, qui a été conservé et que le public connaît.

D'après M. Gabriel de Chénier, cette prétendue division n'a jamais existé que dans l'imagination du premier éditeur, et, en effet, l'œuvre de Chénier, telle que nous la possédons aujourd'hui, dément cette légende des trois portefeuilles déjà contestée par Sainte-Beuve. H. de Latouche donnait même une préface que le poète avait esquissée pour le portefeuille n° 1 ; la voici :

L'auteur de ces poésies les a extraites d'un grand nombre qu'il a composées et travaillées avec soin depuis dix ans. Le désir de quelque succès dans ce genre et les encouragements de ses amis l'ont enfin déterminé à se présenter au lecteur. Mais comme il est possible que des amis l'aient jugé avec plus de faveur que d'équité, et aussi que les idées du public ne se rencontrent pas avec les siennes et les leurs, il a cru meilleur d'en faire l'essai en ne mettant au jour qu'une petite partie de ses ouvrages. Car si le peu qu'il publie est goûté, il en aura plus de plaisir et de courage à montrer ce qui lui reste ; sinon, il vaudra mieux pour les lecteurs d'être fatigués moins longtemps, et pour lui de se rendre ridicule et ennuyeux en moins de pages.

Cette préface a-t-elle été écrite par André Chénier en vue d'une publication éventuelle, ou n'est-elle qu'un pastiche de l'éditeur ? C'est ce qu'on ne saurait jusqu'à présent dire avec certitude. André Chénier a pu écrire ces lignes pour quelque projet de publication, mais il ne s'agissait pas d'un portefeuille n° 1, devant prendre le pas sur un portefeuille n° 2 et sur un portefeuille n° 3. Il faut laisser de côté ces inventions peu ingénieuses, destinées à grandir le poète qui n'en a pas besoin.

OEuvres d'André et de M.-J. Chénier. Bruxelles, Laurent frères, éditeurs, 1829, un vol. in-32.

Août 1829, *Mathurin Régnier et André Chénier*, par Sainte-Beuve, parallèle entre deux poètes qui offrent plus de contrastes que de ressemblances. Recueilli dans les *Portraits littéraires*, tome Ier.

5 juillet 1830, article du poète Brizeux dans le journal le *Globe* sur le portrait d'André Chénier.

André Chénier est un des personnages de *Stello*, roman d'Alfred de Vigny, qui parut en 1832. Quoique les circonstances imaginées par le poète d'*Éloa* soient peu conformes à la vérité historique, le caractère dramatique de cet épisode frappa les lecteurs et contribua à populariser le nom d'André Chénier. C'est à ce titre que nous en faisons mention ici.

15 juin 1838, article de Gustave Planche, dans la *Revue des Deux Mondes*.

En février 1839, Sainte-Beuve publia dans la *Revue des Deux Mondes* sous le titre de *Quelques documents inédits sur André Chénier*, une étude où il rétablissait le dessein général du poème d'*Hermès* et donnait de nouveaux fragments. Ces fragments enrichirent d'abord l'édition de 1833, dont les exemplaires restants reçurent un nouveau titre : « *Poésies d'André Chénier*, précédées d'une notice par M. Henri de Latouche, suivies de notes et fragments, etc. Nouvelle édition ornée d'un portrait d'André Chénier. Paris, Charpentier, 1839 » ; et quand ces exemplaires restants furent épuisés, les recherches de Sainte-Beuve enrichirent une nouvelle édition qui parut sous le même titre en 1841 et dont le cliché a fourni depuis lors, à des dates diverses, un grand nombre de tirages.

En 1840, dans la Bibliothèque d'Élite, « *OEuvres en prose de André Chénier,* augmentées d'un grand nombre de morceaux inédits, et précédées de toutes les pièces inédites relatives à son procès devant le tribunal révolutionnaire, seule édition complète publiée sur les manuscrits autographes de l'auteur communiqués par la famille. Paris, librairie de Ch. Gosselin, 9, rue Saint-Germain-des-Prés, 1840. »

Poésies de Malherbe avec le commentaire d'André Chénier, publiées par MM. Antoine et Tenant de Latour. Charpentier, 1842, un vol. in-12.

Le commentaire d'André Chénier, dit M. Léo Joubert, consiste en notes très courtes, mais très vives et très remarquables. Elles attestent un goût aussi pur que hardi et un sentiment très élevé de la véritable poésie lyrique.

La vérité sur la famille de Chénier, par L.-J.-G. de Chénier, avocat. Paris, Dumaine, 1844, in-8°.

André Chénier et les poètes grecs, par M. Arnould Fremy, dans la Revue indépendante du 10 mai 1844.

Un factum contre André Chénier, réponse à l'article précédent par Sainte-Beuve, 1er juin 1844. Recueilli dans les *Portraits contemporains,* tome V^e.

André Chénier homme politique, par Sainte-Beuve, mai 1851. Recueilli dans les *Causeries du lundi,* tome IVe.

A. Chénier, par M. Lombard. Nancy, 1862, in-8°. Extrait des Mémoires de l'Académie de Stanislas.

La poésie retrouvée à la fin du XVIIIe *siècle : André Chénier*, dans l'*Histoire de la littérature française*, par D. Nisard, tome IVe. Paris, Firmin-Didot, 1861, page 154.

Dans l'*Intermédiaire des chercheurs et des curieux*, du 10 août 1864, M. A. France publia quelques vers inédits attribués à André Chénier. (Voyez tome Ier, la note 3 de la page 166.)

M. Egger, dans la *Revue des Cours littéraires* du 7 décembre 1867, donna une étude sur l'*Hermès* où il apporta quelques fragments inédits.

M. Guillaume Guizot, ayant eu les manuscrits sous les yeux, put, le 3 février 1869, dans son cours du Collège de France, produire quelques détails nouveaux. M. Fr. Sarcey a donné, dans le *Journal de Paris* du 9 février suivant, un compte rendu de cette leçon.

M. Becq de Fouquières publia une première édition critique des *Poésies d'André Chénier* en 1862, chez Charpentier, un vol. in-12; « Édition ornée d'un portrait d'André Chénier, avec une étude sur sa vie et ses œuvres, des variantes, des notes et commentaires, un lexique et un index ».

Une deuxième édition critique des Poésies, par le même érudit, parut chez le même libraire, en 1872, avec une « étude sur la vie et les œuvres d'André Chénier, bibliographie des œuvres posthumes, aperçu sur les œuvres inédites, variantes, notes, commentaires et index. » Ces éditions méritoires furent justement appréciées du public lettré. Sainte-Beuve a consacré à la première un article très favorable, à la date du 20 octobre 1862, recueilli dans les *Nouveaux lundis*, tome IIIe.

OEuvres en prose de André Chénier, nouvelle édition revue sur les textes originaux, précédée d'une Étude sur la vie et les écrits politiques d'André Chénier et sur la conspiration de Saint-Lazare, accompagnée de notes historiques et d'un index par L. Becq de Fouquières. Paris, Charpentier et Cie, libraires-éditeurs, 28, quai du Louvre, 1872.

Poésies de F. Malherbe, accompagnées du commentaire d'André Chénier, nouvelle édition par L. Becq de Fouquières. Charpentier, 1874, un vol. in-12.

En 1874, M. Gabriel de Chénier, fils de Louis-Sauveur de Chénier, frère d'André et de Marie-Joseph, donna chez Alph. Lemerre une édition des « *OEuvres poétiques de André de Chénier*, avec une notice et des notes, par M. Gabriel de Chénier. » En 3 vol. petit in-12 (format elzévirien). Cette édition, faite d'après les manuscrits dont M. G. de Chénier était le dépositaire, accrut considérablement ce que l'on connaissait de l'œuvre d'André.

En 1875, M. Becq de Fouquières fit paraître chez le libraire Charpentier un volume intitulé : « *Documents nouveaux sur André Chénier et examen critique de la nouvelle édition de ses œuvres*, accompagnés d'appendices relatifs au marquis de Brazais, aux frères Trudaine, à F. de Pange, à madame de Bonneuil, à la duchesse de Fleury. »

OEuvres poétiques d'André Chénier mises en ordre et annotées par Louis Moland. Paris, Garnier frères, éditeurs, 1878, 2 vol. in-12.

André Chénier et les Jacobins, par Oscar de Vallée. Paris, Charavay frères, un vol. grand in-18.

Leçons nouvelles et remarques sur le texte de divers auteurs, — Mathurin Regnier — André Chénier — Ausone, par Reinhold Dezeimeris. Bordeaux, Vᵉ Paul Chaumas, libraire-éditeur, 1876, in 8°.

André Chénier, poème, par Henri Welschinger. Paris, librairie Sandoz et Fischbacher, 1877, grand in-8°.

Études sur André Chénier, par M. E. Rambert, *Bibliothèque universelle de Genève*, livraisons de novembre et décembre 1879.

Corrections et remarques sur le texte de divers auteurs — Ausone, Mathurin Regnier, André Chénier, — par Reinhold Dezeimeris. Nouvelle série. Bordeaux, imprimerie G. Gounouilhou, 1880, in-8°.

Lettres grecques de Mᵐᵉ de Chénier, précédées d'une étude sur sa vie, par Robert de Bonnières. Paris, Charavay frères, 1879, in-8°.

Poésies de André Chénier, nouvelle édition par L. Becq de Fouquières. Paris, G. Charpentier, 1881, in-32.

Lettres critiques sur la vie, les œuvres et les manuscrits d'André Chénier, par L. Becq de Fouquières. Paris, Charavay, 1881, in-12.

Ces lettres avaient été imprimées en partie dans le journal le *Temps*, 25, 29 octobre, 1ᵉʳ et 5 novembre, 13 et 25 décembre 1878.

Poésies de André Chénier, édition nouvelle avec une notice biographique et des notes par Léo Joubert. Paris, librairie de Firmin-Didot et Cⁱᵉ, 1883. Un vol. in-12.

OEuvres poétiques d'André Chénier précédées d'une notice sur sa vie et ses œuvres. Paris, Dentu, 1883, in-12.

OEuvres poétiques d'André Chénier, précédées d'une étude sur André Chénier par Sainte-Beuve, mises en ordre et annotées par M. Louis Moland. Nouvelle édition complète en un volume, ornée de gravures sur acier d'après les dessins de Staal. Paris, Garnier frères, libraires-éditeurs, 1884, un volume grand in-8°.

En résumé, l'on voit qu'il s'est fait sur la vie et sur les ouvrages d'André Chénier un travail considérable pendant toute la durée de ce siècle. Ce travail a jeté une clarté de plus en plus grande sur l'auteur, sa physionomie véritable, son rôle historique; il a réparé autant que possible, à l'égard des ouvrages, la cruelle injure du temps. Ce travail se poursuivra certainement; André Chénier restera un des noms toujours en vedette de notre poésie, comme Villon, comme Regnier, comme Malherbe, et continuera d'occuper les critiques et les érudits. Cette édition ne sera qu'un des anneaux d'une longue chaîne. Après avoir rendu justice à nos prédécesseurs, nous sollicitons l'indulgence de ceux qui nous succéderont.

Louis Moland.

TABLE DES MATIÈRES

	Pages.
ANDRÉ CHÉNIER, HOMME POLITIQUE, par Sainte-Beuve	I

ÉPITRES

I.	A Le Brun et au marquis de Brazais	3
II.	A Le Brun	12
III.	Ami, chez nos Français	14
IV.	Heureux qui, se livrant	20
V.	A M. Bailly	22

THÉATRE

TRAGÉDIES.	I.	Bataille d'Arminius	27
	II.	Alexandre VI	31
	III.	Fragments	33
COMÉDIES			37
SATYRES.	I.	Les charlatans	37
	II.	La liberté	49
	III.	Les initiés	53
	IV.	Fragments de pièces dont le sujet est ignoré	59

POÈMES

I.	L'invention	63
II.	Suzanne	79
III.	Hermès	93
IV.	L'Amérique	131
V.	L'art d'aimer	169
VI.	La superstition	189
VII.	La république des lettres	193

POÉSIES DIVERSES

		Pages.
I.	Conte	227
II.	Épigramme	228
III.	Sur la reconnaissance	229
IV.	La frivolité	230
V.	Fable traduite d'Horace	231
VI.	Ainsi lorsque souvent	233
VII.	Sans parents, sans amis	234
VIII.	C'est cet amour profond	235
IX.	Voyez rajeunir d'âge en âge	237
X.	Belles, le ciel a fait	238
XI.	Aux déserts de Barca	238
XII.	Finir un ouvrage ainsi : Tel que tenant en main	240
XIII.	D'un cœur moins agité	241
XIV.	J'erre au sommet des montagnes	242
XV.	Allons, allons, mes beaux coursiers	242
XVI.	Plutarque, au traité qu'un prince doit être savant	245
XVII.	Stances sur le *Catéchisme français*	247
XVIII.	Ainsi l'homme endormi	248

SATIRES

I.	Il est bon de tout feindre	253
II.	Alors pour son argent	253
III.	Le bon Chartrain	254
IV.	Or venez maintenant	256
V.	C'est son chef-d'œuvre	257
VI.	La couronne toujours	258
VII.	Il faut avec le fer	259
VIII.	Pour lui l'ombre du cabinet	259

HYMNES

I.	A la Justice	263
II.	Terre, terre chérie	269
III.	La France libre	270
IV.	S., père de la loi	272
V.	A la pauvreté	273
VI.	Au temps	274

TABLE DES MATIÈRES.

ODES

		Pages.
I.	La déesse aux cent voix bruyantes	277
II.	J'ai vu sur d'autres yeux	278
III.	Aux premiers fruits de mon verger	279
V.	A Fanny	281
VI.	Fanny, l'heureux mortel	283
VII.	Mai de moins de roses	284
VIII.	A Fanny malade	285
IX.	Versailles	288
X.	Mais la haineuse ingratitude	291
XI.	A Charlotte de Corday	292
XII.	Strophe Ire. O mon esprit, au sein des cieux	296
XIII.	Un vulgaire assassin	300
XIV.	Il demande du pain	303
XV.	Mon frère, que jamais la tristesse importune	304
XVI.	La jeune captive	306

ÏAMBES

I.	Sa langue est un fer chaud	311
II.	Voûtes du Panthéon	312
III.	Aux Muses	314
IV.	L'échafaud est pour eux	315
V.	Grâce à notre sénat	316
VI.	Vingt barques, faux tissus	319
VII.	Quand au mouton bêlant	321
VIII.	J'ai lu qu'un batelier	322
IX.	On vit ; on vit infâme	323
X.	Mais quel est ce grand brun ?	324
XI.	Comme un dernier rayon	325

MÉLANGES LITTÉRAIRES

I.	Note de lecture	333
II.	Comme je m'ennuie fort ici	333
III.	Sur la peinture d'histoire	337
IV.	Préface d'un ouvrage politique	343
V.	Premier chapitre d'un ouvrage sur les causes et les effets de la perfection et de la décadence des lettres	345
VI.	Ils étaient façonnés tellement	353

TABLE DES MATIÈRES.

Pages.

VII.	Sur le marquis de Villette	354
VIII.	Sur les flatteurs du peuple	355
IX.	Comme autrefois, le gouvernement	356
X.	Les hommes ont toujours	356
XI.	La jeunesse, la beauté, la pudeur	357
XII.	Ressemblaient à des troupes de furieux	357
XIII.	Ils croyaient avoir secoué	358
XIV.	Furent gouvernés par des hommes	358
XV.	Tous étaient désunis	358
XVI.	Alors accoururent de toutes parts	359
XVII.	Ces vils sophistes, à chaque excès	359
XVIII.	Sire, tant pis pour vous	360
XIX.	Sur le serment civique	360
XX.	Les Chinois avouent	361
XXI.	Dans les conseils, dans les fêtes	361
XXII.	De grands patriotes ont remarqué	361
XXIII.	Les calomnies, même réfutées	362
XXIV.	C'est un bienfait du ciel	362
XXV.	Souvenir d'enfance	362
XXVI.	Je me souviens qu'étant à Montigny	363
XXVII.	Note écrite sur le Malherbe	364
XXVIII.	Note latine	365

CORRESPONDANCE

I.	Projet de lettre ou d'épître à MM. de Pange	369
II.	Lettre de Marie-Joseph Chénier	369
III.	Lettre de Palissot	372
IV.	Épître dédicatoire de la tragédie de *Brutus et Cassius*, à André Chénier	375
V.	Lettre d'André à Marie-Joseph Chénier	376
VI.	— à son père	377
VII.	— à son père	379
VIII.	Lettre de la comtesse Alfieri à André Chénier	380
IX.	Projet de lettre ou d'épître au chevalier de Pange	383
X.	A S. M. Stanislas-Auguste, roi de Pologne	385
XI.	A....	388
XII.	Lettre d'André Chénier à son père	391
XIII.	Lettre d'André Chénier à son père	391
XIV.	Lettre d'André Chénier à son père	393
XV.	Lettre du citoyen Brodelet à André Chénier	394
XVI.	Lettre d'André Chénier au citoyen Brodelet	395
XVII.	Lettre d'André Chénier à son père	397
XVIII.	Lettre d'André Chénier à son père	398

APPENDICE

Pages.

I. **Premières poésies.**
   Imitation d'Homère 401
   Imitation de Virgile. 402
   Quand à peine Clothon. 403
   Ah! quand presque en naissant 404
   Pourquoi, me suis-je dit. 405
   Fragment inédit. 406

II. **Vers grecs, latins et italiens** composés en Angleterre.
   Vers grecs. 409
   Traduction. 410
   Vers latins. 411
   Traduction. 412
   Vers italiens 412
   Traduction. 413

III. **Pièces adressées a André Chénier.**
   Épitre à André Chénier par Le Brun 415
   Vers espagnols de Florian 419
   Traduction. 420
   Fragment d'une poésie de Niemcewicz 420
   Épitre d'Alfieri à André Chénier. 421
   Traduction. 424
   Notice sur André Chénier, par Palissot. 426

Notice bibliographique. 431

FIN DE LA TABLE DES MATIÈRES.

ŒUVRES COMPLÈTES
DE VOLTAIRE

Nouvelle édition avec Notices, Préfaces, Variantes, Table analytique
LES NOTES DE TOUS LES COMMENTATEURS, ET DES NOTES NOUVELLES
Conforme pour le texte à l'édition de Beuchot

Enrichie des découvertes les plus récentes et mise au courant des travaux qui ont paru jusqu'à nos jours.

Cette nouvelle édition des *OEuvres complètes de Voltaire*, publiée sous la direction de M. LOUIS MOLAND, a supplanté celle de Beuchot ; c'est un travail remarquable et digne de l'érudition de notre temps. Cinquante volumes in-8°, le volume . . . . . 7 fr.

SUITE DE 90 GRAVURES MODERNES
Dessins de STAAL, PHILIPPOTEAUX, etc.
POUR LES ŒUVRES COMPLÈTES DE VOLTAIRE

Ces quatre-vingt-dix gravures modernes, qui viennent s'ajouter aux gravures de l'édition de Kehl, sont des œuvres excellentes, pour lesquelles aucun soin n'a été épargné, et qui représentent dignement l'art actuel à côté de l'art ancien . . . . 30 fr.

Il a été tiré 150 épreuves sur papier de Chine, 60 fr.

Suite de 109 gravures, d'après les dessins de MOREAU jeune
POUR LES MÊMES ŒUVRES DE VOLTAIRE
Nouvelle édition tirée sur les planches originales

Les gravures exécutées d'après les dessins de MOREAU jeune, pour la célèbre édition des ŒUVRES DE VOLTAIRE imprimée à Kehl à la fin du siècle dernier, jouissent d'une réputation qui en faisait désirer vivement la réimpression par les amateurs. Nous mettons en vente une nouvelle édition de ces gravures, tirées sur les planches originales parfaitement conservées, que nous avons eu le bonheur de retrouver et d'acquérir. Le travail de cette édition a été confié à un de nos meilleurs imprimeurs en taille-douce ; il ne laisse rien à désirer. 30 fr.

Il a été tiré 150 épreuves sur papier de Chine et 150 sur papier Whatmann, 60 fr.

ŒUVRES COMPLÈTES
DE DENIS DIDEROT

Comprenant tout ce qui a été publié à diverses époques et tous les manuscrits inédits conservés à la Bibliothèque de l'Ermitage. Revues avec soin sur les éditions originales et accompagnées de Notices, Notes, Table analytique.

Par J. ASSÉZAT

Cette édition véritablement complète des Œuvres de Diderot forme 20 volumes in-8° cavalier, imprimés par M. Claye sur beau papier du Marais, à 7 fr. le volume.

Le mérite de cette édition a été proclamé par toute la critique. Les parties nouvelles qu'elle a introduites dans l'œuvre du grand philosophe ont produit une vive sensation dans le monde littéraire. Aucune bibliothèque ne saurait plus se passer de cette publication remarquable.

CORRESPONDANCE LITTÉRAIRE, PHILOSOPHIQUE ET CRITIQUE
Par GRIMM
DIDEROT, RAYNAL ET MEISTER

Nouvelle édition collationnée sur les textes originaux, comprenant, outre ce qui a été publié à diverses époques et les fragments supprimés en 1813 par la censure, les parties inédites conservées à la Bibliothèque ducale de Gotha et à l'Arsenal de Paris.

Notice, Notes, Table générale, par Maurice TOURNEUX

16 vol. in-8° cavalier ; le caractère et le papier sont semblables à ceux des *OEuvres complètes* de Diderot, le volume. . . . . 7 fr.

Il a été tiré 100 exemplaires numérotés sur papier de Hollande
Le volume. . . . . . 15 francs.

www.ingramcontent.com/pod-product-compliance
Lightning Source LLC
Chambersburg PA
CBHW070601230426

43670CB00010B/1367